传统文化类视听节目的现状与发展

罗　琦　黄银菊　著

中南大学出版社
www.csupress.com.cn
·长沙·

文化是一个外延较为宽泛的概念，历史学家钱穆先生曾在他所著的《文化学大义》中指出：文化是指集体的、大群的人类生活而言。在某一地区、某一集团、某一社会，或某一民族之集合的大群的人生，指其生活之各部门、各方面综合的全体性而言，始得目之为文化。[①]

自 2005 年以来，我国文化类电视节目的数量日益增多。以中央电视台为代表的主流媒体，在传播传统文化方面的创新发展历程大致可分为三个阶段：2005 年至 2011 年，处于纪实的形态，以恢宏的叙事为表征的起步阶段；2012 年至 2016 年，以大众化影像和"综艺+文化"的形态为表征的发展阶段；2017 年进入了文化类视听节目飞速发展的阶段。2017 年以来，央视《中国诗词大会》《朗读者》和《经典咏流传》三档文化类节目成为现象级（由现象的英文 phenomenon 翻译而来。该词的另一意思是指非凡的人、物或事）节目，以"情感""情怀"与"共鸣"为关键词的文化类节目形成了我国主流媒体传播传统文化的新格局。2020 年起，《故事里的中国》《典籍里的中国》等继续将我国传统文化类节目推向高潮。

伴随着时代的发展，央视一直担当着弘扬和传承优秀文化重任，引领其他地方卫视形成当前令人瞩目的电视文化现象，更将传统文化类节目推向了一个新的高度，构建了主流媒体传播传统文化的新格局。

2005 年以前，中国纪录片尚处于语言单一、叙事手法贫乏的状态，然

---

① 钱穆.文化学大义[M].北京：九州出版社，2017.

而，以古代建筑为题材的大型纪录片《故宫》收视率最高达到3.09%，从故宫的兴建、修缮，故宫藏玉，故宫藏瓷和故宫的坎坷命运等方面出发，将故宫的历史、现状与未来——向观众展示。该片借鉴电影化的剪辑手法，增加了趣味性和可视性，首次使用的"情景再现"的叙事手法凸显了节目的张力和表述历史的开合度。《故宫》播出后，美国国家地理频道将其改编为《解密紫禁城》，并在167个国家和地区播出。恢宏大气的叙事手法、"情景再现"的运用，精美细腻的画面、光影变幻的影像给观众留下了深刻印象。

2005至2011年，几乎所有的文化类纪录片作品的风格都是气势恢宏、震撼视听、制作精美，打破缓慢叙事的传统。2007年，《昆曲六百年》问世。作为《故宫》之后的代表性纪录片之一，此片中昆曲婉转悠扬的曲调、温柔的江南水乡、小巧的苏州阁楼，在光影变化下，展现得淋漓尽致。泥塑、园林、云锦等多种艺术元素的巧妙借用和匠心穿插，让观众在昆曲的唯美意境中，感受到中华民族传统文化之美。以纪实形态呈现是这一时期文化类节目的一大表征。民族文化的基因以纪录片为载体，以全新的叙事技巧，——传递给观众。如央视以讲坛形式出现的文化类节目《百家讲坛》将传统的"电视课堂"转换为"电视讲坛"，内容从诸子百家到唐诗宋词，获得了不少观众的喜爱，节目也涌现出了易中天和于丹等受观众喜爱的文化学者。

虽然有这些优秀的节目出现，但我国电视节目整体还是呈现泛娱乐化的格局。在真人秀、综艺节目泛滥的时代，文化类节目吸引的只是一部分受众群，青少年群体则更多地被娱乐节目吸引眼球。

2012年至2016年是央视文化类电视节目快速发展的时期。2012年以前的文化类节目虽然制作精美，文化内涵丰富，但节目形式相对单一，缺少观众共鸣，与观众有疏离之感。2012年之后的央视文化类电视节目以大众化影像、"综艺+文化"的形态出现，文化类纪录片与文化语言类现场节目各具特色。

2012年，美食文化纪录片《舌尖上的中国》(以下简称《舌尖》)的播出在全国掀起了一股寻找传统美食的热潮，屏幕上的美食刺激着观众的味蕾。观众惊诧于我国的物产之丰富、食材之美味,对传统美食文化的热爱之情油然而生。《舌尖》通过中国传统美食对中国传统文化的承载,向观众展示了中华传统文化的精髓。

2013 年,纪录片《茶,一片树叶的故事》以清新的画面、唯美的意境展现在观众面前。纪录片以茶文化为焦点,以人物为叙事线索展开。分别从茶的种类、历史、传播和制作等角度完整呈现茶文化,传递了中国人"茶即人生"的传统理念。

2016 年初播出的纪录片《我在故宫修文物》,表现的是一种审美趣味的平民化,即追求自然和本色,贴近生活的原貌,以小见大,给热衷于宏大叙事的电视荧屏带来一股变革的清新之风,淡化了宏大叙事节目与观众的距离感与疏离感。

以普通人物为叙事主体是 2013 年之后的人文类纪录片的重要表征之一。这类纪录片采用平民视角展开叙事,镜头质朴、真实,关注普通人物的命运,使片中的每个人物通过唯美的影像、低机位的角度、节奏张弛有度的剪辑手法,走入观众的内心,触动观众的灵魂深处。影像化表达和普通人物个体化的展现是此阶段文化类节目的显著特征。这些细节化的影像拍摄手法,使这些纪录片文化意蕴浓厚,情感丝丝入扣,形成了影像化的诗意表达。

此外,央视开始尝试"综艺+文化"的节目形式。在众多综艺节目取得高收视的同时,2013 年,央视陆续推出了《中国汉字听写大会》和《中国成语大会》,以独特的创意、精良的制作、新颖的文化竞技设计引领了中国电视文化节目的发展潮流。《中国汉字听写大会》和《中国成语大会》分别以独特的竞赛形式展现汉字之美、成语之美及其所承载的丰富文化内涵。这类语言文化类节目没有炫目的包装和明星效应,侧重对汉字书写和成语的文化内涵进行挖掘,对其中的历史背景进行阐释。

更值得关注的是,继《中国汉字听写大会》《中国成语大会》之后,2016 年 1 月,央视推出了《中国诗词大会》(以下简称《诗词》),引发了观众对诗词之美的关注。《诗词》第一季构建的良好口碑和受众群,为 2017 年 1 月《诗词》第二季成为现象级节目奠定了基础。

2017 年初，文化语言类节目《诗词》第二季和文化情感类节目《朗读者》相继热播，成为 2017 年现象级节目。"情感""情怀"与"共鸣"成为此时的关键词。

《诗词》引发观众共鸣。《诗词》第二季于 2017 年 1 月 29 日（大年初二）至 2 月在央视每日播出。节目以"赏中华诗词、寻文化基因、品生活之美"为宗旨，通过中华诗词传播文化内涵，参赛选手展示文化底蕴，主持嘉宾传递文化理念。选手、嘉宾和主持人董卿带领观众穿越古今，一同探寻中华文化的魅力，引发观众共鸣。

《朗读者》彰显人文情怀。《朗读者》是 2017 年中央电视台继《诗词》第二季之后推出的文化情感类节目。每期嘉宾朗读的内容都是围绕着一个主题词来展开。《朗读者》以个人成长、情感体验、背景故事与传世佳作相结合的方式，选用精美的文字，用平实的情感读出文字背后的内涵，节目感染人、鼓舞人、教育人，展现了有血有肉的真实人物形象。这两档节目与"和诗以歌"的《经典咏流传》一起，形成了文化类节目阵营的三档现象级节目。

与之前的文化类节目不同的是，这些节目无论是优美的文字语言，还是嘉宾充满文化意蕴的点评，无论是现场或如行云流水或温馨的场景舞美，还是朗读时对文化内涵的诗意化阐释，都更凸显人文情怀与社会价值。凭借此前央视语言文化类节目的收视基础，这两档节目一经推出，即引发高收视关注。节目让观众感受到一种人文情怀，穿越古今感受中华文字之美，跟随主持人从文学出发走向情感和生命体验，享受文学与情感碰撞的盛宴。

此外，慢综艺节目助力节目创新。近年来，在央视构建的文化类节目格局下，各大主流媒体纷纷推出各种文化类节目。湖南卫视的慢综艺节目以温情待客，无论是以展示完美乡村生态为特色的《向往的生活》，还是以远离喧嚣、推广非遗文化为亮点的《亲爱的客栈》，还是推广中华美食文化的合伙人创业节目《中餐厅》，无不凸现传统中华文化意蕴。北京卫视的传统文化展示真人秀《传承者》用"真挚情怀、真实争鸣、真诚致敬"三重定位将中华意象的观念传向全世界。各省级卫视的文化类节目形式更加多样化，文化内涵与本土地域文化相结合，将视角低置，重视凸显人文情怀，满足社会诉求。

2020 年央视推出的《故事里的中国》、2021 年推出的《典籍里的中国》以及湖南卫视 2020 年推出的纪录片《中国》，带领观众回溯历史场景，感受先贤的思想，使文化类节目更上层楼。

党的二十大以来，文化类节目的创作发展亦成为业界和学界的关注热点，研究成果各有侧重：有侧重于原创节目的，有侧重于传统电视节目的，也有对电视节目的文化记忆重构进行深入研究的。但随着 5G 技术的迭代发展，以李子柒系列短视频为代表的网络视听文化类节目大量涌现，业界和学界对此类节目的系统研究还较少。本书以文化类电视节目与网络视听文化类节目为研究重点，运用新闻学、传播学与符号学等理论，探究文化类视听节目的发展规律与创新策略，对具有代表性的现象级节目进行分析，为文化类视听节目的业界学者和从事文化类视听节目创作的专业人士提供参考。

本书共分为上下两篇，共 11 章，其中上篇主要对传统文化类视听节目展开分析，第一章至第六章分别对文化类纪录片、传统文化类综艺节目、文化类微纪录片、文化类微电影、文化类短视频和传统文化公益广告等进行了分析与梳理，分析了文化类视听节目的发展历程与节目特色。下篇主要对常见的文化类视听节目进行了案例分析，第七章至第十一章分别对《中国》《中国诗词大会》《经典咏流传》《如果国宝会说话》《典籍里的中国》等现象级节目从节目特色、视听语言和美学构建几个维度进行了分析。

下篇　常见传统文化类视听节目

上篇

传统文化类视听节目的发展现状

第一章　文化类纪录片的现状与发展

第一节　我国纪录片的现状与发展

1992年，中国中央电视台（以下简称"央视"）组织了全国100名专家和学者，展开对纪录片历时一年多的研究，形成了对纪录片定义的相对共识："电视纪录片，是以摄像和摄影手段，对政治、经济、文化、历史事件等做比较系统完整的纪实报道，并给人以一定的审美享受的电视作品。"它要求直接从生活中取材，拍摄真人真事，不容许虚构、扮演，其基本报道手法是采访摄像或摄影，即在事件的发生发展过程中，用"等、抢、挑"或追随采集摄录的方法，记录真实环境、真实时间里发生的真人真事，在保证叙事报道整体真实的同时，要求细节真实。真实是纪录片存在的基础，也是它最可宝贵的价值所在。正是"物质现实复原"的真实，才使纪录片有着它永恒的魅力。[①]

吕新雨教授认为，纪录片是以影像媒介的纪录方式在多视野的文化价值坐标中寻求立足点，对社会环境、自然环境与人的生存关系进行观察和描述，以实现对人的生存意义的探索和关怀的影视作品。[②]

综合中外学者对纪录片给出的定义，可以发现一些有趣的共性：一是都强调纪录片是一种对现实生活进行非虚构的反映，把非虚构看作其区别于其他节目类型的主要特点；二是国外的学者强调纪录片的艺术性、吸引力、感染力或审美特征，而中国学者大多数强调纪录片拍摄技巧上的"真实性"，如真实环境、真实事件、真实时间、真人真事等。

复旦大学张健教授指出，纪录片是一种通过传播渠道播放的、非虚构的、审美的，以记录人和人生存状态的影像历史为目的的视听节目类型，是人类个人记忆或某一集体记忆的载体，是对现实生活的有目的的选择。这个定义试图

[①]　张健.视听节目类型解析［M］.上海：复旦大学出版社，2018.

[②]　张健.视听节目类型解析［M］.上海：复旦大学出版社，2018.

兼顾兼容性和区隔性。兼容性在于把中外各种类型纪录片，包括在电视上播放的电影纪录片也容纳进去；区隔性在于纪录片既区别于新闻资讯、社教、真人秀等纪实类节目，又不同于广告、电视剧、电视文学等虚构性节目，强调它必备的审美属性。

纪录片的内核是以人为本进行故事传播、建立人与真实世界的直接对话。纪录片相对其他视听文本，真实客观且形象鲜活，可以将一个国家和民族的历史文化，一个时代的民众生活方式乃至社会发展变化记录下来，从而成为见证国家变革、社会变迁的"历史镜像"。① 纪录片的现实洞察力让它成为记录社会发展的有力手段，与此同时，纪录片身上所蕴藏的强大思想性和阐释力量，让它去敲击和叩问社会和时代，因此，纪录片又是和时代"互动"的。

一、纪录片的分类

有学者将纪录片分为六种类型，即新闻纪录片、理论文献纪录片、历史文化纪录片、人文社会纪录片、自然科技纪录片和人类学纪录片。根据业内学者张同道教授的分类，可以将中国纪录片分为宣教型纪录片、审美型纪录片和工业型纪录片。②

1. 宣教型纪录片

宣教型纪录片具有讲政治、高投入、大片化的特征，主要担负着诠释国家意识形态，弘扬主流价值观念，宣传教化民众的责任。电视台所应承担的宣教责任以及纪录片对外传播主流意识形态的重要地位，使得这一类型的纪录片长久不衰。国家出台的相关政策除了对纪录片自身发展的扶持之外，也是对多元价值观念的整合与统一，承担起了意识形态主导的作用，是中国电视媒体意识形态功能的体现。因此，各个时期都有一批宣教型纪录片紧跟国家大政方针，关注重大主题，配合党和国家的主题宣传。

2012年党的十八大召开以来，不论是宣教型纪录片数量上的攀升，还是其选题、叙述方式等方面的丰富创新，都体现了主流意识形态话语的不断增强。

一般而言，宣教型纪录片可以分为两类：

一类是每当国家制定重大战略、发生重大事件时，配合国家意识形态宣传

---

① 何苏六，韩飞.时代性互文互动：改革开放40年与中国纪录片的发展谱系[J].现代传播(中国传媒大学学报)，2018(12)：111-115.

② 张同道.全球化时代中国纪录片之路[M].北京：中国广播影视出版社，2021.

的重大主题献礼片。如为迎接党的十八大召开应运而生的一批献礼片《科学发展铸辉煌》《走向辉煌》《为了人民的福祉》等。党的十八大以后，多有以平民视角与真情实感触发时代共鸣的纪录片产生。随着 2014 年"中国梦"的提出，《中国梦 中国路》《百年潮 中国梦》等一批以"中国梦"为主题的作品开始涌现。2015 年，随着"一带一路"倡议的提出，《一带一路》《穿越海上丝绸之路》等一批关于丝绸之路、海上丝绸之路的纪录片应运而生。

另一类是为纪念党和国家重要的节庆日、纪念日、重要领导人的诞辰等而拍摄的是另一类典型的宣教型纪录片。2013 年，6 集文献纪录片《习仲勋》完整回顾了习仲勋同志为中国革命和新中国建设事业奋斗一生的经历，以此纪念无产阶级革命家习仲勋诞生 100 周年。纪录电影《永恒的雷锋》试图对雷锋精神给予新的时代观照，以此来纪念毛泽东的题词"向雷锋同志学习"发表 50 周年。

2. 审美型纪录片

审美型纪录片曾在 20 世纪 80 年代至 90 年代末出现过一次创作高峰，主要题材来源是导演擅长表达或潜心挖掘的社会性事件和现象。此类题材一般具有深刻的人文价值，容易引起观众的思考以及社会的关注，也体现出创作者的家国情怀和对社会的追问。但随着 20 世纪 90 年代电视娱乐化浪潮的出现，注重个人表达的审美型纪录片的表达空间愈加狭窄。

21 世纪以来，审美型纪录片立足历史文化与现代生活，不断开发新题材，并深入社会现实，集中于对历史与现实的思考与表达。2010 年以来，审美型纪录片数量迅速攀升，主要分为历史人文类和社会现实类，特别是历史人文类逐渐成为潮流，发展迅速。历史人文纪录片将纪录片的美学特征与传统文化的历史积淀融为一体。《当卢浮宫遇见紫禁城》《西湖》等多部历史人文纪录片出现在荧屏。尤其是传统文化的弘扬与传播成为当下国家战略后，相继涌现的《五大道》《我从汉朝来》等作品的制作水准与艺术水准也让人大为改观。这些历史人文类作品在对历史深度挖掘的同时也增加了现实视角，实现了对历史文化的时代观照。

3. 工业型纪录片

工业型纪录片是一种以市场为目的，以观众为导向，选题系列化，制作流程模式化，操作流程和技术标准明确，具有可复制性的纪录片类型。[①] 工业型纪录片是当前纪录片发展的一个主要趋势。我国纪录片的初步工业化开始于

---

① 张同道. 全球化时代中国纪录片之路 [M]. 北京：中国广播影视出版社，2023.

2002年左右，一些电视纪录片栏目开始探索以市场为导向的叙事模式，如以考古探秘为特色的央视科教频道的《探索 发现》、以历史揭秘为特色的上海纪实频道的《档案》，以及北京科影推出的一批揭秘历史和考古发现的力作，如《王者之剑》等。对于我国纪录片而言，精品纪录片时有出现，2005年播出的《故宫》和2006年播出的《圆明园》就是这类纪录片的典型代表。

在央视纪录频道创建之后，工业型纪录片发生了根本性的变化，中国纪录片产业实现了跨越式发展，开始走上工业化轨道。央视纪录频道以"活力中国""传奇中国"等招标计划引导纪录片工业化生产模式，也有意培育致力于类型化生产的制作团队。2012年，《舌尖上的中国》开启了中国主流纪录片的工业型模式，成为中国纪录片发展史上的里程碑。其后，2014年4月开始在央视综合频道21点播出的《舌尖上的中国2》（以下简称《舌尖2》）再次体现了工业型纪录片的成果。《舌尖2》成功地延续了品牌效应，拉动了纪录片的产业化生产，也为其后的2018年播出的《风味人间》奠定了基础。

品牌是工业型纪录片的重要标识之一。2012年以来，工业化制作模式趋于成熟，行业标准逐步建立，并逐步树立稳定的品牌。《航拍中国》《超级工程》《记住乡愁》《传承》《鸟瞰中国》《本草中国》等工业型纪录片注重迎合受众与市场需求，加强品牌的打造与维护，并以季播化保证制作品质，实现了纪录片品牌价值的积淀。

二、我国电视纪录片的发展

我国电视纪录片经过了几十年的不平凡的发展历程。1958年，对于中国电视来说是极为关键的一年，我国首家电视台北京电视台成立，由此开始，国内纪录片创作与播出终于拥有了从属于国家层面的常设性质播机构。作为我国电视事业的一项重要内容，中国纪录片的创作与发展由此起步。

从1958年开始，以中国当代文艺思潮为基点、国内各阶段典型的纪录片或相关重大事件为代表，我国纪录片创作大致经历了五个历史阶段。

1. 形象化的政论时代（1958—1978）：国家话语的宏伟篇章

1958年至1978年间，我国纪录片呈现出鲜明的政论风格。这一创作观念的确立，最早源于1953年中央新闻电影制片厂召开的第一场创作会议。在这次会议中，形象化的政论创作路线得以确立。1952年的国务院第13次会议报告对我国纪录片的创作题材做了更为具体详细的规定："应加强选择题材的计划性，题材的选择必须密切配合国家政治、经济、文化建设的需要，迅速地反映国家建设事业和革命斗争的伟大胜利。塑造工人阶级及其他劳动人民的英雄典型形象，宣传爱国主义及国际主义思想，介绍生产中的先进经验和急需的科学技术知识……"①

在这一思想的指引下，我国当时所创作的纪录片所呈现出的风格即"国家话语"。1958 年，北京电视台宣布成立，成为纪录片创作与播放的一个非常重要的渠道。从当年开始一直到 1966 年，北京电视台拍摄的纪录片主要展示了党和国家领导人的重要政治活动，如《中华人民共和国建国 10 周年庆典纪实》《周总理非洲之行》等，此外还有模范人物形象宣传，如《铁姑娘郭凤莲》《英雄的信阳人民》等，以及少量的风光纪录片，如《美丽的珠江三角洲》《长江行》等。这些作品共同的特点是具有浓郁的宣传色彩及很强的意识形态属性。影片所体现出的不是个人话语行为，不是商业行为，而是以思想政治宣传为主要目的的国家话语体系。

从 1958 年到 1978 年，中国纪录片在这 20 年的发展中，创作原则一直坚持"形象化政论"，统一的革命思想成为纪录片创作的主线，思想政治宣传为其直接目的。在这样的创作思想指导下，文艺作品所观照的必然是能够体现国家"意识形态"话语的宏大视角，微小的生活细节及作为社会存在的每一个独立个体真实的生活写照被忽视。

2. 文化寻根时代(1979—1989)：追寻民族文化根脉的星星之火

1978 年，党的十一届三中全会进行了一项极为重要的发展战略调整。开放的步子越迈越大，人们开始思考：弘扬传承中华文化的动力之源究竟在哪里？因此，探寻民族文化根源，成为这一时期文艺创作的主要特点。在这种社会背景之下，出现了寻根文学，阿城、张承志、韩少功等作家都创作出不少优秀的寻根文学作品。在我国纪录片创作中，文化寻根意识的不断增强便与寻根文学的创作发展相得益彰。这一时期寻根文学的自觉探索、文化意识的追寻对同时期我国纪录片创作影响极为深远。

在这十年发展中，我国纪录片创作从"形象化的政论"模式的束缚中脱离出来，以一种更具亲和力的方式让人们重新拾起曾经失落了许久的历史文化记忆，并希望能够重新找回我们的文化自信与民族向心力。从呈现形态上来看，它不仅契合了当时特有的大众文化心理，而且随着改革开放的发展，这些作品在美学风格上有了更大的突破。这一时期的纪录片中，能够代表中国悠久历史文化渊源的地理文化意象出现于人们的视野。长江、黄河、丝绸之路、长城、

---

① 方方.中国纪录片发展史[M].北京：中国戏剧出版社，2002.

运河等中国特有的历史文化印记引发了我国纪录片创作的文化寻根之旅。

1979 年，中央电视台与日本 NHK 电视台合作拍摄纪录片《丝绸之路》。此时虽然我国纪录片发展已进入了迅速发展时期，但较为刻板的创作观念依旧深刻地影响着国内的纪录片创作人。《丝绸之路》的拍摄对中国纪录片创作来说是一次难得的学习与借鉴过程。这次与日本 NHK 电视台合作的过程实际上也是两种不同的创作理念相互碰撞与冲突的过程。1980 年央视播出中国版《丝绸之路》，在当时并未产生预期的社会反响。而日本版《丝绸之路》却在国外掀起了不小的收视热潮，由此引发了一场探究丝路文化的国际热。

同时，《话说长江》《话说运河》两部作品是这一时期的精品纪录片代表。

1983 年中央电视台播出的 20 集纪录片《话说长江》，创造了当时中国电视的收视奇迹。与《丝绸之路》相比，《话说长江》在拍摄理念上有了明显变化，受到了人们的热烈欢迎，评论界用"万人空巷"来形容当时的收视盛况，40% 的收视率高峰创造了中国纪录片的收视神话。

《话说长江》从长江源头出发，沿着上游、中游、下游的顺序对流域两岸的山川地理、民俗风情、名胜古迹和社会风貌进行了介绍。以单线式渐进结构来组织内容，叙事单元之间由主题线索连接，通过空间关系来实现内容的逻辑构建。作品风格鲜明，由主题线索串联起宏大叙事，体现了传统纪录片主题先行的特点。

极具亲和力的解说是《话说长江》的一大亮点。《话说长江》采用纪录片传统的"画面+解说"的形式，以低沉浑厚的男声解说为主。采用大量的长镜头拍摄，营造了画面意境，真实地展现了长江的壮美，而散文式的解说词在男声的解说下则起着向观众传递思想和倾诉感情的重要作用。"话说"是一种将议论、抒情、叙述结合在一起的全新方式，是文学性、知识性与趣味性的结合，避免了高高在上的空洞与说教，体现了极高的艺术性。用娓娓道来的方式向观众诉说，再现了当年长江两岸城市与农村人们的生活画卷，使观众获得了一种全新的审美体验。

继《话说长江》获得成功之后，"话说体"纪录片继续成为人们关注的重点。《话说运河》同样是在拍摄观念与方法上改变了既往模式，注重在纪录片中对文学意境美的塑造与追寻，具有浓厚的文学色彩。精美的解说词成为纪录片中的重要内容，也是整部纪录片中最为出彩的部分。

3. 个人表达时代(1990—1999)：以全景化视角展开对个体的解读

1990 年至 1999 年，与文化寻根时代的纪录片创作有所不同的是，这十年的纪录片创作在创作视点和美学理念上出现了新的变化。文化寻根时代的纪录片创作追求的是一种宏大叙事，是站在历史文化发展的制高点，以全景化的视角对我国历史文化根源进行全面的追寻与展现。自1990年起，我国纪录片创作进入了以个人化表达为主的创作繁荣期，注重对个体的解读是这一时期纪录片创作的一个亮点。

纪录片《沙与海》是此时期的一部经典代表作品。正如《沙与海》的导演康健宁所说，《沙与海》是将摄像机镜头对准了一个一个不起眼的小人物，来展现他们的喜怒哀乐。《沙与海》以"平视"视角聚焦于分别生活在我国两个边缘地带的家庭及其生活状态。当人们面对严酷的自然环境，顽强的斗争和勇敢的生活成为一种人性本能抑或是一种生存智慧。创作者淡化自身的介入，试图表现这样一个有关人类生存状态的主题。正因为《沙与海》给观众带来的不仅是一种视觉震撼，更是一场精神洗礼，该片在第28届亚广联大会上获得"亚广联电视奖大奖"。正如《沙与海》的创作初衷一样，亚广联的评委也对该片给出了这样的评价：它反映出了人类生存的普遍规律和全人类共有的生活特性并有利于本国的发展。

《望长城》是此时期的另一部代表作品。从命名来看，作品似乎是一部在民族文化大视野下拍摄的具有宏大叙事风格的纪录片，但它却和《沙与海》一样也是在讲述普通人的故事。如果说文化寻根时期产生的纪录片如《丝绸之路》《话说长江》是精英文化的代表，那么在这个时期出现的《沙与海》《望长城》等则是大众文化的经典之作。

4. 社会化探索时代（2000—2009）：历史人文题材吸引广大受众

2002年中国加入WTO，融进国际市场，中国电视也开始市场化改革，《中央电视台栏目警示及淘汰条例》出台，实行收视率末位淘汰制，省级卫视争相效仿。纪录片在与娱乐节目、新闻节目、电视剧同台竞技中收视率不理想，全国纪录片平台骤然萎缩。从20世纪90年代组建起来的纪录片栏目相继消失，中央电视台只留下《见证》《探索发现》等为数不多的栏目，省级卫视硕果仅存的只有吉林电视台《回家》和云南电视台《经典人文地理》等栏目。不过就在这样的形势下，上海电视台创立了纪实频道。此后，中国教育电视3频道、重庆科教频道、湖南金鹰纪实频道相继开办纪录片栏目，均未取得良好的收视效果。①

2005年，耗资上千万元拍摄的国内第一部关于故宫的大型纪录片《故宫》在中央台播出，从此拉开了故宫题材的系列纪录片拍摄的序幕。在我国的文化

---

① 张同道. 全球化时代中国纪录片之路[M]. 北京：中国广播影视出版社，2021.

符号体系中，故宫是我国辉煌历史文化中的集大成者，也见证了近现代社会的沧海桑田之变迁，能高度概括中华民族所历经的近千年文明。因此，故宫题材相关纪录片是文化类纪录片中的重要代表。

这一时期，历史人文类题材重新崛起，视野的打开让许多纪录片人将创作目光投向历史长河和广阔的世界舞台，如《晋商》（2003）、《复活的军团》（2004）、《故宫》（2005）、《新丝绸之路》（2006）、《圆明园》（2006）、《再说长江》（2006）、《大国崛起》（2006）、《森林之歌》（2007）、《水问》（2008）、《我们的奥林匹克》（2008）、《颐和园》（2008）、《大师》（2008）、《美丽中国》（2008）、《澳门十年》（2009）等精品力作不断推出，中国纪录片以更加主流化的表达呈现在观众面前。①

5. 品牌化构建时代（2010 年至今）：现象级品牌纪录片多元呈现

2010 年 9 月，原国家广播电影电视总局出台《关于加快纪录片产业发展的若干意见》（后统称为《意见》），提出大力繁荣创作发展、鼓励上星频道播放纪录片、将优秀国产纪录片推向院线等，改变了我国主流电视媒体纪录片发展的新格局。《意见》仅下发一年，央视纪录片频道就在政策支持下应运而生，为纪录片的制作、播出提供了广阔的平台。通过一系列政策的逐渐调控，我国纪录片走上了有史以来发展最为迅猛的快车道，产量和播出量逐年持续稳定增长，不断涌现出现象级、话题级的纪录片，优秀纪录片更是层出不穷，呈现出繁荣发展的局面。2011 年因而成为我国纪录片新的开局之年。

2011 年 1 月 1 日，央视纪录片频道（CCTV-9）正式开播。央视纪录片频道实行国内版和国际版两版播出，其播出纪录片主要包括国内外的自然探索、历史人文、社会纪录、文献档案四大类内容。从央视纪录片频道"全球视野、世界眼光、国际表达、本土价值"的频道定位可以看出央视在打造纪录片播出品牌的高端定位。央视纪录片频道以广阔的视野吸收融合世界各地的优秀纪录片资源，这本身就是一种国际市场化的运营战略。纪录片频道作为国内唯一的纪录片专业频道，其立足点依然是对国内本土资源的充分挖掘。② 在当下全球消费语境中，更是一种社会消费的国际化表达。

随之而来的，纪录片电视平台迅速占领观众市场，北京纪实频道、上海纪

---

① 何苏六，韩飞. 时代性互文互动：改革开放 40 年与中国纪录片的发展谱系[J]. 现代传播（中国传媒大学学报），2018（12）：111-115.

② 杨旭. 反映时代变迁顺应发展潮流——60 年中国纪录片创作特征研究[J]. 兰州文理学院学报（社会科学版），2020（1）：36.

实频道和湖南金鹰纪实频道相继上星播出，江苏卫视、东方卫视、浙江卫视、广东卫视等一线卫视在黄金时间都播出纪录片。

这一阶段的代表作品正是形成现象级传播的《舌尖上的中国》。2012年5月14日，央视纪录片频道隆重推出七集大型美食类纪录片《舌尖上的中国》。纪录片以"自然的馈赠""主食的故事""转化的灵感""时间的味道""厨房的秘密""五味的调和"及"我们的田野"作为讲述话题。纪录片生动展现出中国各地的美食生态，并通过极富地域特点的美食文化介绍展现一方水土养一方人的深刻哲学内涵。

此时期也不乏《高考》《乡村里的中国》《创新中国》《本草中国》《超级工程》《五大道》《第三极》等精品纪录片。这些纪录片从不同侧面以影像的形式向世界展示中国形象、传递中国声音、彰显中国精神、传播中国文化和体现主流意识形态，汇聚成富有活力的、开放的和充满时代气息的纪录片主流文化。在"互联网+"时代5G、4K、AI等先进技术的助推下，纪录片的纪实性进一步提升，纪录片的国际传播开辟了更多有效的路径，纪录片的传播渠道和传播形式也更加多元化，从而扩大了纪录片在国内外的传播面。

2012年被业界与学界称为"纪录片品牌元年"，只因这一年现象级纪录片《舌尖上的中国》的火爆播出。可以说，中国纪录片从此跃上新起点。①

2012年一年，中央电视台、中央新影集团、中国教育电视台和主要省级制作机构的纪录片生产总量达到3000小时，是2010年的三倍。中央电视台纪录频道作为唯一的专业纪录片上星频道，截至2012年年末，开播刚两年其观众规模即超6.6亿人，每日相对固定收看人口从2011年年初开播时的2700万增加到4200万，国际用户4000万户。纪录频道收视份额比开播提高了两倍，个别纪录片收视率超过同期热播电视剧的30%。2012年纪录频道广告招标超两亿元。②

2013年，国家新闻出版广电总局在《关于做好2014年电视上星综合频道节目编排和备案工作的通知》（即"加强版限娱令"，后统称为《通知》）中规定，自2014年起各个卫视频道每天必须播出至少30分钟的国产纪录片。这为纪录片创造了每年平均6000小时的播出需求。

2015年开始，纪录片逐步迈入"互联网+"时代，新媒体打破了以电视为主的传统传播格局，移动端传播与受众年轻化成为纪录片的新趋向；另外以《筑梦路上》《创新中国》《我们的四十年》《中国》等为代表的纪录片呼唤主流意识

① 张同道，胡智锋.2012年中国纪录片发展研究报告[J].现代传播，2013(04)：81-89.

② 何苏六，李宁.2012中国纪录片行业盘点[J].电视研究，2013(04)：18-20.

形态的回归，自此纪录片"为时代存像"的功能得到进一步增强。

2016 年，《我在故宫修文物》获得观众的高度关注。该纪录片最初于 2016 年 1 月在央视首播，以真实记录珍贵文物修复过程和文物修复师们的日常工作、生活状态为内容。后来，纪录片上线年轻人聚集的 B 站（哔哩哔哩网站），并在 B 站获得了极高的人气。随后，制作团队在原有电视纪录片的基础上，用了近 7 个月的时间，将 100 多小时的素材重新剪辑成 89 分钟的影片，同名影片于 2016 年年底在各地电影院上映。《我在故宫修文物》第一次近距离地展现这些国家级非物质文化遗产的技艺与传承人的日常工作和喜怒哀乐，作品通过对文物修复领域"庙堂"与"江湖"互动，完整呈现国宝文物的原始状态和收藏状态。

2020 年，纪录片《掬水月在手》记录了中国古典文学研究专家叶嘉莹的传奇人生，以北京四合院的结构模式展现了她坎坷坚韧仍不渝追寻初心的一生。作品以叶嘉莹与中国诗词的故事传递中国传统文化精神、家国情怀与执着追求，并引发观众的共鸣。

2020 年这一年，央视总台确立"台网并重、先网后台、移动优先"战略，力推融媒体传播。《航拍中国》《如果国宝会说话》第三季和《武汉：我的"战役"日记》等，在央视频获得较高点击量。特别是央视纪录片频道与快手深度合作，进一步推动了《武汉：我的"战役"日记》的融媒体传播。

三、我国纪录片发展的特点

经过几十年来的发展，我国纪录片创作者在摸索中不断创作出优秀的作品，随着新技术的迭代发展，我国纪录片也在不断地进行内容形态的创新，随之而来是纪录片的受众群体、播出渠道和呈现方式都发生了巨大的变化。

1. 从以中老年受众为主到逐渐年轻化的受众群体

在 20 世纪的传统观念中，纪录片的收视群体多为中老年观众，主要原因在于早期的纪录片大多以人文历史和政治宣传类文献纪录片为主，很难吸引年轻人的注意力。移动互联网吸引了更多的年轻受众观看纪录片。如以《我在故宫修文物》《人生一串》为代表的小众纪录片，广泛受到青年受众的欢迎，这些类型的纪录片开始把视角转向普通人和青年人的喜好，并且采用年轻人喜欢的讲故事的方式。《风味人间》《我在故宫修文物》《本草中国》《人间世》《了不起的匠人》等纪录片，题材多元化和年轻化，契合年轻人的价值观和审美情趣，不管是在播放量还是在口碑方面都取得了巨大的成功。

2. 由大众传播到垂直分众的传播领域①

2012 年以前，我国的纪录片大多都是一种相对小众的节目类型，因为观众往往是受教育程度、收入与社会地位相对较高的群体。这些用户思维独立性较强，主动决定性高。随着媒体的融合发展，为适应当前受众需求更加多元、收看方式更加自主等变化，纪录片与其他节目类型一样也被划分成若干不同的板块和领域。国内的爱奇艺、腾讯视频、优酷等网络视听平台，均将纪录片划分为人文、历史、自然、科技、天文、军事等不同类别，以满足不同受众的需求。视听内容播放和收看的主动权逐渐转向用户，用户可以随时随地选择自己喜欢的纪录片类型。

3. 从宏大叙事到微末叙事的逻辑转变

随着《舌尖上的中国》《我在故宫修文物》《人生一串》《人间世》《二十二》等一系列小众题材纪录片占领受众市场，我国的纪录片叙事逐渐从宏大叙事转为微末叙事。进入 21 世纪以来，纪录片越发注重微末叙事，呈现出精英文化与平民视角的相互融合，我国纪录片创作也逐渐从精英主义的"宏大叙事"中解放出来，采用观照个体、厚今薄古、平民视角、微末叙事等方式。② 在题材方面，逐渐摆脱以前文献政论片一统天下的局面，进入百花齐放的时代，人文、历史、自然、科技、军事、天文、体育、美食等各类题材的纪录片不断呈现在观众面前。

4. 从单一宣教到商业价值的功能承载

我国的纪录片除了人文记录价值之外，还承担着重要的宣传教化功能。从电视在我国出现至今，文献纪录片一直是纪录片领域的重要题材，以《百年中国》《毛泽东》《开国大典》《辛亥革命》等为代表的文献纪录片，主要由中央和各省市宣传部策划，电视台负责创作和播出，承担着重要的宣传和政治功能。21 世纪以来，纪录片除了承担传统的人文记录和政治宣传功能外，越来越重视商业价值。相比电视剧、电影和综艺节目在商业层面上的成熟，纪录片对商业价值的探讨还处于探索期。2010 年以来我国的纪录片已经逐渐摆脱单一的宣

---

① 刘战伟，刘蒙之，李媛媛.四十年回顾：中国纪录片产业发展现状、制播模式与结构图景[J].教育传媒研究，2020(02)：78-82.

② 刘蒙之.从宏大叙事到微末叙事——纪录片《我在故宫修文物》的创作理念创新[J].现代传播(中国传媒大学学报)，2016(09)：109-111.

教功能，早已从广告、衍生品、版权、营销、电影等产业链流程中挖掘出商业价值并形成成熟完备的商业链。

5. 从长视频到系列短小视频的平台分发

随着移动互联网和智能手机的发展，用户的信息获取主要集中在移动端，内容方面也呈现鲜明的碎片化特征。在碎片化时代的生活节奏下，人们已经很少有时间和耐心去收看长视频。我国早期的纪录片主要是系列作品，一般单集在 30 至 50 分钟，集数从三五集到十多集不等，这是一种长视频形式，需要长时间集中收看。然而，随着碎片化时代的来临，纪录片领域也涌现出了一大批制作精良的微纪录片。如由"知了青年"工作室创作的微纪录片《了不起的村庄》，单集长度在 10 分钟左右，内容形态上与短视频有异曲同工之处。在传播渠道方面，不同于长纪录片主要在电视台和视频网站进行播出，微纪录片的播放渠道更多聚焦于微信、微博等社交媒体平台，更加契合社交媒体时代视听内容的碎片化消费和即时分享。

6. 从横屏视频到竖屏视频的观看习惯

随着移动智能手机的普及，为了更符合人们手握智能手机的习惯，以抖音、快手为代表的国内短视频平台，纷纷推出适合竖屏拍摄和观看的视频内容。相比传统的具备开阔视野的横屏视频，在展现高楼、树木、马路、人物近景等被摄主体时，竖屏有着放大细节、突出主体的优势。2017 年，腾讯视频推出了人物采访类纪实节目《和陌生人说话》，首次采用竖屏的拍摄和播放形式。没有其他背景元素的干扰，人物交流更具亲切感，有效突出了人物主体、放大了人物的表情和动作细节，使得视听用户可以更加清晰地观察到当事人眼神、情态、动作和情绪的起伏与变动，更容易产生交流感。

7. 从作品引进到走出国门的中国故事

20 世纪很长一段时期内，我国都是引进英国广播公司、美国国家地理频道、日本放送协会等国际优秀制作和播出机构的纪录片节目，自己制作的纪录片很少有机会能够走出国门。随着中国纪录片产业的不断壮大和纪录片创作者的不断努力，一大批精品纪录片作品相继推出并开始走向国际舞台。这些纪录片在西方发达国家的主流电视机构进行播放，获得了良好的商业回报和社会反馈。2013 年美国国家地理频道和中央电视台纪录频道联合摄制的纪录片《透视春晚：中国最大的庆典》，首次在美国国家地理频道的黄金时段播出，收视率超过同时段平均收视水平。这是美国国家地理频道在美国本土第一次动用黄金资源和平台，播出中国纪录片节目。①《舌尖上的中国》也走出国门，在美国、韩国等40多个国家播出。

四、存在的问题与对策

我国纪录片在不断摸索中前进，遇到过低谷，也遇到过发展的瓶颈时期。如何及时解决出现的问题和寻找到对策，这也是业界学者和行业专家一直在思考的。

第一，行业发展需要更多的政策扶持。虽然当前纪录片的联合制作开始增多，卫视与网络视频平台联手甚至与国际团队开展合作，但仍存在优秀作品主要依靠国家扶持、投入与产出比例失调、商业回报率不高等问题，产业运作模式仍不成熟，民间资本投入相对商业影视剧占比不高，优秀作品往往叫好而不卖座，在商业化层面严重缺乏可持续发展的内驱力。

第二，复合型优秀纪录片创作人才储备不足。人才的不足制约着中国纪录片向高质量迈进。一方面，纪录片在20世纪很长一段时间内处于边缘化、小众化的地位，导致对其开展学术研究和产业化运作的资源投入有限，影视艺术类高校专业教学体系中很少涉及与纪录片创作直接相关的理论知识，从而导致基础人才培养不足。另一方面，具有新媒体纪录片创作与市场运营经验的复合型人才相对较为缺乏，不能满足纪录片产业向新媒体传播转型的发展需求，与国际纪录片市场商业运作效率、规模化发展水平的差距明显。

第三，创作手法单一。一旦出现"爆款"纪录片，那么接下来一段时间往往容易出现同质化作品，作品内容的创新性和吸引力欠缺。优秀的纪录片作品应能在展现真实事物本质的同时，为受众搭建起延伸思考和精神共鸣的情感空间，引起社会层面广泛的探讨，潜移默化中引导广大受众形成协调一致、积极向上的价值观和审美情趣，规范和整合社会多元价值观念。

第四，主流的纪录片创作主题不能完全涵盖政治、经济、文化、教育、环保、科技等社会生活的各个方面，尤其是直接面向少年儿童的优秀作品不多，未能形成全面开花的繁荣发展态势。大多数作品在创作上过于强调纪实还原而忽略了叙事的深度，导致作品的文化内涵不足。此外，过于重视炫目的技术和奇观的场景设计而忽略了作品的内在意蕴，对受众的吸引力也显不足。

随着5G和4K、8K技术的发展，中国纪录片在电视媒体和流媒体的共同推

---

① 刘蒙之. 从宏大叙事到微末叙事——纪录片《我在故宫修文物》的创作理念创新[J]. 现代传播, 2016
（09）：109-111.

动下进入了新的繁荣阶段，已从传统的纪录片形式开始向动画纪录片、短视频纪录片、VR 纪录片等新的类型发展。动画纪录片因其生动的人物形象和影视画面，将纪录片的受众范围向少年儿童扩展；基于手机互联网的短视频纪录片能够充分利用受众的碎片化时间，提高信息传递的便捷性和效率；VR 纪录片营造的全景感观让受众获得真实的参与感和完整的情感体验，同纪录片追求的真实场景完美匹配。得益于这些新的创作趋势和传媒技术，纪录片服务于意识形态表达、知识经验传播、教育文化传承的社会价值得到了充分发挥。

自党的十八大以来，以习近平同志为核心的党中央高度重视文化建设，文化事业、文化产业繁荣发展，我国各民族文化创新创造活力不断迸发，国家文化软实力显著增强，纪录片正在迎来更广阔的发展前景。[①]

我国纪录片创作已经走过了 60 余年的发展历程。从形象化的政论到追寻民族文化根脉，从宏大叙事到微末叙事，再到当前更加注重个体表达的时代，这些年我国纪录片创作所走的是紧跟国家发展、记录时代强音的大步跨越之路，也是不断创新、不断探索之路。讲好中国故事、传播好中国声音，中国纪录片正在构筑人类命运共同体的世界发展大格局下奋勇前行。

第二节　文化类纪录片的现状与发展

根据纪录片的内容划分，有学者将文化类纪录片定义为："以历史文化、民族文化和人文景观等为题材，展现某个民族或群体生命存在和精神意志的纪录片类型。"[②]也有学者提出了文化纪录片的概念，指文化纪录片是"以历史文化、民族文化和人文景观等为题材，展现某个民族或群体生命存在和精神意志的纪录片类型"，包含传统文化与当下的人们正在创造的文化。由于在纪录片的实际创作上历史与人文往往并非独立叙事和呈现，因此文化类纪录片主要是指对各类文化题材内容真实记录和表现的作品，它们围绕某一文化内核展开叙事，通过解读与传播、传承相关文化及内涵，连接古今，进而凝聚成当下社会成员普遍认同的人文精神和民族的自信与活力。[③]

目前，各专家学者对我国与文化相关的纪录片分类和界定不一，大致将其

---

① 刘倩，欧阳宏生.多措并举 稳步推进中国纪录片高质量发展[J].电视研究，2022(06)：16-19.

② 周子恒.对话·认同·反思：中国文化纪录片的当下书写与传播[J].电视研究，2020(03)：74-77.

③ 王筱卉，袁兑青.我国文化类纪录片的 IP 创作启示——以"故宫"题材相关纪录片为例[J].中国电视，2019(07)：54-59.

分为人文纪录片、非遗纪录片、历史人文纪录片、美食纪录片等。这些类型的纪录片在不断努力尝试新的表达及传播的方式，满足观众的需求。为了便于展开叙述，在本章节将其统称为文化类纪录片。这些具有传承文化内涵、增强民族自信功能的文化类纪录片，在时代变更中拥有了更多解读。

文化类纪录片作为一种影视文化产品的高级形态，是传播文化和历史的重要载体。无论是向国人传递生活信息，还是向国际社会传播历史文化、民族个性、社会现状，文化类纪录片都是非常有效的途径。21世纪初，相较于真人秀等节目，记录色彩浓厚、娱乐性相对缺乏、时效性略显不足的文化类纪录片未能广泛走入大众视野。直到2012年美食文化类纪录片《舌尖上的中国》在央视综合频道《魅力记录》栏目首播，引起观众极大好评。此后纪录片类目繁多，作品也日益增多，不过鲜有再如《舌尖上的中国》一样引起广泛关注者。一方面，电视节目类型丰富，文化类纪录片要求相对严谨，不如综艺类节目娱乐性强，收视率高；另一方面，文化类纪录片专业性强，一部优秀的文化类纪录片制作过程烦琐，涉及领域众多，任何一个环节不够完善都容易降低作品质量，导致高水平作品产量不多。①

尽管如此，越来越多的文化类纪录片呈现的风格品质对社会产生着影响力。业界与学界都认为当前迎来了文化类纪录片的春天，它既再现着我国文化变迁的影像回忆，又结合新传播语境的现实基础，作为时代的记录，保留了当下诸多珍贵的影像记忆。

一、我国文化类纪录片的发展历程

中国传统文化内容丰富，源远流长。具体包括宗教哲学、神话传说、传统文学、传统戏剧、传统音乐、传统建筑、传统节日、民间工艺、民间风俗等，以不同形式体现出重和谐、讲包容、究应用的文化精神，传递着质朴、开放、寻求大同的价值观，是滋养社会主义核心价值观的本源所在。我国电视纪录片从诞生之日起，就承担着传播中华传统文化的责任，在不同时期呈现出不同的优秀作品。② 其中，文化类纪录片更是增强文化自信和弘扬中华优秀传统文化的重要载体。

早在20世纪60年代，文化类纪录片《中国武术》《荣宝斋的木版水印画》《敦煌艺术》就采用解说加画面的形式，呈现中国传统文化；20世纪70年代出

---

① 陈丹丹.关于当前人文纪录片内容与价值的思考[J].中国电视，2022(02)：97-101.
② 武新宏.电视纪录片提升传统文化传播效果探析[J].电视研究，2012(07)：68-69.

现反映中华民族勤劳、刻苦、团结奋斗精神的纪录片《红旗渠》《南京长江大桥》《黄河万里行》，以及反映传统文化的纪录片《马王堆汉墓》等；20 世纪 80 年代涌现出一批以《丝绸之路》《话说长江》《话说运河》为代表的文化类纪录片，探寻中华民族文化之根。

1. 20 世纪 80 年代，文化类纪录片初现文化品格

20 世纪 80 年代以前，纪录片创作延续了电影新闻纪录片的模式，把纪录片当作图解政策宣传的工具，文化意识具有一定的局限性。此时的纪录片主要为主流文化服务，宣传党的思想和政治纲领，题材以新闻纪录片和历史文献片为主。

进入 20 世纪 80 年代，文化类纪录片创作开始发展。文化意识的崛起，向内挖掘本土文化的积淀，是我国改革发展时期文化类纪录片的一个重要特征。《丝绸之路》正是这种意识崛起的标志，继之出现的《话说长江》《话说运河》等作品，都对本土文化、传统文明进行了极大的关注与反思。

20 世纪 90 年代至 21 世纪初，文化类纪录片佳作迭出。20 世纪 90 年代迎来纪录片的全面繁荣，开始回归纪实本性，用长镜头、自然光、同期声等跟拍现实场景，涌现出《沙与海》《藏北人家》《德兴坊》等一大批优秀作品，从不同角度展现了中华民族重和谐、重家园、重传统的精神气质。

其中，1991 年播出的《望长城》作为中国纪录片纪实风格全面确立的里程碑而备受推崇，作品的出现标志着我国纪录片从精英文化转向大众文化。从它对长城两边风土民俗的体察，到对长城兴衰演进的考证，无不显示出创作者自觉的文化意识。[①] 如记录偏远山村的孩子们艰苦求学的故事之外又着意透露出瑶族山民格外坚韧的生命态度的《龙脊》，如关注老萨满夫妇特有的民族生活方式、体现了他们对自然的膜拜之情和恬淡悠远的氛围的《最后的山神》，还有纪录片《回家》《两个孤儿的故事》等，这些文化类纪录片在题材与作品风格诸方面进行了开拓和探索，表现出一定的文化品格。

此外，中央电视台以"讲述老百姓自己的故事"为节目定位的《生活空间》栏目成为观众关注的话题。纪录片中小人物的平凡人生、普通老百姓的日常生活被搬上电视屏幕，影片用跟踪拍摄、长镜头、同期声等强调原生态的纪实手法与不下定论的解说方式，只在节目的开头或结尾加上主持人的一句比较有哲理的话，便让平凡的世俗生活变得含义隽永，有了质朴的哲学意味。

纪录片《英与白》和《幼儿园》也是这一时期比较典型的纪录片代表。这两

---

① 汤健萍. 电视纪录片的文化建构[J]. 电视研究，1998(05)：22-27.

部纪录片的导演张以庆被称为记录影像中的"哲人",他善于用主观情感与抽象符号来表达情绪和记录心灵。他的纪录片《英与白》记录了武汉杂技团里大熊猫驯养师"白"和当年世界上仅存的可以上台表演的大熊猫"英"的生活。另一部纪录片《幼儿园》记录了一群孩子进入寄宿幼儿园、人生第一次离开爸妈的真实状态。这两部与欧洲艺术风格相像的文化类纪录片作品是20世纪90年代对纪录风格探索的早期代表。

2. 2005年至今,文化类纪录片拓展多元题材

2005年以来,随着社会的不断进步,人们更需要自我认同,每个个体都是故事的述说者。[①] 这个时期的文化类纪录片不再一味追求宏大题材,涉及的题材有人文社会、美食文化、历史地理等。在形式与题材选择上,创作者的叙事方式更加丰富多元,并聚焦于个体经验,使文化类纪录片更具叙事性,与观众更具接近性。信息化高速发展的社会时代背景下,人们更加关注自身的内心感受,不再愿意去接受那些教化性的影视作品,更喜欢通过影视作品去感知文化,提升自身的学识和素质。文化类纪录片的受众已经扩大至普通观众,他们观看纪录片的目的更多的是想了解历史文化。因此纪录片的传播功能也随之发生改变,表现为文化传递的功能,将我国五千年的灿烂文化及文明史传递给子孙后代,以回顾历史来明鉴今日,用文化内涵来普及后人。通过观看纪录片,人们足不出户便可穿越至各个历史年代,进入各个历史文化古迹之中,领略物质文化及非物质文化。

21世纪是纪录片创作逐渐走向社会化的时期,回归主流社会成为其创作和理论研究的发展趋势,而当时的时代背景,主流话语才是真正让纪录片发挥自我的舞台。《故宫》《大国崛起》《圆明园》等文化类纪录片通过其独特的视听语言,探索并解释着中华五千年深层的文化底蕴。随着美食文化类纪录片《舌尖上的中国》在中央台播出,从此以后,文化类纪录片以更丰富的题材和形式呈现在观众面前。

二、我国文化类纪录片的现状

党的十八大以来,我国文化类纪录片呈现出蓬勃发展的态势。文化类纪录片紧扣主题主线,弘扬中华优秀传统文化,向世界展现可亲可爱可敬的中国形

---

① 何春耕, 张恬. 论大众文化背景下我国历史文化纪录片传播的变化特征[J]. 现代传播(中国传媒大学), 2014(02): 95-98.

象，涌现出众多精品力作。这些文化类纪录片丰富了纪录片的题材内容，带来了新鲜的美学表达，真实地再现中国历史之美、人文之美和现实生活之美，成为反映新时代恢宏气象的重要艺术载体。其中，比较具有代表性并引起观众关注的文化类纪录片主要有非遗纪录片、美食文化类纪录片和人文历史类纪录片。

随着融媒体时代的到来，互联网信息技术飞速发展，文化类纪录片创作也随之加速转型升级，微博、网络直播、短视频等日益发展，在带给传统媒体压力的同时也赋予其新的发展契机，文化类纪录片随之迅速转型，借力新媒体在荧屏和网络上同步传播，扩大传播途径和方式。《舌尖上的中国》《百年巨匠》《了不起的匠人》《我在故宫修文物》等文化类纪录片，以深厚的人文底蕴、真实的文化还原与创新的创意策划，体现了中华优秀传统文化的历史价值、文化价值与教育价值。在新时代，加快中华优秀传统文化纪录片的发展步伐，对弘扬中华文化、推进文化交流具有积极的意义，也是彰显大国自信、讲好中国故事的有效途径。①

1. 美食纪录片探寻美食背后的文化基因

自 2012 年《舌尖上的中国》结合美食与人生故事，唤醒了蛰伏在人们心中的饮食情愫，引发了之后美食文化类纪录片的不断涌现。此后，美食文化类纪录片创作层出不穷。《风味人间》《寻味顺德》《老广的味道》《鲜味的秘密》追逐全国各地美食的踪迹，让观众感受到了我国各个地方美食的魅力。此外，《日出之食》《早餐中国》系列透过"早餐"观察喧闹市井生活，展现百姓身边的人间烟火。《人生一串》《向着宵夜的方向》《生活如沸》以街头巷尾的烧烤、夜宵、火锅为对象，在市井烟火气中探寻生活中的美食慰藉。《鲜生史》是突破"舌尖体"的创意之作，在曹雪芹、鲁迅、苏东坡等吃货妙趣横生的吃食故事中，融入年轻态的叙事风格，通过饮食探秘文人心境。②《寻味贵阳》《宵夜江湖》《江湖菜馆》《傲椒的湘菜》《下饭江湖》《辣椒的征途》等一直打造美食文化类纪录片头部 IP 的影响力，预示美食文化类纪录片已成为文化类纪录片品牌化、商业化运作的成熟类型。《新疆滋味》《湘辣香辣》《山东味道》《希望的田野》《美食令》透过地域特色美食，将地方饮食文化与人文故事联系在一起，讲述有"家乡味道"的美食故事，实现以美食为媒的地方叙事和形象传播。《念城味》《拿一座城市下酒》《一面之词》《上菜了！新年》以城市为依归，在探访中体验一城一

① 敬菲菲.中华优秀传统文化纪录片的价值与传播[J].当代电视，2019(09)：69-71.

② 刘忠波，杨悦.中国纪录片十年发展与创新[J].当代电视，2022(10)：14-22.

味，展示世俗、大众与时尚的饮食文化内涵。美食文化类纪录片制作日趋成熟，题材愈加垂直细分，也更加注重感观背后的人文故事，传递与食物相关的记忆和情怀。①

2. 非遗纪录片呈现非遗文化记忆

随着 2010 年国家新闻出版广电总局出台《关于加快纪录片产业发展的若干意见》，以非遗纪录片为代表的文化类纪录片创作愈显精品化、多样化趋势。非遗通过影像媒介得到广泛传播，在某种程度上，非遗纪录片搭建了非遗由"传统"向"现代"转化的重要展示平台。从《舌尖上的中国》《我在故宫修文物》等"现象级"作品的诞生，到《我在故宫六百年》《古书复活记》《百年紫砂》《中国传统建筑的智慧》等作品细分非遗的门类，新时代的非遗纪录片融入的元素愈加丰富，拍摄技法渐趋精湛，展现非遗题材的历史深度与知识向度不断提升。②

每一种文化记忆的媒介都有其特定的象征系统与生产方式，因而呈现不同的记忆形式。无论是叙述层面还是民族话语与日常话语的呈现，非遗纪录片积极建构屏幕空间的文化记忆。按照非遗纪录片的记忆形式进行划分，可以归纳为节日记忆、生活记忆与代际记忆纪录片三种类型。

首先，关于节日记忆的非遗纪录片。传统节日与饮食认同的关联是民族习惯的表达，《舌尖上的新年》讲述了春节期间的美食与年味，食物的记忆被转化为身心记忆，从情感维度确立了节日的"专属味道"。《我们的节日》以春节、清明、端午、中秋为时间序列，依次从年夜饭、祭祖仪式、龙舟制作、舞草龙等节日故事铺陈展开，呈现中国品位的文化内涵。在纪录片中，节日的神圣性及所提供的"回忆栖居"体验，将人们日常生活的平淡或晦暗重新照亮，激发人们对记忆中节日的联想与对比，开拓了情感的怀旧和慰藉空间。

其次，关于人本表述的生活记忆非遗纪录片。对于非遗纪录片而言，如果说节日记忆偏向于集体的展演，那么生活记忆则更多着墨于个体的演绎。纪录片有着描述、发现与创造生活的本质功能，非遗是大众生活中传承的活态文化，传承的核心主体是"人"，其具备的精神滋养与审美意味早已融入日常生活的每个角落。代表作品《我在故宫六百年》的核心主旨是找寻新中国成立初期修缮故宫的"大工匠"，通过生活场景的把握重新定位"工匠"身份与工匠精神。

---

① 韩飞，王侯. 人民性、建设性、融合性：2022 年中国纪录片创作与美学研究［J］. 当代电视，2023（01）：13-21.

② 朱斌. 文化记忆视域下非遗纪录片的内容生产与认同建构［J］. 中国电视，2022（04）：87-91.

《藏家》则关注戏衣、砚台等不同爱好者的人生经历，表达他们在技艺传承中对非遗共同的信念坚守与虔诚之心。非遗纪录片的生活记忆基于以人为本的故事理念，表述为人的个体自我向社会层面的价值认同。

最后，关于赓续传承的代际记忆非遗纪录片。非遗纪录片的代际记忆表现为家庭或师徒谱系中的"世代传承"。通过代际记忆这一抽象形式，展现非遗传承人群体的生存面貌，该类题材围绕代际记忆，构成了以传承为中心的故事范式。2021年6月，《中华人民共和国非物质文化遗产法》颁布实施10周年，纪录片"百年巨匠·非遗篇"首篇《百年紫砂》在多家省级卫视首播，作品体现了中国工艺美术大师周桂珍"做壶就是做人"的专注理念。纪录片《古书复活记》则重点关注国家图书馆古籍修复师朱振彬对弟子的言传身教，他们所代表的"择一事，终一生"的职业精神意义深远。而在家庭体系中，代际记忆附着在"语言、文字、影像、仪式乃至物质空间等融合了家庭生活和家族特色的载体"之上。如《中国女红》中剪纸承载着八旬老人高凤莲与女儿之间的情感寄托，《香巴拉深处》中措雄祖孙对藏戏格萨尔王的共同演绎满含深情。这些非遗纪录片传承精神与代际意识的相砺相长，凸显了传承者的人文精神与道德规范。①

3.人文历史纪录片追溯民族文化本源

作为中华文化的视听化、纪实化表征媒介，人文历史纪录片一直是我国纪录片创作的重要题材。人文历史纪录片探求中国传统文化的表达，彰显千百年来中国历史底蕴，反映中华民族的文化精神追求。人文历史纪录片《河西走廊》《五大道》《大荒山》等深入挖掘地方历史文化。《如果国宝会说话》《本草中国》《我在故宫修文物》《海昏侯》等呈现考古、中草药与文博文化，激发人们对中华传统文化的守护与传承的自觉。《文学的故乡》《记住乡愁》《西泠印社》《但是还有书籍》《书店遇见你》带领观众感受人文之美。《船政学堂》《炮火下的国宝》《西南联大》在深重的近现代历史中，彰显中国人的人格理想和中华民族的坚韧精神，其中《西南联大》讲述抗战时期西南联合大学的成立、发展和回迁历程，通过联大师生的口述和回忆录，展现了大学的自由包容精神以及西南联大师生在国家危亡之际深厚的爱国情怀。

当前，人文历史纪录片《中国》以影像化的表达手法，对华夏文明的历史长河中代表性的人物事件进行写意化重构，完成中国历史的文化想象与东方意象的审美表达；《风云战国之枭雄》再现战国时期多个重要历史人物的激荡人生，通过剧情化演绎给予大众一条靠近纷繁历史的影像通道；《千古风流人物》聚焦

---

① 朱斌.文化记忆视域下非遗纪录片的内容生产与认同建构[J].中国电视，2022(04)：87-91.

中国历史文化名人，以"风流人物"解读中华千年传统文化内核；《良渚》《良渚文明》《甲骨王朝》厘清良渚、殷墟等文明源流及发展脉络，在世界文明版图中找到中华文明的自我位置；《云冈》《天下书院半湖湘》《荣宝斋》《大河之北·世界文化遗产》对云冈石窟、湖湘书院、百年老字号荣宝斋和河北境内世界文化遗产进行盘点梳理，展示历史在文化建筑纵横之中留下的岁月印痕。

受到 2021 年中国考古学诞生百年的创作热潮影响，2022 年考古题材纪录片的创作热度居高不下。5 集考古纪录片《发掘记》在这一节点推出，创作者精心选用了 5 处考古现场，长期跟拍记录，让考古工作和考古人去神秘化，呈现出朴素动人的一面。《书简阅中国》按照不同主题精选 30 封古人书信，纸短情长，见微知著，呈现中华文化内涵和精神气质。《王阳明》采用情景演绎的手法，以唯美的风格、时空穿越的线索结构、戏剧化的表达，探寻王阳明的传奇人生经历，阐释阳明心学的思想精髓。人文历史纪录片《岳麓书院》，同样借助场景化的情景演绎等戏剧手段，梳理岳麓书院千年的文脉传承。这些人文历史纪录片追寻民族文化本源，探寻古人的情感思想。①

4. 诗意美学成为文化类纪录片的"国潮"

文化类纪录片挖掘中华优秀传统文化，以人文景观渲染审美情趣，着力显现中华美学精神的审美力量。诗意美学依托古代诗歌审美路径，根植于传统诗学精神，依附于传统文化而生长，蕴藏着中国古典艺术的意境之美，将富有启思性的传统文化思想寄托于诗意美学中。②《河西走廊》《如果国宝会说话》《中国》《书简阅中国》等作品依托对传统文化的解读，用古典诗学中的传统意象唤起沉睡在人们心中的情思与联想，既润物细无声地完成了中华传统文化的熏陶和历史意识的建构，也实现了中华民族美学的诗意开掘。不同于在文献中钩沉历史的传统风格，《中国》通过创造诗意空间，把握了中华美学的审美情趣和精神底蕴。《书简阅中国》细腻而温情，动静皆宜，通过意境之美实现了诗意美学的表达，渲染了重情重义的古典中国情思。文化类纪录片借助传统意象凸显各自的主题，或渲染空灵的审美气氛，或用物像启发观众的想象，或用史实典故寄托生命意义。诗意美学逐渐成为文化类纪录片的"国潮"。

---

① 韩飞, 王侯. 人民性、建设性、融合性：2022 年中国纪录片创作与美学研究 [J]. 当代电视, 2023 (01)：13-21.

② 刘忠波, 杨悦. 中国纪录片十年发展与创新 [J]. 当代电视, 2022 (10)：14-22.

三、文化类纪录片的发展策略

文化类纪录片题材多样,内容丰富,然而在创作过程中,随着先进数字技术的发展,容易出现缺乏 IP 品牌打造等问题,在发展文化类纪录片创作时应注意延续纪录片的品牌,深挖垂直价值,不断拓展题材类型,拓展美学特质。

1. 纪录片的品牌延续,深挖垂直价值

对于品牌文化类纪录片,应该深挖垂直价值,延续纪录片品牌。《本草中国》《本草中华》等通过对传统中医药文化进行挖掘,获取了可持续发展的品牌价值。[①] 以故宫题材为例,最早有《故宫》,然后有《故宫 100》,随着《我在故宫修文物》在网络上广受关注,又促生了《故宫新事》《我在故宫六百年》等纪录片,由系列纪录片延伸成为同一题材热潮,从不同视角讲述故宫内外的人文历史,赞扬工匠精神,致敬文化遗产的守护者。

自《舌尖上的中国》对行业产生巨大影响,美食文化类纪录片开始吸引大众的目光后,除了《风味人间》,同期播出的还有《风味原产地》《风味实验室》谈话节目,还有如《老广的味道》《寻味顺德》《小海鲜》等高口碑美食纪录片,以"美食""传统文化"为主题的美食文化类纪录片可发挥文旅优势,共同推广,各大网络视频平台和制作机构也应利用观众的审美余热,深挖垂直内容,延展品牌价值。

此外,在国家层面,应建设具有我国民族特色的文化类纪录片品牌。在海外语境下,"讲好中国故事"是文化类纪录片的品牌诉求。中国五千年的历史积淀本就在全球享有较高的认知度与影响力,是可供文化类纪录片进行创作的富足浩大的独家"富矿"。可深入挖掘传统文化的语义内涵,采用更易引起共鸣的叙事手段与影像模式;可利用带有中华文化烙印的特色内容使得中国文化类纪录片成为海内外了解中华民族审美向度与精神内核的窗口,让更多人了解我国的历史文明与民族智慧。

2. 不断完善题材类型,拓展美学特质

文化类纪录片与中国传统文化相勾连,具有独特的中华美学特质。拓展文化类纪录片的美学特质意味着纪录片的美学走向更加包容和开放,不仅有对纪实美学的深入开掘,还可对戏剧美学、技术美学等进行融合创新表达。受当下

---

① 刘忠波,杨悦.中国纪录片十年发展与创新[J].当代电视,2022(10):14-22.

技术、媒体和影视产业变革环境的影响，我国文化类纪录片正处在一个大融合、大变革的重要阶段，文化类纪录片在内容创作手段和视听元素的融合、纪录文本题材类型选择的跨界融合等多个维度都有所发展。文化类纪录片的美学表达不是简单的元素和技巧的拼贴，而是一种系统化的有机整合。例如《中国》以影视的综合写意美学与历史情境的建构，营造了举重若轻、虚实相生、韵味无穷的历史现场效果。这种新范式的叙述场景，让观众既可以获得沉浸式的历史体验，也能对历史本身进行一种仪式化的回望。

目前，我国文化类纪录片题材类型不断完善，部分类型作品正在探索模式化创作。尤其以《风味人间》《航拍中国》为代表的部分纪录片，呈现出"类型化、精品化、大制作、高质量"特点，既遵循标准化、规范化的生产流程，又兼顾艺术审美追求，进一步拓展美学特质。①

3. 融合数字技术手段，虚拟现实赋能

数字化技术手段正在融入我们的日常生活，不管是文化类纪录片的题材选择，还是创作手法的提升，都势必要结合当前的数字化技术来重新定位。得益于数字技术的赋能，文化类纪录片在自身的变革和发展中越来越多地与数字技术建立关联，AI、5G、8K 和数字孪生等新的技术手段正在形塑我国文化类纪录片的整体格局。

此外，VR、AR 以及 XR 等数字技术代表着一种崭新的纪录片美学。数字场景的全景式的镜头对时间和空间等信息的呈现，能实现还原历史事件本来面貌的效果，正在带来文化类纪录片传播内容和传播技术的革命。② 例如，虚拟现实技术可运用于对非物质文化遗产的弘扬与传播。总之，数字技术能够丰富文化类纪录片的艺术创作形式，为创作者提供更广阔的想象空间，为观众创造出个性化和开放式的观看体验。

数字技术的兴起与发展，为影像生产创作提供了新的理念与方法，同时也为行业带来了新活力。更重要的是，数字技术客观上能促进文化类纪录片产业的升级。以数字技术为语境，可充分利用数字技术特性为文化类纪录片赋能，赋予纪录片更多的技术属性，也改变受众的视听习惯。尤其最近风头正盛的元宇宙技术与文化类纪录片结合所创造出的虚实相生的空间，让观众能够穿越时

① 韩飞，王侯.人民性、建设性、融合性：2022 年中国纪录片创作与美学研究[J].当代电视，2023（01）：13-21.

② 求剑锋.文化导向、技术逻辑与类型拓展：近年来中国纪录片发展透视[J].中国广播电视学刊，2022（02）：63-65.

空，沉浸式地感受文化类纪录片所带来的中国历史文化影像世界。

第三节　文化类纪录片的美学构建

纪录片是关于时间的艺术，纪录片所记录的人和事构成了一部社会史的某些章节，而记录的方式则留下一道美学的印迹。纪录片有着每个时代特有的印记，而中国社会的特殊性为纪录片美学铺设了一个戏剧化舞台。随着时代的发展，中国纪录片的美学特征不断在发生变化，从新中国成立时起的形象化政论影像，到形象化政论的内在转换、纪实美学与美学多元化到美学的品牌化发展，每一次变化发展都投射了政治、文化、社会与心理的影子，呈现出戏剧性与伴随性。

一、我国纪录片的美学构建历程

1. 形象化政论影像为主的美学构建时期（1949—1977 年）

中华人民共和国成立初期，百废待兴。这一时期，我国纪录片以形象化政论影像为主进行美学构建。在文艺创作领域，苏联所倡导的"形象化政论"强调意识形态的宣传作用，解说词引导思想内涵、历史画面凸显见证价值。[①] 这一阶段，中国共产党领导中国人民夺取胜利的战争史、带领人民当家作主的改革史、记录新中国社会文化发展的建设史成为我国纪录片表现的重要内容。

1953 年，中央新闻纪录电影制片厂成立。它以纪录片的方式为新中国留下了类型多样、内容丰富的影像。1956 年，随着"百花齐放、百家争鸣"口号的提出，形象化政论色彩开始弱化，纪录片的艺术性、批判性得以加强。从现实事件切入，记录重大活动，再现历史事件是这一阶段我国纪录片展现新中国的重要创作方式。《中国人民的胜利》以毛泽东主席在天安门城楼宣布新中国成立为开端，借助部队还原解放战争场景，展现了中国共产党建立新中国的历史；《新中国的诞生》通过对政治协商会议和开国大典的实景拍摄，展现了新中国诞生的全过程。

1958 年 5 月 1 日，新中国第一家电视台——北京电视台试播，标志着我国电视事业的开始。这一天播出的《到农村去》开启了我国电视纪录片的序幕。

---

① 裴武军. 中国纪录片创作演变与美学表达[J]. 当代电视，2019，377(09)：65-68.

《红旗渠》记录了耗时十年的水利工程修建过程，记录了这个特殊年代普通大众高涨的建设热情。同时电视荧屏上出现了《泰山压顶不弯腰》《深山养路工》等纪录片，纪录片人深入实地，赞美祖国。整体来说，这一阶段更多的是新闻纪录片，将拍摄重点放在宏观事件的记录上，不聚焦于微观个体的生命抒写。

2. 形象化政论的内在转换美学构建时期（1978—1990 年）

1978 年年底，党的十一届三中全会召开，中国进入改革开放时代，纪录片人用镜头记录着社会变革下的中国。人们思想开始活跃，美不再被禁锢，自然美、心灵美、精神美成为这个时代的重要书写内容。

这一时期的纪录片虽然沿袭了画面加解说的模式，但拍摄的大多是自然地理与社会场景，解说不再是与画面无关的社论，而是与画面互补的文学性语言。《话说长江》的解说词文辞优美，如行云流水。此外，《话说运河》《黄山奇观》《九寨沟梦幻曲》等纪录片用镜头展现自然美，文明之美开始蕴含在我国纪录片的表达中。

3. 精英文化的纪实美学构建时期（1991—1999 年）

兴起于 20 世纪 80 年代的精英文化思潮在这一阶段发生转折，纪录片也在精英文化的扩张中放弃理想主义和精英立场，视点下移，纪录片开始关注实实在在的日常生活，带着各种口音的同期声取代了字正腔圆的配音和美妙高昂的音乐，不稳定的跟拍取代了优美的构图，纪实美学成为新的潮流。这是一次美学迁移，也是一次文化转型。

1991 年 11 月 18 日，一部名为《望长城》的纪录片在中央电视台播出。晃动的镜头画面，真实的声音，走进普通人现实生活的场景，谁也没有想到这部纪录片引领了一场荧幕上的革命。《望长城》把纪实美学扩展为一种美学思潮，作品注重的不是作为伟大文化遗迹的长城，而是生活在长城周围的人。《望长城》采用跟踪拍摄、同步录音的拍摄方法，把主持人寻访长城的过程都记录进来，强调过程而不是既成的结果，突出生活的质感，虚焦、变焦、晃动等镜头成为建构真实的一种方式。这部作品第一次把纪实语言和纪实美学在电视上展示出来。

伴随着《最后的山神》《龙脊》《八廓南街 16 号》《三节草》等作品在国际上获得奖项，跟拍成为这一时期纪录片拍摄的主要风格，等待和捕捉是最常见的工作方式。以同期声替代大量的解说，放弃解说和音乐，纪录片的跟拍和同期声成为纪实语言的重要特征。因为纪实美学的影响，一些主旋律文献纪录片也开始采用平民视角和细节让领袖走下"神坛"，显示作为平凡人的一面。

4. 美学多元化的美学构建时期(2000—2011 年)

虽然纪实美学激起一场美学风暴,把我国纪录片带进一个新时期,催生了一批杰出的作品,但是十年之间,电视媒体格局已经发生了翻天覆地的变化,频道增加,大量省级电视台上星,娱乐节目涌现,电视剧大量生产,观众逐渐习惯于通过互联网收看新闻和娱乐节目。传播媒介的多样化,受众开始被互联网分流,而纪实美学也在一定程度上呈现出无意义跟拍与重复单调的美学模式。纪录片被迫调整美学理念,纪实美学不再是占主导的创作美学风格,等待和跟拍也不是唯一或者最佳的方式,剧本、解说、音乐和真实再现等重新回归。

纪录片的发展呈现美学的多元化局面。2001 年《英和白》一出现就引发了两种美学观念的交锋,反对者认为这不是纪录片,影片中主要段落是非纪实的,是导演的构成空间,赞成者认为这是一部优秀纪录片,它开拓了纪录片的表现空间。而另一类纪录片的表现手段突破了纪实观念,如《故宫》《圆明园》以大制作的方式采用情景再现、动画等手段制造戏剧化情境,《姐妹》则以剧情片的拍摄方式和特殊题材引起轰动,《大国崛起》以传统美学的画面加解说模式取得巨大成功,以商业片理念运作的《森林之歌》也获得观众的注意。2002 年,一个专门播放纪录片的频道——上海纪实频道建立,标志着我国纪录片向文化工业模式发展。

5. 多元表达与品牌建设的美学构建时期(2012 年至今)

2012 年 5 月 14 日,《舌尖上的中国》在中央电视台纪录频道播出,标志着我国的纪录片进入了多元表达与品牌建设的时期。工业化的制作流程、陌生化的视觉影像、中国情感的文化表达都被创作者们更加地重视,"舌尖"品牌就此诞生。

这一时期的美学理念更加多元,有美食文化类的"舌尖"体美学,也有以《航拍中国》为代表的纪录片的恢宏大气的美学风格,还有以风格类似于低吟浅唱的《掬水月在手》的诗意美学。《鸟瞰中国》以技术革新突破视觉局限,将对大美中国的赞扬汇聚到地理人文的视野之中;《运行中国》《超级工程》展示中国的飞速发展,工业铸就力量,展现大国重器;《人间世》《生门》触发人内心最柔软的情感。这一阶段的美学构建,更注重与国际化接轨,构建中国形象,讲好中国故事。不仅让中国的观众能够感受到中国的文化之美,也让外国观众被这种中华美学所吸引。

二、文化类纪录片的美学构建

按照传统的美学分类，可将文化类纪录片的美学构建分为纪实美学的构建、戏剧美学的构建和技术美学的构建。经过数十年的发展，文化类纪录片在纪实美学、戏剧美学与技术美学方面也各具特色。①

1.真实与细节构建纪实美学

纪实性作品是具有较高美学价值的作品，以原生态生活为记录内容，大多是对文化现象或历史事实的记录，一般采用被摄对象形声一致化的结构，突出生活本身具有的内涵和意蕴。

纪录片以真实性构建文化类纪录片的纪实美学。纪录片发展的几十年历史中，"真实"一直被强调。传统叙事中，真实代表事件、情感、人物的真实。《我在故宫修文物》让观众感受到了故宫里鲜为人知的顶级文物修复师不为人知的一面。随着技术的发展，高清影像技术增加真实的另一个层面，即技术无限接近并呈现人眼的所能看到的现实。《风味人间》里，食材的发酵变化在微距摄影下展现给人们一个神奇的世界。高清技术提升了观众对真实影像的认知。

纪录片以细节性构建文化类纪录片的纪实美学。纪实美学主张通过真实记录生活，再现平常生活中的"生活美"。为实现这一审美目标，文化类纪录片在创作手法上强调长镜头、同期声和细节的运用。通过这些独特的创作手法来实现纪实风格的审美。强调纪实美学为主的文化类纪录片以记录事件、还原生活为目标，用现场记录的画面给观众以亲历生活的直观感受，摈弃原始素材的虚构，作品在拍摄中全天候不间断拍摄。与传统的纪录片模式用"完美"的记录呈现相比，纪实美学的纪录片往往采用细致入微的观察模式，以冷静客观的态度进行记录，尽量不让观众感受到人工强化的痕迹，使之更接近于生活本身的状态。② 茶文化纪录片《茶，一片树叶的故事》从茶的历史、种类、传播等角度演绎出了人茶奇缘，从点滴细节中向观众真实客观地呈现了茶地、茶园、茶人、茶文化元素，道出中国茶文化的深邃内涵。节目中，从茶叶的种植到茶叶的采摘，到茶叶的制作过程，每一个细节都凸显纪实之美。

此外，长镜头构建文化类纪录片的纪实美学。纪实美学的基本要求是记录时间的连续和空间的完整，记录过程相对完整，从而保证记录人物或事件的完

---

① 张同道.全球化时代中国纪录片之路［M］.北京：中国广播电视出版社，2021：172-178.

② 曹德松.新时期电视纪录片中纪实美学的传承与变革［J］.视听，2016(07)：15-16.

整性和原生状态。为实现这一目的，记录就必须与事件的发生发展同步，也即与时间同步，是一种现在进行时。这是纪实美学的记录影像的本质体现。长镜头和同期声是纪录片常使用的影视表现手法。由于长镜头将连续的动作完整地展现出来，视觉形象上保证了完整，因而长镜头更具真实性。即使在这个过程中出现种种小瑕疵，但以这种真实感给观众呈现出完整的镜头才更加显得真实自然，贴近生活。纪实美学风格的纪录片往往通过展现事实本身，引导观众去思考镜头背后要表达的思想意蕴，体现出纪实艺术本身独特的魅力。①

运用真实与细节构建纪实美学辅以长镜头的运用，美食文化类纪录片是非常典型的代表类型。《老广的味道》作为一部美食文化纪录片，就呈现出平民纪实、大众饮食文化的美学风格。片中的人物大多数是平民百姓，他们不是大师也不是大厨，他们就是食材的种植者、养殖者、捕捞者和采摘者，同时也是美食的烹饪者与品尝者。他们既是片中的主角，也是美食文化主要的叙述者。在片中，他们将食材的种植、饲养、捕捞和烹饪的细节过程娓娓道来。纪实的状态朴素自然，展现着老百姓生活的原生态，纪实美学构建下的真实生活一览无余。

2. 故事化的讲述与情景再现构建戏剧美学

1999 年以来，观众的收视需求左右了美学的方向，戏剧美学开始兴起，文化类纪录片不再以纪实美学占主导地位，戏剧美学与纪实美学同时发展。此阶段，观众的收视需求大量提升，形式多样的电视节目不断吸引观众的眼球。真人秀、明星、电视剧不断争夺观众，而纪录片的收视难以跟电视剧的收视比较。在市场化的竞争下，这个时期的文化类纪录片风格开始转向，尝试将综艺节目和电视剧的风格——戏剧元素加以运用，并逐渐获得了成功。

十余年来，随着戏剧美学在纪录片创作中的广泛运用，戏剧美学本身也经历了不断创新与成熟的发展过程。2009 年，强调戏剧冲突和收视效果已成为纪录片的创作潮流，情景再现、动画制作等更成为普遍运用的手段；2010 年，戏剧美学在原有的基础上继续向前，不断开拓出一些新的表达方式和表现空间。

首先，故事化讲述是文化类纪录片的戏剧美学的主要表现手法。悬念、冲突、大跨度时空跳跃、多线交叉叙事，推动纪录片的叙事节奏大面积提速。在一部 40 分钟左右的纪录片中，8 分钟段落讲述一个故事或人物成为普遍认可的规律，甚至 4~5 分钟的短故事也大量出现。《舌尖上的中国 2》采用的是具有标杆意义的叙事模式，"心传"一集从徽州的菜籽油到陕北的挂面，从苏州的糕点

---

① 曹德松. 新时期电视纪录片中纪实美学的传承与变革[J]. 视听，2016(07)：15-16.

到瑶族的糍粑，再到上海的本帮菜，随着镜头的切换，观众跟随镜头在祖国各地感受风味各异的美食。即使是《五大道》《大黄山》这样历史或地理之作，叙事节奏也不再舒缓，而是故事密集，节奏明快。《五大道》就是一个炮火与汽笛交替、银圆与机器交响的舞台，侵略军、传教士、政客等各色人等轮番登场，人物性格鲜明、情绪饱满，充满命运感和时代性。

其次，情景再现构建文化类纪录片的戏剧美学。情景再现是文化类纪录片创作广泛使用的一种手法，它能够将过去的情景通过各种技术和艺术手段重新展现在观众面前。尽管理论界对"情景能否再现"还存有争议，但在实践中，情景再现手法被自觉不自觉地大量运用却早已是不争的事实。情景再现是增强纪录片戏剧化效果的最具魅力的表现形式之一，21世纪的前十年，随着《复活的军团》《故宫》《圆明园》等文化类纪录片的播出，情景再现的手法在文化类纪录片创作中逐渐兴起，近年来更是普遍应用于历史人文类纪录片中。

情景再现一方面可以是从意象化、情绪化的再现演进到情节性的再现。在过去的情景再现段落中，镜头一般采取人物局部呈现或虚化处理等方式，再现和扮演只是作为一种符号出现。在《故宫》《圆明园》《敦煌》等纪录片作品中，情景再现实现了对人物和情节的刻画，再现情节更富戏剧性，人物更富个性。纪录片《敦煌》在寡妇阿龙的段落里，就出现了扮演人物的对白；而《外滩轶事》中的情节则全部由演员扮演，并靠大量台词推动情节发展。

情景再现同时也可以是历史场面的再现。随着数字技术的发展，情景再现在数字技术的加持下拓宽了表现形式。一些历史人文类纪录片中出现了以数字技术"创造真实"的手法，在现存历史资料的基础上对无法复原或早已销声匿迹的古代建筑、城市等场景进行视觉化"创造"。纪录片《五大道》利用3D技术对天津的历史场面进行了再现，其中比如片头30秒的开场动画，从北洋练兵到天津的城市面容和天津成为通商口岸之后的场景，以宏观的角度为观影者展现了天津的历史变迁，同时，利用数字技术复原了那些没有在历史中留下的场面。纪录片《消失的古滇王国》以湖底的古滇王国遗迹为原型，以3D动画特效创造了古滇王国的奇特建筑，向观众呈现了一个2000多年前的云南古国。

文化传播的一个显著特征就是把各种文化加以视觉化、影像化，强调用视觉形式来传播交流，不仅可见的东西要用影像表达，不可见的东西也应尝试用视觉形象传播。文化类纪录片作为人类文化的载体，利用故事化的讲述手段，借助情景再现的这一表现手法，不断地在戏剧美学上拓展发展。

3. 虚拟现实、特种拍摄技术构建技术美学

在21世纪第一个十年，技术美学就成为文化类纪录片的美学特征。《故

宫》采用延时、逐格、高速等摄影方法和动画技术等手法，其中还采用 Motion Control 技术将历史与现实在一个镜头里无缝表达。片中大量三维虚拟影像的出现就给观众带来了极大的震撼。那些模拟历史的建筑与空间的仿真景象为拍摄提供了性价比极高的手段，而更重要的是这些动画形式为作品带来独特美感。近 80 分钟的数字虚拟影像时长创造了纪录片中动画创作的新纪录。① 数字虚拟影像特效主要用于再现故宫的修建过程以及场面浩大的典礼仪式等。在这部纪录片中，观众所看到的是紫禁城被建造的过程、清代登基大典的全景盛况以及深藏于太和殿内部的神秘浮板、溥仪盗宝的历史档案等诸多史料。3D 制作、3D 实拍结合制作、古代绘画为蓝本制作成二维动画等技术在纪录片表现宏大场面方面做出了极大贡献。

虚拟现实技术为文化类纪录片的创作打开了更为宽广的探索空间，为创作者与受众之间搭建起了一座新式的沟通桥梁。

纪录片《圆明园》以 3D 动画复原了圆明园全盛时期的影像。全片时长约 90 分钟，运用 3D 动画的部分累计达到了 35 分钟。此片第一次大规模使用 3D 电影动画技术，将实景和 3D 动画进行合成，真实地展现了一个超乎人们想象的圆明园。《圆明园》对焚烧事件、战争起因的客观记录引发观众深思，万园之园盛况与破壁残垣的对比触及观众心灵。《昆曲六百年》以虚实交融的形式展现江南戏曲之美。作品采用时空交叉的叙事结构，把这种发源于美丽江南的戏曲形式的来龙去脉，在实景与虚景中，在水墨动画中娓娓道来。那些虚拟出的中国意象元素，犹如制造一种绮丽的历史梦境，渲染出了诗词中的江南之美。② 虚拟纪录片《最美中国》中，虚拟现实技术与航拍的结合为观众带来了一个全新的视角去欣赏中国河山，观众像飞鸟一样遨游在天空，俯瞰壮丽景观，这种充满参与感的视角让观众惊叹不已。

自虚拟现实技术引入到纪录片拍摄中来，已经掀起了多次热潮，为人们提供了全新的艺术媒介手段以及重要的审美经验，即沉浸式体验。虚拟现实技术与文化类纪录片的结合，带来了新的影像审美特性，它可以容纳传统影像形式与内容，也可以呈现出更多独有的美感。虚拟现实技术对于文化类纪录片的创作来说，为后期创作提供了更多可能性，可以让艺术形象更加真实与生动，增强现场感，强化视觉美感。在正在到来的元宇宙世界里，还可以让观众进入到一个虚实相生的世界，它与纪录片内容完美融合，制造出一个极其特殊的感知世界，观众进入虚拟技术制作的那些场景，在虚拟现实头显下感受其带来的奇

① 张自如，樊华伟.试论历史类纪录片情景再现美学风格的实现[J].电视研究，2013(01)：63-65.

② 丁艳华.浅谈虚拟现实技术在纪录片中的"沉浸式"美学[J].当代电视，2019(12)：87-89.

妙沉浸感。

此外，特种摄影动画技术构建技术美学。

21世纪以来，特种摄影、三维动画等技术形式打开了陌生化审美空间，为文化类纪录片制造了视觉奇观。航拍技术改变了观众观看世界的角度，也丰富了视觉形象。无人机的出现为文化类纪录片带来了高空的鸟瞰视角和俯拍的平稳运动。《航拍中国》里展示了在成都宽巷子里从餐厅到变脸剧场的灵活移动，在浙江鱼塘从空中直入水下，仿佛一只蝴蝶飞舞。通过无人机的展示带给了观众全新的感官体验。除航拍之外，高速、延时、逐格、显微、水下等摄影方式的运用也极为活跃，再加上CG动画合成技术，纪录片呈现出前所未有的视觉奇观。[①]

在运用虚拟技术构建文化类纪录片时，应该注意的是，掌握好作品中真实与虚拟影像的长度比例。对于纪录片而言，应该是事实真实（资料真实）与情感真实相结合，如果摆拍混同于纪实，则背离了纪录片记录的本真。在文化类纪录片的技术美学构建时，应该更加明确真实与虚构的界限，在带给观众美感和降低认知难度的时候，尽可能地还原真实。

三、文化类纪录片的其他美学构建

纪录片的美学可包括声音、画面、镜头、语言等一切叙事相关的元素，文化类纪录片除对纪实美学、戏剧美学和技术美学的构建外，还构建了文化自信之美、诗意文化之美、家国情怀之美和意境之美。

1. 文化自信之美

习近平总书记指出，"文化自信，是更基础、更广泛、更深厚的自信，是更基本、更深沉、更持久的力量"。当前文化自信的建立应从历史和当下两个维度共进，将民族内容向世界传播，创作"有地气、有底气、有生气"的优质作品。党的十八大以来，一些直接书写中国文化的纪录作品有效诠释了中国文化，如《记住乡愁》《影响世界的中国植物》《家具里的中国》《守望家风》《中国书法五千年》《诗词中国》《孔子》《先生》《汉字五千年》等。

21世纪以来，人文历史等类型的纪录片为中国文化提供了丰富的视听载体。《舌尖上的中国》通过对美食背后的文化挖掘，展示了中国美食文化的深邃。《故宫》通过对中国皇家建筑的探究，展示了中国古代历史建筑与国家文物

---

① 张同道.全球化时代中国纪录片之路［M］.北京：中国广播电视出版社，2021：178.

的文化机理。《中国》重现了春秋至唐朝的文明，通过复原古代场景和古人举止，使观众领略传统文化的韵味，展现了中国文化的自信之美。①

《茶，一片树叶的故事》深度探访世界各国的 200 余位"茶人"，讲述了茶园、制茶、茶艺、茶道以及茶与人的故事，寻访中国茶文化走向世界的传播轨迹。让观众品读茶人采茶、制茶的气韵，感悟人与自然和谐统一的心境。《舌尖上的中国》在美食背后，展现每一种美食的精心制作，告诉观众中国人民勤劳善良、热爱生活热爱自然的传统文化理念。众多文化类纪录片结合新的时代条件传承和弘扬中华优秀传统文化，如《我在故宫修文物》《传承》《传家》《手艺》《木作》《本草中华》《中国女红》《千城百匠》等，都在讲述中国传统文化艺术的本真和匠人们对工艺的孜孜追求，全面呈现了传统文化精髓对中国人思维方式的影响和塑造。

2. 家国情怀之美

文化类纪录片从故事化叙事的人文关怀中体现家国情怀，这种家国情怀表现在观众对内容的心理接受和情感认同上。文化类纪录片通过图像、音乐、配音和文字等多模态多方式引起观众的自豪、骄傲、归属感和民族感的感官体验，使受众在审美中感悟作品内蕴，并引导观众产生对国家、民族的积极情感，完善自我对国家政治的感性认知，强化人们对国家的认同和发展的自信。

故事化叙事构建家国情怀之美。《辉煌中国》《敢教日月换新天》等纪录片集中呈现我国发展成就，声音铿锵，给予观众磅礴感，催生家国情怀。《辉煌中国》是中宣部、中央电视台为迎接党的十九大召开而摄制的，全片共选取了 65 个故事、250 个成就点位，采访了 108 个人物，呈现了 200 组国家成就的数据。② 每一次叙事都是立足于家国情怀，以一个个普通的中国人为主角，通过讲述平民化故事来记录国家与社会的变迁，推动故事化叙事从注重个体体验向民族共同记忆转换，从个人化的叙事向国家叙事转变。如第 1 集《圆梦工程》中，用香港市民冯泽田在生意上的期待来表现港珠澳大桥触发的中国经济战略的重大布局；用甘肃陇西药材商杨彦林的期待来表现兰渝铁路通车后，车轮滚动出的新空间和新动力。

当前，满足时代需求，更加直接有力地传播中国力量的文化类纪录片层出不穷。如《超级装备》《大国工匠》《大国重器》《港珠澳大桥》和《超级工程》等，

---

① 刘忠波，沈文瀚.2017—2021 年中国纪录片创作题材类型，美学表达和社会价值[J].当代电视，2022(02)：20-28.
② 刘水.纪录片《辉煌中国》的美学建构[J].中国电视，2018(03)：103-105.

《飞向月球》《蓝色星球》系列、魅力纪录系列等电视纪录片传递出更加自信包容的中国气质。以央视为代表的文化类纪录片创作和播放平台，已经形成了一种更加优质而高效的传递家国情怀的战略资源。以创新为主题的系列纪录片和以世界级工程为主题的系列作品深入人心，使家国情怀的传播从断续走向连续，从模糊走向清晰，让观众在文化类纪录片中感受到家国情怀。

3. 雅致诗意之美

早在 18 世纪，意大利学者维柯就提出"诗性智慧"，认为人类是通过自身"诗性智慧"的活动才创造出璀璨的"人类史"。在文化类纪录片的构建中，不但能够让观众感受到雅致诗意之美，还能够让观众体会到文化类纪录片的非遗诗意之美。

文化类纪录片让观众感受到雅致诗意之美。《书简阅中国》以古人书信为切入点，影片声画表达带有雅化气质。纪录片以黄色为主色调，无论是庄严肃穆的朝廷，还是飞沙走石的塞外，这一抹黄色都为影像染上一份属于历史的凝重而深邃的色调，这种孕育万物的土之色自先秦以来也被奉为中央之色。在声音表达上，纪录片的解说娓娓道来，厚重沉稳的声调令人信服，与之相配的是或悠长深情或轻快自然的背景音乐。雅致之外，主创人员在画面构图上也注意了画面的层次感以及留白，体现出"虚实相生"的艺术效果。①

诗意之美还更多地体现在非遗纪录片中。非物质文化遗产是人类在与自然、与他人、与自我相互博弈和适应的过程中创造的文化的重要组成部分，是与自然环境、文化语境、族群历史、生活习惯等融汇在一起的流传于民间的文化。非物质文化遗产本身就具有诗意特性，这不仅体现在人类创造它的时候倾注其中的率性、想象、情感、情趣和审美，还体现在其本身所蕴含的本民族深厚的本源文化，以及在每一位传承人口口相传和言传身教中所沉淀的个体的诗意寄托。每一项非物质文化遗产本身具有诗意的特性，浓缩着本民族的生存哲学、生命意识、文化密码和艺术基因。另外，从影像本体角度而言，诗意也是影像工作者追求的一种风格，一种境界。②

4. 意境意蕴之美

意境是中国古典美学的核心范畴，追求意境之美一直是中国古典艺术的最

① 阎瑾.影像美学、共情叙事、历史重构——评历史纪录片《书简阅中国》[J].电视研究，2021(09)：35-37.

② 赵鑫.中国文化人类学纪录片创作理念的嬗变[M].武汉：华中科技大学出版社，2022：281.

高审美标准，它不仅体现了中华民族"天人合一"的宇宙生命哲学观，更反映了我们不同于西方的哲学观、艺术观乃至思维方式和精神气质。意境作为中华民族独特的人文精神和文化观念最经典的美学表述，是中国最独特的文化观念的集大成者。一个民族的根本在于其独特的文化特点。独特的文化是民族独特性的根本体现，由于文化类纪录片更加真实地记录了人们的生产生活、精神境界，自然就具有了传承中华民族文化精神的崇高使命，具有发扬本民族艺术精髓这一历史重任。

我国影视艺术致力于从中华民族优秀美学传统中吸取精华和营养，并且形成了中国影视鲜明的民族风格和民族特色。文化类纪录片的意境意蕴美包括蒙太奇影视语言的意境之美和画面与声音的意蕴之美。

一方面，文化类纪录片的蒙太奇影视语言蕴含意境之美。蒙太奇影视语言是文化类纪录片产生意境之美的一个关键要素。尽管真实是记录的底线，但是纪录片需要恰如其分的想象。以真实为生命的记录，有其独特的影视美学追求，这种美从剪辑中来，借助蒙太奇来实现。文化类纪录片能够巧妙地利用蒙太奇，为观众建构起能主动联想和想象的参与情境，让观众从琐碎的历史细节中，挖掘出富有哲理的内涵，从而自主建构形象的认知图景。《昆曲六百年》第7集《一脉相承》，在讲到通过"传"字辈的不懈努力，使曾经从舞台上消失十余年的昆曲艺术再次在舞台上得以绽放的历史细节时，编导将俯拍的成片荷塘的运动长镜头与展现一朵被绿叶掩映着的绽开了的荷花特写镜头，进行两极镜头的跳切，在创造出强烈的视觉冲击的同时，配以被采访者的同期声和悠扬的音乐、声画结合的蒙太奇技巧，运用比喻和象征的手法，表现出昆曲艺术顽强的生命力。

此外，文化类纪录片的声音能够营造意蕴之美。意蕴，指电视艺术内在的含义、意义和意味。音乐之美能够衔接画面、渲染情绪和推动情节发展。纪录片中的音乐可以形成作品的叙事主线，推动情节的发展。如在纪录片《龙脊》中以四季为时间顺序，用主人公潘能高母亲绵延悠长的民歌声来结构故事的发展。一首民歌从"四月里来四月中"唱到"八月里来八月中"，共分成四段，统筹全片情节的发展。①

文化类纪录片正因其独特的蒙太奇影视语言的意境之美与画面声音的意蕴之美，能够将中国文化的精髓加以传播，让观众感受到不仅仅是生活之美，而且是中华民族文化的意境之美。

文化类纪录片的美学构建，除了传统的纪实美学、喜剧美学和技术美学的构建外，同时也注重文化自信之美、家国情怀之美、诗意之美与意境之美的构

---

① 武欣欣. 电视纪录片声音的审美功能及美学特征探析[J]. 戏剧之家，2017(16)：74-75，78.

建。我国文化类纪录片在创作过程中，可更加注重中国化、民族化、人文化的表达。这种中国美学表达风格，无论从视觉还是从听觉，都将体现人与自然"天人合一"的和谐之美，给人以"身临其境"的享受。文化类纪录片通过美学构建，能够使国内外观众了解到中国各地的风土人情、自然风貌、中国文化丰富的精神价值和民族精髓，进一步了解到中华民族的深厚文化底蕴。

第四节　纪录片的传统文化传播

纪录片以纪实的方式，进行价值引领、文化传承与美学构建，以尊重历史和现实的态度，对文化题材进行客观记录，它与历史和社会生活关联紧密，为人们提供了一个自我审视及审视历史、社会与未来的空间。纪录片以影像画面跨越了文化传播的语言障碍，使不同国家和民族的观众，通过画面与声音，直抵纪录片的文化核心，把握纪录片的传播意图。

我国纪录片关于文化方面的内容涵盖广泛，从茶叶到美食，从国宝到戏曲，说茶道酒、讲经鉴文，每一部作品都传递着优秀传统文化鲜明的符号，彰显出了中华优秀传统文化高度的文化价值。① 纪录片通过社会主义核心价值观和中国传统文化为传播的价值理念、多样化的传播策略、利用数字时代的传播渠道，对中国传统文化进行传播。因为纪录片的形式类型多样，本节在对纪录片的文化传播路径的阐述中，主要选取具有较鲜明的文化元素且受到大众关注的纪录片为主要案例进行分析。

一、纪录片的传播价值

1. 传播社会主义核心价值观

纪录片传播的第一要义是传播社会主义核心价值观，纪录片是增强文化自信、弘扬中华优秀传统文化的最佳载体之一。以中华优秀传统文化为根基的文化自信，是中华民族追寻伟大"中国梦"的精神支撑，是中华民族的根和魂。纪录片蕴藏着中华民族的核心价值诉求，蕴藏着中华民族的理想。

中华优秀传统文化经过数千年的传承发展，包含着丰富的诗歌曲艺、手工制造、天文地理、道德人伦等思想，传递着质朴、开放、寻求"大同"的高尚价

---

① 敬菲菲. 中华优秀传统文化纪录片的价值与传播[J]. 当代电视，2019(09)：69-71.

值观，是滋养社会主义核心价值观的源泉。因此，在新时代背景下的纪录片的文化传播，首先要践行社会主义核心价值观，以社会主义核心价值观明确纪录片的价值取向。

纪录片在创作之前，要从国家、社会及个人层面，多角度、多层次、立体化地诠释社会主义核心价值观对中华优秀传统文化深刻、全面的提炼。① 要使社会主义核心价值观融入纪录片的创作之中，提升优秀传统文化的价值性、内涵性与时代性，传递民族文化精神。

2. 传播中华优秀传统文化

此外，纪录片具有传播中华优秀传统文化的价值要义。中华优秀传统文化流淌着中华民族的精神血脉，是中华民族智慧的结晶。从手工制品到诗词歌赋，从典藏书籍到水墨丹青，这些经久不衰的中华文化在纪录片中得到了充分展示。观众通过观看这些纪录片能感受到中华优秀传统文化的深厚底蕴，启发人们展开思考，感受心灵与古人文化情怀的碰撞。纪录片对历史文化娓娓道来，对平凡人物刻画细腻，内容深刻隽永，往往引人反复观看。纪录片能够展现古人精湛的技艺和无穷的智慧，突出中国各地各个时期优秀文化的特色与风格。

纪录片以影像传播的方式从历史和人文的角度出发，除了能够全面地展示出中华优秀传统文化，还能折射出当代的独特文化价值。纪录片能够带领观众穿越古今，能够促使观众在欣赏的同时引发思考，感受到中华优秀传统文化熏陶，更加深刻地体会中华优秀传统文化的深厚底蕴。

二、纪录片的文化传播策略

我国纪录片在半个多世纪的传播过程中，不断在进行创新发展。从题材挖掘到叙事手法，从传播理念到传播风格，纪录片的创作者们在不断地进行着探索。一方面，传播主体已经悄然发生改变，纪录片已经从单一的电视台为传播主体转变为主流媒体主导，互联网等大众参与的多平台传播主体。另一方面，纪录片在传播策略方面也在发生变化。在内容方面，不断拓展纪录片的题材；在叙事方面，进行故事化的叙事构建；在传播理念上，营造共情传播的认同理念；在传播风格上，构建东方气韵的美学风格。

---

① 敬菲菲.中华优秀传统文化纪录片的价值与传播[J].当代电视，2019(09)：69-71.

1. 拓展题材的内容传播

从传播学角度讲，传播内容是整个传播环节中最重要的因素。没有内容，传播便失去意义。但传播的最终目的是接受，是传播效果，是受众的接受程度。

首先，纪录片在传播内容方面进行了题材拓展。中国传统文化的内容博大精深，源远流长，很多内容如经典著作、民间传说、民俗风情、手工工艺、传统节日、园林地貌、古代遗存等，已经在民间有广泛的认知基础。纪录片可以在已有的基础上进行纵深的拓展，深入挖掘，不断发现新内涵。比如《故宫》《故宫100》等博物馆系列、《苏园六记》《西湖》等园林文化系列，可扩大这些题材范围、不断挖掘新的领域和新的内容。比如《外滩》《大秦岭》《说吴》等不同地域标志性事物的纪录片系列，进一步从地域的文化内涵、历史演变、精神气质等方面进行了拓展。

此外，纪录片已从宏大叙事转向细微叙事。直到21世纪初，"宏大叙事"一直是主流媒体纪录片的创作风格，如《话说长江》《故宫》等作品在创作表达层面的核心命题就是"宏大叙事"，作品大多立意深远，气势恢宏。而随着社会的不断发展，在融媒体语境下，社会的市场化需求推动"宏大叙事"实现叙事转向。早期的宏大叙事风格固然吸引眼球，但聚焦于平凡人物个体的人文纪录片更让观众眼前一亮。2012年以来的纪录片，多采用个人化视角，更加尊重个体价值，更注重真实的个体经验。从《我在故宫修文物》到《瞬间中国》，这些纪录片的叙事都淡化了以往类似题材的宏大叙事，而是以平实的方式还原主人公的日常生活，在真实情景中展示着平凡人的平凡精神，传递着家国情怀。

2. 故事化叙述的生动呈现

故事化叙述的生动呈现促进了纪录片的文化传播。故事化是人的一种特殊的心理需求，听故事、讲故事是人类在接受新事物时倾向于选择的方式，是经验的凝缩与总结。对于影视作品而言，故事化的叙事技巧在一定程度上可以增加观众对于影片内容的兴趣和关注度，更容易让观众接受。纪录片也不例外，纪录片也要讲故事已成为纪录片创作者们公认的规律。① 对于纪录片来说，文化传播的故事化叙事技巧能够赋予一系列文化事项以意义，进而增强作品的因果解释机制和影像传播效果。纪录片的故事化叙述是借用故事的悬念、冲突、情节等元素，使叙述等内容曲折生动，引人入胜。"用影像讲故事"，让故事代替说教。2011年的《当卢浮宫遇见紫禁城》继续《故宫》《台北故宫》的记录理

---

① 赵鑫. 中国文化人类学纪录片创作理念的嬗变[M]. 武汉：华中科技大学出版社，2022：244.

念，在展现北京故宫和法国卢浮宫两座宝库的同时，着重展示文物背后的历史、人物与故事。纪录片语气轻松的故事化讲述，配以动画的灵动效果，让文物背后的人物和故事变得真实可感，也使纪录片传播的文化知识变得生动而易被接受。

此外，纪录片的语言文字凸显故事化风格。纪录片不仅在叙事手法和内容上进行故事化的构建，在语言文案策划上也进行了故事化构建。《中国1》第12集"盛世"中的解说词说道："许多大船在暗夜中疾驰而过，去大唐，去长安，去看世界上最富庶、最繁华的地方……见识各种打扮好看的人，那些写出灿烂诗文的人。"这些优美的语句组合在一起，讲述了一个个经典的历史文化故事，刻画了一个一个历史人物的形象，碰撞出古今时空交错的深邃。《舌尖上的中国1》（以下简称《舌尖1》）"自然的馈赠"里有这样的表述："圣武和茂荣是兄弟俩，每年9月，他们都会来到湖北的嘉鱼县，来采集一种自然的美味——藕。作为职业挖藕人，每年茂荣和圣武要只身出门7个月，采藕的季节，他们就从老家安徽赶到有藕的地方。较高的人工报酬使得圣武和茂荣愿意从事这个艰苦的工作。在嘉鱼县的珍湖上，300个职业挖藕人，每天从日出延续到日落，在中国遍布淡水湖的大省，这样的场面年年上演。"从个体到群体，从环境到生存，从现实到历史，这样开放性的叙事语言，带领观众一点点走进纪录片的情境，将观者的兴趣、思考和心灵一并贯通。平实的语言文字能够在短时间内触动观众，完成纪录片传统文化传播的故事化构建。

3. 营造仪式感的共情传播

我国学者吴飞指出，所谓的共情（empathy，也有人译作"同理心""移情"或"神入"）"是一个人能够理解另一个人的独特经历，并对此做出反应的能力。共情能够让一个人对另一个人产生同情心理，并做出利他主义的行动。一般认为，共情是人类根源于基因的一种天赋：共情不是一种情绪，也不是一种感受，而是人类与生俱来的一种能力"。[①] 纪录片在宏大的题材与微小个体中，采用共情传播，将观众与纪录片紧密连接在一起，产生出共鸣。

纪录片在具有仪式感的叙事中进行共情传播。自2012年以来，纪录片将中国化的仪式在屏幕上渐次呈现。如《变化中的中国》《中国喜事》《我的中国年》《佳节》《在影像里重逢》等纪录片，记录了典型场景当中发生的典型故事，从不同角度聚焦中国人民的普通生活中的点滴细节，传播中国故事。其中，纪录内容大都以时间为线，以白描的纪实手法记录下生活的片段，并将这些细节

---

① 吴飞.共情传播的理论基础与实践路径探索［J］.新闻与传播研究，2019（05）：59-76.

仪式化，将情感浓缩在轻松可感的时间片段里。纪录片《人生第一次》在各大网络平台引发极大关注，微博平台相关话题阅读量超过 10.3 亿次，是 2020 年开年以来豆瓣评分最高的国产纪录片之一。纪录片以中国人共通的生命轨迹为主题，激发了无数观众的情感共鸣，进而使受众产生积极的共情心理，使得作品热度不断发酵，产生"二次传播"，引发了观看兴趣。

此外，美食文化类纪录片也是常见的能够引发观众共情的纪录片类型。以美食为题材的纪录片在 2012 年以后百花齐放，各种美食纪录片所呈现的中国传统文化牵连着每一位观众最直接和亲切的内心情愫。美食纪录片对美食场景符号式、仪式化的提炼和展现，能够触发起受众熟悉的文化记忆。很多美食纪录片与当下新媒体传播相结合，在传播中国文化方面起到了积极作用，如《万物滋养》《风味人间》《早餐中国》《源味中国》《人生一串》等，用带有仪式感的状态向观众呈现了中国人对家庭的热爱以及性格中的热情好客与淳朴善良。美食文化类纪录片通过人们对食物的感受，引起对家乡、对亲人、对爱人的情感，引发观众对于美食背后劳动人民所付出的劳动艰辛的共情表达，让人们体会一种连续的中国传统的深情厚谊。

4. 构建东方气韵的传播风格

纪录片构建了具有东方气韵，发扬文化自信的美学风格。东方气韵是我国纪录片独有的一种特色风格，展现传统文化、发扬民族特色已经成为我国纪录片创作的重要因素。纪录片是文化传播的绝佳载体，它在不断探索的过程中逐渐找到了自身定位，形成富有特色的东方美学风格，彰显文化自信。

比如，《人生第一次》的片头曲巧妙地融合了皮影戏，从出生、上学、参军、结婚再到垂暮之年，整部纪录片的故事通过一个个彩色影偶串联起来。皮影戏被称为中国最古老的电影，选择这一民间艺术作为片头，与纪录片聚焦普通中国人一生的主旨相呼应。《风味人间》作为美食文化类纪录片的代表，富有戏剧化的镜头美学处理极富中国传统美学特色。而案板上的各色食材、街头巷陌邻里间的热情好客、江南民居的朦胧色调，都体现出浓郁的中式美学。《中国 1》第一集"春秋"中，在孔子出现时，以绿色和黄色为主的色调，孔子穿着长袍的背影在竹林之间久久站立，颇有中国山水画的意蕴。此外，《我在故宫修文物》的艺术手法也非常细腻，文物修复师修复工作之余，骑着老式自行车在故宫广场和各宫穿梭的一幕，体现了传统美学中"留白"的特色，引人回味与遐思。

综上而言，东方气韵的美学在纪录片中的传播，一方面能赋予作品更为浓郁的人文气息，提高文化内涵，另一方面也有益于观众形成较强的文化认同，传承中国传统文化的精神。

三、纪录片的传统文化传播渠道

20 世纪，我国的纪录片传播主要通过电视和电影传播，在互联网出现以后，互联网以其特有的开放性、互动性、多媒体、超链接等特点，极大地改变了人们获取信息的方式和渠道，并对纪录片生态带来了深层次的影响。数字化时代的来临，更是在纪录片交互与沉浸式传播方面进行了颠覆式的改变。纪录片的传播通过平台合作、跨界布局、拓展宣推、国际传播等，不断在探索传播渠道。

1. 平台合作，融合矩阵传播

平台合作，融合矩阵推动了纪录片的文化传播。21 世纪以来，各大电视台陆续设立了专门的纪录片频道，使纪录片更加集中与专业化，随着互联网技术的蓬勃发展，各视频网站还专门设置了纪录片栏目以实现网台联播，助力纪录片的播出推送，我国纪录片在互联网时代拥有了较为全面的全媒体传播矩阵，传播渠道与范围得以大幅拓展。[①] 此外，自媒体自主转发与二次创作实现了纪录片的再次传播。

当下，除了电视媒体播放纪录片外，视频网站成为纪录片传播的重要阵地，部分电视台自身也自制了网络播放平台。例如，作为中央广播电视总台推出的 5G 新媒体平台，央视频已成为我国纪录片的主要网络传播渠道之一。许多优秀的纪录片如《新丝绸之路》《故宫 100》也是通过这个平台进行的传播。《风味人间》采用的传统媒体平台和新媒体平台共同传播的方式。该纪录片第一季于 2018 年在浙江卫视黄金时间首播，并在腾讯视频同步播出，最大限度地达到整合传播的效果，多方互动打造"风味 IP"。《风味人间》成为商业价值和社会价值双赢的经典案例，同时也打破了固有的传播观念，使高品质纪录片的主流媒体传播和网络平台传播有机地结合起来，实现传播的双赢。

2. 跨界布局，发挥品牌效应

跨界布局，发挥品牌效应，促进了纪录片的文化传播。自 2012 年现象级纪录片《舌尖 1》引发全国观众的关注并推出系列作品后，此后的纪录片产业发展

---

① 何瑶，陈志敏，何春耕.新世纪我国历史文化纪录片传播创新特征探析[J].视听，2022(11)：118-
121.

逐步向专业化和品牌化转型，加速了商业性跨界布局，发挥纪录片的品牌效应。[①]

"舌尖"品牌系列是一个非常成功的品牌效应。2012 年，《舌尖1》成为现象级作品的同时，开始拥有品牌意识。《舌尖1》爆红后，一款节目中介绍的云南诺邓火腿立刻在线上卖到脱销，而淘宝、京东等电商平台的一些节目同款食材和炊具也销量暴增，节目迅速展开品牌布局，推出了同名精装美食菜谱和大电影《舌尖上的新年》。由此可见，"舌尖"系列已经超越纪录片本身，成为具有高度商业价值的品牌，第二季作品仅广告费便创造了 8000 万元营收。除《舌尖》系列外，《如果国宝会说话》系列、《航拍中国》系列不仅促进了同一题材纪录片的创新化表达，而且以品牌为核心，将品牌影响力与纪录片文化价值结合，赋予纪录作品高辨识度。

我国纪录片品牌发展对纪录片创作生产提出了更多要求，品牌系列纪录片创作又进一步推动我国纪录片产业的品牌化发展之路。2018 年的《我在故宫修文物》带火了"故宫"IP，使一直与观众有距离感的故宫形象转变为平易近人的亲民风格，进而带动故宫相关的文化创意产业发展。《本草中国》《本草中华》等还通过对传统中医药文化进行挖掘，打造了可持续发展的"本草"系列品牌价值。

3. 拓展宣推，助推跨圈交互

宣传推广，跨圈交互促进了纪录片的传统文化传播。影视作品在线上线下开展不同类型宣传活动也是扩大传播面的有效形式。近几年也有一些纪录片制作方开始主动运用宣传手段，积极与其他圈层合作来实现传播范围拓展。

首先，借用明星效应助力纪录片的破圈传播。《中国1》在芒果 TV 播放量超 2.5 亿，除了优质的内容与精美画面等因素吸引受众外，明星对于该纪录片的助力也是其中因素之一。《中国1》除了推出原版外，还创新形式邀请秦海璐、黄轩、白敬亭等 12 位影视演员参与配音，每人负责一集的解说，这是我国历史文化纪录片首次推出群星配音版。影视演员参与这一形式可以带动更多受众了解我国历史文化纪录片，拓宽受众群体。

其次，与其他文化类型合作形成交互助推传播。《紫禁城》与音乐平台打造紫禁城国风音乐季，邀请了 12 位歌手为每一集各自演唱主题曲，并且在紫禁城实地拍摄个人 MV。歌曲和视频在各大音乐平台、视频平台传播，实现了历史文化纪录片与其他类型平台的有机合作，推动了《紫禁城》的多平台传播。纪录片与流行、说唱、古风等不同类型音乐相融合，形成传统文化与多元文化的碰

---

① 雷玥. 国产人文纪录片的影像表达与传播创新[J]. 传媒，2021(05)：59-61.

撞，让纪录片有了现实温度。歌手的参与能够促使更多粉丝了解甚至观看全片，推动纪录片取得较好的传播效果。

再次，使用新媒体社交平台促进了纪录片的口碑传播。自媒体的广泛发展为纪录片和受众的互动交流创造了广阔空间和多元方式。大部分纪录片团队都在微博、抖音、快手等平台建立官方账号进行常规运营，《舌尖》在微博开通"超话社区"，鼓励粉丝分享自己手工制作的美食，吸引了超1.6万粉丝参与，相关帖子阅读量超8亿次。除了互联网在线播放渠道拓展以及网络营销宣传活动之外，依托社交媒体的影响力，我国社交媒体无形之中成为纪录片口碑传播的有效渠道，促使其在不同圈层实现传播裂变。

4. 国际传播，开展文化交流

自2012年以来，我国纪录片重视国际对话价值，拓宽了中外对话的交流空间，越来越多的纪录片具有了国际化视野，走上了纪录片的全球化的传播之路。[①]

自央视《舌尖》播出以来，这部纪录片不但在国内引起了热烈的反响，而且在国际上也受到极大的关注。用知名纪录片导演菲尔·阿格兰的话说，《舌尖上的中国》第二季巧妙通过人类共有的美食，体现出了人与美食、人与自然、人与社会的联系。《舌尖上的中国》很中国、也很世界。

此外，由中外联合制作的纪录片《中国春节：全球最大的盛会》，介绍了我国春节的传统习俗和民俗文化。该片没有采用画外解说词的模式，而是通过主持人近距离的观察、体验各地的春节活动，展现了春节期间中国社会洋溢着的喜庆氛围，增加了中国文化的感染力。与此同时，镜头也捕捉到了我国社会的现代化进程，例如在"回乡"一集中主持人在追踪中国春运时，介绍了亚洲最大的铁路调度中心，使其成为透视中国社会发展的窗口。

纪录片坚守人民立场，聚焦时代发展，既绘制了新时代人民生活的生动画卷，也传承了历史文脉，弘扬了中华优秀传统文化。同时，在不同的文化背景中，纪录片建构起共通的意义空间，成为讲好中国故事、传播中国声音、开展文化交流的重要载体。

四、纪录片进行传统文化传播时要注意的问题

我国纪录片随着社会的不断发展，技术手段的不断革新，在传统文化传播

---

① 刘忠波，杨悦. 中国纪录片十年发展与创新[J]. 当代电视，2022(10)：14-22.

上也进行了诸多有益探索，现象级纪录片不断出现。在进行传统文化传播时，需要持续建立文化品牌，提升我国文化软实力。

1. 持续建立文化品牌

纪录片应不断拓展文化品牌。我国当前的纪录片已经逐步建立起了各类型的品牌，如美食类纪录片有"舌尖"系列品牌，包括《舌尖》《寻味顺德》《风味人间》等，带领观众从中国的各个地域美食了解中国的美食；还有"故宫"系列品牌，如《故宫》《我在故宫修文物》《故宫新事》等，让观众从各个角度了解故宫的前世今生。除持续打造已有品牌外，文化类纪录片还应持续开拓其他各种品牌系列。一方面，我国是世界文化遗产最多的国家，丰富的历史文化资源为纪录片的传统文化传播提供了丰富的表现题材，另一方面，中华民族百折不屈的民族精神、中国劳动人民的勤劳与智慧都成为纪录片的内核所在，这样的品牌才具有灵魂和持久的生命力。通过纪录片的传播，使人们感受文化并认同这个品牌系列纪录片的品质，使品牌能够持续有效地传播。自2012年第一个"舌尖"品牌出现以来，越来越多的纪录片已经有了品牌的意识，系列纪录片在叙事结构上、拍摄制作手法上以及作品风格上已初见品牌效果。

2. 提升我国文化软实力

文化软实力是指通过文化生产、文化交流，文化教育和信息传播等途径使本国所倡导和奉行的价值理念赢得国内外受众的普遍认可从而获得国际影响力的能力。[1] 我国正处于快速发展中，塑造文化软实力是当前的国家诉求。在纪录片的传统文化传播中，应注意提升我国文化软实力。我国的大众传播影响力十分宽泛，多样化的传播媒介也将国家的形象传递给国际社会。国家的形象依赖于媒介的构建与表达，如何更好地利用媒介传播来提升对外形象、塑造文化软实力成为一项重要议题。

纪录片在国家文化的传播中占有举足轻重的地位，作为一个国家或一个民族的活相册，它内含时代的特征，涵盖历史、文化、艺术、人文、教育等多方面的内容，深刻记录国家的历史发展进程。而我国纪录片在对外的文化影响中更具传播价值，能够充分向世界展现中华民族独具特色的文化资源，是将中国文化传播给世界的最好方式。此外，我国纪录片能够提升中国优秀文化的吸引力，打破文化传播壁垒，以独特的传播能力提升文化软实力。

---

① 袁新涛.提升我国文化软实力的战略思考[J].理论研究，2012(04)：33-36.

第二章　传统文化类综艺节目的发展

第一节　我国综艺节目的发展

我国由于早期广播电视技术的发展比较缓慢，电视节目的生产能力不强，电视台基本以新闻、电视剧和广告为主，受众没有太多的选择权。中国观众的接受心理在整个20世纪80年代受集体主义信仰所影响，个性需求和个体审美在传统审美方式制约的电视荧屏上，难以有展现的空间和机会。

20世纪90年代，随着电视业的发展，受众的主体地位日益提高并得到重视。80年代新启蒙式的电视文化开始在经济体制改革的深化和拓展下逐渐淡出，代之而起的是平民式、通俗化表达方式的流行。由于经济条件和文化条件的局限，看电视成为世纪之交的中国老百姓最经济、便捷的娱乐休闲方式。老百姓看电视最主要的目的就是娱乐消遣，与书刊报纸相比较，电视的娱乐功能更为突出。在各类电视节目中，综艺节目和电视剧是受众最喜爱的两个类型。

1983年，我国中央电视台春节联欢晚会播出，这次晚会由中央电视台文艺部导演黄一鹤负责，节目首次采用现场直播的形式实现与观众的互动。自此之后，中央电视台的春节联欢晚会成为电视观众欢度春节的一个重要形式，成了老百姓每年除夕夜的视听盛宴，这也是我国最早的综艺节目形式。

20世纪90年代中后期以来，民众开始有自我意识，张扬个性并以突进式的方式成为整体性的社会风潮。20世纪80年代后出生的年轻人成为电视综艺节目的收视主力军，再加上他们在节目制作领域的介入，在彼此呼应间，电视综艺节目的娱乐化在21世纪初达到了发展的一个高峰。[①]

随着大众文化的发展与变迁，电视综艺节目内容丰富、形式多样并具有极强的包容性，但娱乐是其本质。电视综艺节目本身具有独特的价值和品位，涉及社会生活的方方面面。一档电视节目是否是综艺节目，主要看该节目是否具

---

① 杨状振.电视综艺节目娱乐化发展十年回顾与反思[J].声屏世界，2009(08)：15-16.

备娱乐元素或者是否满足观众的娱乐需求。娱乐元素是构成电视综艺节目的核心因子，通过展现某种特殊场景使他人感到愉悦、新奇和有趣。娱乐元素作为电视综艺节目的功能性元素融入到综艺节目的包装设计、内容形式、主持人、嘉宾等各方面。例如新奇有趣的节目名称、炫酷的片头包装、新颖的花字、夸张搞笑的情节、活力四射的开场舞、幽默风趣的主持人、娱乐明星、网络红人等。为此，有专家把电视综艺节目界定为运用音乐、舞蹈、戏剧、曲艺、游戏、参与体验等多种形式满足观看者休闲娱乐需求的电视节目。① 这里强调的娱乐绝不是推卸社会责任的低级趣味，而是具有内涵力量的观众喜闻乐见的休闲内容，承载寓教于乐的社会功能。

一、我国综艺节目的分类

关于我国综艺节目的分类，根据不同的维度，有专家对综艺节目的分类也不尽相同。有业内专家根据呈现方式的不同，分为以明星加表演的表演类综艺节目、以明星加游戏的游戏娱乐类综艺节目，有以游戏加知识的益智博彩类综艺节目，还有以"平民+秀"的形式的真人秀类综艺节目。② 学者刘俊将综艺节目分为亲子类、旅行类、演讲类、竞速类、文化类、喜剧类、医患类、孕产类、校园类、汽车类、观察类等类型。③ 此外，还有明星穿越到特定时代和历史事件中完成真实任务的穿越类、明星帮助选手完成演艺蜕变的表演类、明星与科学家进行科学实验探秘的科学类、让离异夫妻努力沟通和理解的情感观察类等。

表演类综艺节目的代表是曾为广大观众所熟悉的《综艺大观》《正大综艺》。表演类综艺节目运作模式即"明星+表演"。明星是节目的主角，由明星的舞台表演构成节目的主要内容，各个节目之间的串联则由主持人来完成。游戏娱乐类则以《快乐大本营》为代表，这类综艺节目吸引了大量的年轻受众群体。益智博彩类节目以《幸运52》为代表，这类节目以游戏加知识为主，让观众在娱乐中增加知识，享受生活。真人秀节目则以《奔跑吧兄弟》《超级女声》《快乐男声》为典型代表。

---

① 孙宏姣，葛进平，章洁.电视综艺节目多级分类及应用[J].浙江传媒学院学报，2017(04)：16-22.

② 刘惜时.析电视综艺节目发展的四类型[J].当代电视，2012(07)：49-50.

③ 刘俊，胡智锋.多元类型的"井喷"：中国电视综艺节目内容生产的新景观[J].中国电视，2015(02)：22-25.

二、我国综艺节目的发展

关于综艺节目的发展，有学者把新时期以来电视综艺节目发展阶段分为1980年到20世纪90年代末的综艺大舞台时代，20世纪90年代末到2004年的益智游戏时代，2004年到2012年的真人秀时期和2013年以后的"百家争鸣"时期。[①]

从1990年的《综艺大观》到现在的《梦想中国》和《超级女声》，在17年的历程中，电视综艺节目经历了从"综艺晚会""综艺游戏""益智节目"到"平民选秀"乃至"真人秀""栏目剧"这几个大的发展形态。在我国传媒行业飞速发展的时代背景中，综艺节目理论的更新与转变、节目形态的模仿与改进、节目风格的演化与成熟，以及现在对多种节目元素的综合运用能力的演进也在不断提升中。处在全球化浪潮中的我国电视综艺节目，已经不仅仅是"综合才艺"的表演，其外延已经扩大到了整个社会信息流。电视行业不断追求的具有时效性、娱乐性和知识性的电视娱乐节目形态，实际已经成为综艺节目发展的新形式。[②]

在本节的论述中，为便于阐述，将综艺节目的发展大致分为"晚会时代""游戏娱乐时代""益智时代""全民互动时代""后互动时代""网台共同发展"等阶段。但是不论怎样进行发展阶段的区分，各个阶段的特点和代表节目都是一致的。

1. "晚会时代"——1990年《综艺大观》的开播，标志着我国综艺节目的开始

20世纪90年代，随着社会的发展，个体表达的欲望越来越强烈，随着社会压力越来越大，人们也在寻找一种减压的方式。下班后，坐在客厅的电视机前收看电视节目成为当时普通工薪阶层的一种最容易获得的休闲娱乐方式。同时，随着电视技术的发展，我国电视节目除了常见的新闻节目和电视剧，娱乐节目也开始如雨后春笋般涌现出来。1990年，中央电视台《综艺大观》的正式开播，标志着我国综艺节目开始发展。周末，各个卫视频道都被综艺节目所占据，大众文化开始涌现出来。

20世纪90年代，中国的改革开放深度推进，促成政治、经济、文化、生活等多方面的改革。思想的解放、经济的发展为大众文化的兴起创造了有利的生

---

① 刘俊，胡智锋. 多元类型的"井喷"：中国电视综艺节目内容生产的新景观[J]. 中国电视，2015(02)：22-25.

② 申整齐. 中国电视综艺节目的特点及趋势[J]. 当代电视，2007(07)：37-39.

活条件。这个时期强调节目要寓教于乐，小品、相声要体现一定的主题，并且与人民的生活有直接关系，要对社会的国计民生产生一定的影响。在这样的格局下，同时为了照顾全体观众，对综艺晚会节目在观众定位上要求雅俗共赏，形成了"大而全"的综艺晚会结构。①

20世纪90年代，中央电视台制作播出的《综艺大观》与《正大综艺》，成为电视综艺领域的"双子星"。1990年3月开播的《综艺大观》，采用"主持+明星表演"的方式，打造了早期我国综艺节目的样板。1990年4月21日，由中央电视台国际部与泰国正大集团联合创办的综艺益智栏目《正大综艺》播出，该栏目由"世界真奇妙""五花八门""名歌金曲"三部分构成，为尚未走出国门的观众提供了一个看世界的窗口。此后，中央电视台《艺苑风景线》《东西南北中》《曲苑杂坛》，上海电视台的《今夜星辰》，浙江电视台的《调色板》等综艺栏目也竞相涌现。

1992年，邓小平发表南方谈话，指出中国改革的步伐还要加快，这也推动了电视行业的改革与发展。20世纪90年代中后期正是我国电视发展的黄金时期，无论是国内还是国外，彼时互联网刚刚兴起，对电视的冲击和挑战还未显现。省级卫视的快速发展和传媒市场化的深度推进，使得卫视与中央电视台之间、卫视与卫视之间以及卫视与地面频道之间的竞争日趋激烈，从早期的信号覆盖面的竞争已经进入到节目的收视率、节目影响力、广告收入以及卫视品牌的竞争阶段。在信号覆盖面几乎没有差异的基础上，各家卫视都期望通过播出优质节目来吸引观众注意力，从而在全国电视市场中获得更多收视份额，积极谋求在卫视竞争格局中的领先地位。由于媒体资源有限，这个阶段，观众审美价值观的提升主要来自中央电视台自身的节目改进，加之以《综艺大观》《正大综艺》《旋转舞台》《曲苑杂坛》《艺苑风景线》《东西南北中》为代表的综艺节目较20世纪80年代已经有了长足的进步，这个时期的电视综艺节目基本能够满足人民群众的娱乐需求。

20世纪90年代后期，随着时间的推移，《综艺大观》等老牌电视综艺节目形式单一、与观众互动性弱等问题日益显现。卫视的快速发展急需大量新型电视节目吸引观众，内外之需促进了电视节目市场的繁荣。在所有电视文艺节目中，综艺节目和电视剧最先开始市场化。进入20世纪末，综艺节目的兴起意味着一个电视新市场的开辟。

---

① 申整齐.中国电视综艺节目的特点及趋势[J].当代电视，2007(07)：37-39.

2."游戏娱乐时代"——1996年起游戏娱乐综艺节目让观众感受新鲜体验

随着《快乐大本营》等综艺节目的出现，我国开启了综艺节目的游戏娱乐时代。综艺节目在这期间发生了两个趋向：一是栏目意识加强；二是节目在广度、深度、高度方面加强，改版力度也随之加强。《综艺大观》以"近、快、新"为追求目标，推出"系列小品""综艺传真"与"新起点"等小板块；《正大综艺》以更新的调度方式加强了嘉宾与观众之间的联系；《曲苑杂坛》新增了赏析节目"小品小品"；《东西南北中》选题更为广泛，制作更加规范；《旋转舞台》则推出了清新大气的"江河湖海系列"节目。[①]

综艺节目《快乐大本营》一开播即吸引了大量观众。1997年7月1日，湖南卫视推出首个娱乐性综艺栏目《快乐大本营》，栏目一亮相就以"青春、快乐、互动"的风格吸引了一大批青少年观众，以其新型的娱乐狂欢形式将"综艺"与"游戏"结合起来。节目淡化了综艺节目的教育和导向功能，邀请明星做游戏和表演节目，获得了稳定的受众群体。秉承"娱乐时尚化、娱乐知识化、娱乐社会化"理念，湖南卫视依靠综艺节目在省级卫视中异军突起，激发了观众的多元审美和娱乐需求。由此，湖南卫视也开启了中国内地电视娱乐节目的一个新时代。节目在制作方面注入了"真人秀"内涵，打破"明星"和"草根"壁垒，真正将"全民娱乐"落到实处。《快乐大本营》每周一期，以"明星表演+观众参与+互动游戏"为主要模式，获得了巨大成功，鼎盛时期平均收视率曾达到33%。直到2021年12月28日，陪伴大家24年的《快乐大本营》跟观众告别，成为目前我国内地播出时间最长的电视综艺节目。

《快乐大本营》的成功引发了国内电视台综艺节目的热潮。各省级卫视和城市台在短时间内纷纷推出以"快乐"为宗旨、以"游戏"为内容的综艺节目。安徽电视台的《超级大赢家》、北京电视台的《欢乐总动员》、浙江电视台的《假日总动员》、东南电视台的《娱乐乐翻天》、江苏电视台的《绝对唱响》、广东电视台的《空姐新人秀》，以及中央电视台的《开心辞典》《幸运52》《非常6+1》等，以娱乐休闲为市场导向、以经济效益为主要追求目标的同类节目纷纷涌现。

《非常6+1》是中央电视台2003年推出的平民选秀栏目，节目以反映百姓真实生活，帮助普通人圆梦舞台为主题。主持人带领三位平民选手踏上舞台，得票最多的选手获得"非常明星"的荣誉。节目于2003年10月26日起每周日晚在中央电视台财经频道首播，主持人在选手本人不知晓的情况下突然出现，

---

① 申整齐.中国电视综艺节目的特点及趋势[J].当代电视，2007（07）：37-39.

邀请选手参加节目。节目以帮助普通人圆舞台梦想为宗旨，以"既然有梦想，干吗你不来"为口号，邀请心揣艺术梦想的百姓，每期由明星嘉宾以"名师高徒"的形式对选手进行全方位指点，并向观众展示培训的真人秀过程，最后"化茧成蝶"的选手登上舞台，帮助他们完成在央视舞台上绽放光芒的艺术梦想。

游戏娱乐综艺热潮的兴起主要归因于自身形态的"创新"，主要体现在两个方面。一是内容全面游戏化，较少教化色彩、较为纯粹的游戏娱乐使观众在轻松愉悦的心情下观看。二是明星的角色从表演展示转变为交流互动，人际传播与交流的介入提升了节目的亲和力。①

这一时期我国电视综艺节目的游戏娱乐化趋向受到不少港台及日韩的节目制作理念的启发，也得益于逐渐开放和宽松的社会大环境。随着这一趋势的迅速蔓延，电视观众逐渐提出更高的要求，他们不再仅仅满足于表面的热闹，一些益智型和知识型的综艺节目开始走入观众的视野。

3."益智娱乐时代"——世纪之交，《幸运52》《开心辞典》掀起益智类节目高潮

《幸运52》是中央电视台1998年推出的一档益智性互动性节目，由李咏担当主持。节目以场内外互动方式开设，打破娱乐类、知识竞赛类节目界限，有机地融合游戏与知识普及，充分调动观众参与热情，将知识性、游戏性与竞赛性相结合。《幸运52》主要邀请普通百姓担当选手，以智力竞猜和趣味竞赛的方式进行智力比拼，同时获胜选手还会获得丰厚的实物奖品。在场内选手激烈角逐的同时，节目让观众感受到答题的紧张刺激，此外，场外观众也可以通过热线电话及时地参与到节目中，并获得相应的奖励。2008年，随着央视经济频道的改版，节目于当年10月28日停播。

《开心辞典》是中央电视台2000年推出的益智类综艺节目。节目面向大众，提供广泛的参与空间和机制，搭建刺激的智慧擂台。集趣味、益智、知识、紧张、惊险、幽默于一体。节目完全面向普通百姓，参赛人数无限多。《开心辞典》紧密结合网络、电视，实现真正意义上的节目与观众的互动。全国的电视观众可以通过网络、电话等选拔方式参与节目。获胜的选手最终能实现全家人的家庭梦想。节目准确锁定以家庭为基础的收视群体，围绕着中国传统亲情观念，成功引进国外益智节目的理念，利用"家庭梦想"和"平民智力英雄"等核心概念，满足了观众日益旺盛的娱乐消费需要。节目于2013年1月5日停播。

此外，我国的益智类综艺节目还有央视的《三星智力快车》、上海卫视的《财富大考场》、江苏台的《无敌智多星》、广东台的《赢遍天下》、湖南都市频道

---

① 申整齐.中国电视综艺节目的特点及趋势[J].当代电视，2007(07)：37-39.

的《超级英雄》等等,这些节目都采用智力加娱乐的形式,节目内容新颖,主持风趣活泼,成为这一时期的综艺节目代表。

4. "全民互动时代"——2004年,《超级女声》,全民参与的互动节目渐成主角

2004年,以《超级女声》的迅速走红为标志,电视综艺节目娱乐化发展趋势成为不可阻挡的潮流。2005年《超级女声》年度大选延续该活动"想唱就唱"的理念精神,包括原生态展现、"个性化"的评委阵容、大众票选淘汰、层层选拔淘汰晋级等,一来可继续吸引眼球,满足观众的观赏需求;二来保证《超级女声》作为一个全国性年度活动的权威性、独特性和延续性。《超级女声》及后来湖南卫视举办的《快乐男声》为我国音乐圈输送了一批又一批实力与人气兼具的音乐人才,流行乐坛由此进入选秀时代。此外,中央台的《梦想中国》《星光大道》,上海东方卫视的《莱卡我型我show》《创智大赢家》,安徽卫视的《超级大赢家》等平民选秀节目都曾是收视率最高的节目之一。

20世纪90年代后期,综艺节目的快速发展,使得娱乐之风蔓延屏幕,这种现状引发了学界对电视"泛娱乐化"的质疑与探讨。"娱乐"一般而言是一个中性词,娱乐的形式和手段多种多样,但其目的是快乐。娱乐并不是庸俗浅薄、玩物丧志的代名词,一部分学者和业界人士认为电视"泛娱乐化"是以消费主义、享受主义为核心,以大众媒介为载体,内容浅薄、空洞,其危害严重。电视娱乐化确实带来了新的问题,例如,电视观众过度追求感官娱乐的欲望,电视节目的制作方追求新奇酷炫的大制作,往往一档综艺节目投资巨大。一些人在现实中缺乏信仰与精神寄托,将看电视娱乐节目当作逃避现实矛盾的一种手段,在电视节目中明星的生活方式和自我现实生活的压力间产生落差,而难以保持平和的心境与健康的心理。

在众多的选秀节目中,以单纯吸引观众眼球注意力为目标的导向不同程度地促生了电视综艺节目低俗化现象的出现与流行,并由此引发了国家新闻出版广电总局和社会各界对电视综艺节目低俗化倾向的忧虑与批评。周末打开各个频道,会看到不少综艺节目。节目现场豪华的舞台布置,酷炫的灯光,明星们艳丽的造型,情绪激动的场下青少年观众,掌声叫喊声一片。根据相关统计,2005年,电视综艺节目播出总量达14万个小时,其中综艺资讯节目254档,电视晚会767部(次)、真人秀类节目982档、娱乐脱口秀节目148档。相比以往,以真人秀为核心的节目,人们的收视时长大大延长。在2005年的收视率调查中,观众人均收看电视综艺节目4000分钟,平均日收看12分钟,收视时间量

占到总体时长的 7.4%，比以往提高了 6.7 个百分点。①

电视综艺节目娱乐化风潮所涉及的并不仅仅是综艺节目自身，在某种程度上它也体现出了我国审美观念转换。电视的传播从高高在上向普通民众靠近，价值观念上更加多元。

此时期各大电视台的综艺节目克隆严重，缺乏创新意识。各个电视台、各个频道的节目之间互相模仿和克隆现象严重，缺乏独创性的节目使得各个节目似曾相识，无论内容、风格还是形式等都大体相同。② 自从湖南卫视的《快乐大本营》播出后，我国的各大电视台纷纷模仿和克隆，刮起了一股"快乐旋风"——北京有线电视台《欢乐总动员》、江苏卫视的《非常周末》、福建东南台的《开心一百》等，电视综艺娱乐节目的"同质化"成为彼时一种电视现象。

如何使我国的电视节目的"泛娱乐化"转向，是一个长期而艰巨的任务。在这段时间，我国的综艺节目受到日本和韩国的影响痕迹颇深，有的甚至是出现了生搬硬套的现象。电视综艺节目借助西方影视形态，将其娱乐性、参与性和个性化特色整合在一起，既满足了观众的审美心理上的世俗化和个性化，也获得了自身个体的突破，但无形之中也宣扬了其他国家的一些价值观。对于电视综艺节目娱乐化并由此引发的电视荧屏娱乐化现象，理论界和管理层有着自己的担忧和焦虑。电视娱乐化从早期的追求轻松休闲到后来的"泛娱乐化"，在这个发展过程中，经济利益的侵入和商业逻辑的运作模式越来越多地取代了原来的审美形态和节目概念。包括主持人群体和电视的传播语态，不可避免地显露出某些低俗化的倾向，尤其对青少年的成长过程中价值观的形成造成不良的影响。

2005 年 8 月 26 日，在国家新闻出版广电总局召开的全国文艺娱乐节目主持人研讨培训班开班仪式上，国家新闻出版广电总局相关负责人首次公开指出了在中国电视综艺节目当中的低俗化发展形势，对电视综艺节目中所出现的主持人素质不高、审美格调低俗、语态和定位把握不当等问题进行了批评，并公开申明"抵制低俗化是一项长期的任务"的观点。

2006 年伴随着综艺节目庸俗化的批评和对唯收视率论的质疑，中央电视台提出了"绿色收视率"的概念，即努力提高收视率和收视份额的同时，杜绝媚俗和迎合，坚守节目的高品位，抵制低俗风，实现收视率的科学、健康、协调、可持续增长，增强电视媒体的权威性、公信力和品牌价值。在一个处于转型期的社会中，社会生活的复杂且思想文化的多元，既为电视综艺节目提供了更多的

① 杨状振.电视综艺节目娱乐化发展十年回顾与反思[J].声屏世界，2009(08)：15-16.

② 杨状振.电视综艺节目娱乐化发展十年回顾与反思[J].声屏世界，2009(08)：15-16.

价值传播渠道和艺术表现方式，也对电视综艺节目的主流价值观建构提出了诸多挑战。如何创作既叫好又"卖座"的原创综艺节目，我国的电视人经历了一段长时间的探索。在这方面，既要注重主流价值的稳定传承和畅达传播，也要注意受众审美习惯的契合度。在此之后的一段时间，随着国家的宏观政策的调整和综艺节目创作者们的不断探索实践，我国综艺节目逐渐转型。

5. "后互动时代"——2013 年，互动真人秀从室内走向室外，从明星走向普通人

2013 年 10 月，湖南卫视播出的《爸爸去哪儿》改变了综艺节目的娱乐风向。这是一档亲子互动真人秀节目，节目由林志颖、田亮、张亮等几位爸爸带娃体验生活，在与孩子的碰撞中产生乐趣和真情。《爸爸去哪儿》首播当天，全国收视率 1.1，收视份额 7.67。第二期播出后，全国收视率涨到 1.67。[①] 在同期推出的各大卫视的周五晚综艺节目中优势胜出，远远超过同时段其他综艺节目获得第一。同时，网络的搜索量也在迅速增长，搜索指数在各大排行榜都稳居第一。

《爸爸去哪儿》改变以往周五音乐节目霸屏的现状，以几位明星父亲为卖点，以清新萌娃为看点，用一种全新的综艺节目形式吸引观众的注意，让观众在父亲带娃的窘态中放松心情，同时也为观众带来一种新的期待点。这档节目定位于亲子互动真人秀，同时节目拍摄地点不再是摄影棚内，也不是电视台综艺舞台上，而是走向户外，走向自然，走向现实的社会生活中。节目更强调传统意义上中国圆融的家庭观念和仁和的教育理念。这些让每个观众都能共鸣的亲情加上细腻流畅的叙事风格直戳观众笑点和泪点，给观众留下了深刻的印象。

此外，湖南卫视的另一档节目《我是歌手》(后改名《歌手》)也获得了观众的极高评价。《我是歌手》是湖南卫视于 2013 年从韩国 MBC 引进的音乐竞技类节目，节目打破了草根选秀的模式，启用明星参加舞台竞技，在前台比赛中加入明星的后台反应、排练情况，掀起了国内明星真人秀之风。《我是歌手》第一季共 13 期，其中 10 期节目收视率位列同时段第一。节目第四季改名为《歌手》，收视率一直位于同时段综艺节目前列。与此同时，《歌手》网络播放量季季攀升。2020 年《歌手·当打之年》上线 90 天，芒果 TV 和腾讯视频两大平台总播放量已达 15.3 亿次。无论在电视还是在网络平台，《歌手》都被视为一档现象级综艺节目。2020 年 9 月 22 日，在湖南卫视大屏共享会上，《歌手》总导演洪涛宣布 2020 年的《歌手·当打之年》为《歌手》系列节目的最终季。

---

① 郭媛.《爸爸去哪儿》的受众心理分析[J].青年记者, 2014(02)：87-88.

2014 年 10 月 10 日，大型户外竞技真人秀节目《奔跑吧兄弟》的播出迅速掀起又一轮电视综艺热潮。《奔跑吧兄弟》是浙江卫视引进韩国 SBS 电视台综艺节目《Running Man》推出的大型户外竞技真人秀节目，《奔跑吧兄弟》在优酷网、爱奇艺、PPS 等视频网站上取得极高的点击量，主持群、节目内容等屡屡成为微博热门话题，引发众网友讨论。

《奔跑吧兄弟》是一档沿袭了韩国版的叙事方式的户外竞技节目。它由七位主持人贯穿全剧，每集相对独立又相互联系。节目采用纪实性的拍摄手法跟拍所有明星，增加了节目的真实感。为了使每个明星各具风格特点，节目根据中国特色改进了角色标签，如大黑牛李晨、浪漫王子郑恺等。在环境设置和节目构思上，《奔跑吧兄弟》通过设置悬念的方式，人物性格鲜明，增加了故事的趣味性，故事紧凑集中，更好地阐释了主题。另外节目通过环节设计来构建整体的故事脉络，在构建中国化的大故事框架下展开游戏，各地域的传统文化和地理景观巧妙地唤起了观众的怀旧情结。① 《奔跑吧兄弟》为观众呈现了 360 度无死角的实景拍摄，采用了多机位跟拍的纪录片拍摄模式，全面地记录了参与者的表现。同时，节目于不经意处出现一些经过主题凝练的花字，强化人物心情，增强现场感，使观众能够产生强烈的代入感。

2014 年，各大电视台纷纷加大对综艺节目的投入。动辄千万元的制作费、一线大牌明星以及来自世界各国的节目模式，使 2014 年中我国电视综艺节目的同质化现象逐渐明显。据不完全统计，2014 年国内各大卫视播出的节目中，引进国外版权的节目共计 61 档，其中 30 档为新引进节目，31 档为延续播出的节目，再次刷新了引进海外节目模式的纪录。虽然引进模式是我国电视综艺节目发展过程中的必经阶段，但是，过分热衷于引进模式也带来了一些负面效应。以亲子类系列综艺节目为例，随着亲子类节目的热播，《爸爸去哪儿》《爸爸回来了》等一系列以爸爸和孩子为题材的节目，就容易引起观众的审美疲劳，也意味着需要电视工作者尽快走出"同质化"的怪圈，从市场和观众需求两方面着手，打造差异化的节目。多档节目都因版权问题产生过纠纷，由于模仿和借鉴很难准确界定，版权之争只能不了了之。

此时期，由于中西方在文化观价值观上差异巨大，引入的节目模式仍主要集中在各种综艺真人秀领域，对此类节目引进模式的过度依赖，不仅难以满足我国电视市场多元化的需求，还容易导致在传媒领域失去原创力和竞争力，进而失去我国优秀民族文化的创造力、传播力和影响力。因而，本土化改造成为这一时期电视综艺节目的一项重要内容。在这一过程中，我国电视节目的制作

① 杨状振. 电视综艺节目娱乐化发展十年回顾与反思[J]. 声屏世界，2009(08)：15-16.

理念不断成熟和完善。2014年，在江苏卫视热播的《最强大脑》进行了全面、科学的本土化改造，除了将原版一年一度的赛事性娱乐秀改为季播节目外，还通过邀请周杰伦、章子怡等一线明星嘉宾的助阵，增强了节目的话题性，使节目一开播就赢得了一片叫好声。

本土化改造日渐成熟的另一个体现便是季播节目续集的热播。据统计，2014年61档引进节目中，共有25档为季播形式。这种每年一次、一次一季、一周一集的季播播出结构，有效地综合了长期栏目和单期节目的优势，使观众既有短期兴奋，又有期待，很好地培养了观众的忠诚度。从节目制作本身来看，这类综艺节目一般制作的成本相对较高，采用季播节目的形式，一方面能有效控制成本，另一方面可以帮助制作方及时收到受众的信息反馈，调整上一季制作中的不足，利用上一季为下一季培养忠实观众，并在新一季节目中增加更符合当下受众需求的元素。

经过一段时间的摸索，综艺节目的创作者们意识到，只有进一步培育原创力、实现创新，开发出具有独创性的原创节目，才能保有自己的传媒品牌。此后，经过电视创作者的不断探索，多档文化类综艺节目逐渐出现在观众面前。

6. 台网综艺同时发展的时代——2017年以后，文化类节目从清流到主流

2017年，在国家出台调整导向性文件后，各大电视台纷纷对综艺节目开始创新，并从文化传播的层面出发，进行原创综艺节目的研发。同时，网络综艺节目开始兴起，吸引广大受众尤其是青年一代的眼球，网络综艺逐渐从访谈节目走向了脱口秀节目，并且逐渐获得了稳定的观看群体。

（1）国家层面政策积极引导。

针对彼时娱乐节目盛行的现象，2017年，原国家新闻出版广电总局发布《关于把电视上星综合频道办成讲导向、有文化的传播平台的通知》（以下简称《通知》），《通知》指出，要"鼓励制作播出星素结合的综艺娱乐和真人秀，倡导鼓励制作出具有中国文化特色的自主原创节目"。"倡导鼓励制作播出具有中华文化特色的自主原创节目，原则上黄金时段不再播出引进境外模式的节目。"[①]要求进一步强化电视上星综合频道公益属性和文化属性，鼓励电视上星综合频道在黄金时段增加公益、文化、科技、经济类节目的播出数量和频次。综艺节目创作者在政策引导下，通过自身的改革与创新，创作出一批内容多样、形式创新、底蕴深厚、深受好评的节目。

---

① 国家新闻出版广电总局.关于把电视上星综合频道办成讲导向、有文化的传播平台的通知[G].
2017-08-05.

（2）现象级文化类综艺节目频出。

2013 年，中央广播电视总台、国家语言文字工作委员会推出了大型原创文化类电视节目《中国汉字听写大会》。《中国汉字听写大会》共举办三季。2014年，央视继《中国汉字听写大会》之后，推出了又一档具有重大影响力的大型文化类综艺节目《中国成语大会》。

此后，现象级文化类综艺节目频出，在社会上掀起了中华传统文化热潮。2017 年我国文化类综艺节目成为热点，尤以央视的《中国诗词大会 2》《朗读者》《经典咏流传》为代表。这些文化类综艺节目突出体现在题材类型创新、节目形态创新和传播渠道创新上。① 一是题材类型创新。2017 年文化类综艺节目的题材多元。有诗词类的《中国诗词大会 2》《国学小名士》等，诵读类的《朗读者》和室内真人秀《国家宝藏》等，很多题材类型都是第一次出现。二是节目形态创新。2017 年的文化类节目形态在表达形式上由以往的"小而美"向"大而精"的方向转变，节目选取明星扮演、数字特效等当下观众尤其是年轻观众喜闻乐见的表现形式，对传统文化元素进行包装和表达，产生了独特的艺术效果。三是传播渠道创新。网络和新媒体为文化类综艺节目提供了新的传播平台。此外，借助微信、微博等新媒体平台的宣传，文化类综艺节目的认同度和传播范围进一步扩大，一些节目元素如《中国诗词大会 2》中的"飞花令"等环节为节目收获了大批的"粉丝"，也为节目赢得了积极的社会评价。关于文化类综艺节目我们将在接下来的章节进行详细的阐述。

这一时期电视综艺节目的另一个显著特征是本土原创节目成为主流。这些综艺节目进行本土原创的方式大致分为两种。一是改造，即对原有引进节目名称、赛程、规则进行修改，在规避政策风险的同时保持节目特色。二是杂糅，即通过不同类型与元素的杂糅形成新的节目类型。② 如《国家宝藏》等节目，融合了晚会、室内综艺、访谈甚至纪录片等多种表现形式，打造具有中国特色的综艺节目。此外，2017 年综艺节目的类型和领域更加多元。从形式上看，出现了弱化戏剧冲突、强调生活体验的"慢综艺"；从题材上看，除了传统的户外竞技、音乐选秀等娱乐类综艺节目，还有传统文化类、泛科技类、医疗类、家装类等注重文化价值、贴近日常生活的综艺节目类型，呈现出多元发展的态势。综艺节目本土原创能力的提升，让具有中国特色的原创综艺节目进一步打开海外市场，在《朗读者》等节目收获大批海外观众的同时，也受到海外电视制作机构的关注。

2017 年，8 档"综 N 代"节目也积极转型，《奔跑吧兄弟》改名为《奔跑吧》，

① 胡智锋，杨宾.2017 年中国电视内容生产盘点[J].电视研究,2018(03)：14-16.

② 胡智锋，杨宾.2017 年中国电视内容生产盘点[J].电视研究,2018(03)：14-16.

作为 2017 年的收视冠军，收视率下滑了 26.46%，但是在综艺网络播放量上首次突破亿次。《中国新歌声 2》《欢乐喜剧人 3》《王牌对王牌 2》收视成绩表现良好，收视份额基本稳定。东方卫视的《极限挑战 3》、北京卫视的《跨界歌王 2》、江苏卫视的《最强大脑 4》、浙江卫视的《二十四小时 2》以及湖南卫视《我是歌手》改名为《歌手》，《偶像来了》改名为《我们来了》，这些节目在原有模式的基础上，都进行了改进与创新。音乐类节目将现代与传统民族音乐或戏曲音乐相融合，竞技类节目将中国优秀传统文化融入游戏环节或故事叙事，这些节目积极开展了本土化改造，并持续保持收视效果。

党的十八大以来，文化类综艺节目成为行业重点开拓的题材，我国综艺节目的文化主体意识强势回归，节目注重从中华五千年深厚文化积淀中寻找创新的源头活水，诗词戏曲、非遗文化、古典书籍、博物馆、国乐、杂技、文学、史学等都成为创作的基点。我国电视也从首发的以诗词引爆圈层的《中国诗词大会》等文化综艺"清流"，到带领观众感受典籍背后的历史故事的《典籍里的中国》，到掀起国宝热的《国家宝藏》，到在音乐中感受中国传统文化魅力的《经典咏流传》，此外还有垂类细分挖掘中华优秀传统文化的《上新了·故宫》《唐宫夜宴》等综艺节目，都已经成为综艺节目的"主流"。

(3)网络综艺节目开始获得稳定受众。

随着我国互联网平台的不断发展，我国网络节目开始出现，其中，网络综艺节目诞生于互联网的数字化、网络化和移动化的环境之中，是由视频网站主导，基于互联网生态和互联网思维进行研发、制播并主要面向网络受众的节目。① 2014 年我国开启了"网综元年"，2015 年爱奇艺、腾讯视频、优酷视频等各大视频网站开始大规模进军网综领域。如今，网络综艺节目在制播实力、创新潜力和综合影响力等各个方面都颇成气候，早已形成了一股强大的综艺新力量。早在 2010 年，网络综艺已经开始进入了网民的视野，但直到 2014 年之后，网络综艺才呈现井喷状态，2014 年累计上线 150 档节目，该年也因此被称为网络综艺节目发展元年。② 曾任爱奇艺首席内容官的马东指出："所谓网络综艺，是指完全依据互联网生态特性研发、制作的综艺节目，它区别于台网联动或网台联动的节目样态。它植根于时代技术潮流，其本质是拥有互联网基因的同时又是新生产力基础上的上层建筑的产物，结合了中国特殊发展阶段的人文背景，兼具娱乐、教化与商业三重价值。"③网络综艺节目的内容涵盖了语言、脱口秀、真人选秀、美食等多种形式。2015 年，爱奇艺、腾讯等视频网站的优质

---

① 冷淞，张丽平.网络综艺节目的创新发展、营销传播与价值解析[J].电影评介，2017(17)：80-82.

② 冷淞，张丽平.网络综艺节目的创新发展、营销传播与价值解析[J].电影评介，2017(17)：80-82.

③ 毕啸南，赵海蕴.纯网综艺.基于互联生态的"去 TV 化"运作[J].南方电视学刊，2015(5)：31-33+2.

综艺节目不断涌现，全年的网络综艺点击量达到 40 亿次；到 2016 年，仅上半年节目视频的点击量就超过 70 亿次。①

与传统电视综艺相比，网络综艺在内容生产上打破了传统精英阶层和草根阶层的界限，在节目中营造了年轻群体热衷的一种虚拟空间。2014 年马东主持的爱奇艺独播的中国首档说话达人秀《奇葩说》受到网友欢迎，以 90 后为主的《奇葩说》制作团队通过百度知道、知乎、新浪微问等平台选择网友最关注的民生、人文、情感、生活等问题，然后发动网友进行投票，票数最多、关注度最高的选题才能成为节目辩题。②

《奇葩说》于嬉笑中传递正能量价值观。英国大众心理学传播教授理查德·怀斯曼在《正能量》一书中指出："正能量指的是一切予人向上和希望、促使人不断追求、让生活变得圆满幸福的动力和感情。"不仅是年轻受众爱看，中年上班族也喜欢《奇葩说》，除了它的话题保持新鲜度且另类大胆、表现形式活泼之外，深层次的原因在于它传递了积极、正向的思想文化价值，对受众尤其是年轻受众具有一定的教育意义和精神引导作用。《奇葩说》中很多辩题都切中了社会心理层面，抓住了当前社会的负面情绪和大众所焦虑的共同点，并通过辩论实行了积极的思想引导，节目总体上的精神主旨是传播现代文明价值，给人以启发，为当下一些迷惘的青年人提供精神的力量。

《脱口秀大会》是 2017 年在腾讯视频上线的一档脱口秀竞技节目。节目根据每期节目话题，以不同的视角切入，用专业的喜剧创作能力进行高质量的内容输出，满足观众的信息需求，同台较量，争夺年度"脱口秀大王"桂冠。《脱口秀大会》与《吐槽大会》不同之处在于节目有素人的参与，有对现实时效性的关照、对时事热点的幽默调侃、对社会现象的洞察与提醒，在时下自嘲成为年轻人通用语言的大环境下，让观众在感到开心的同时又有所收获。

此后，爱奇艺继续秉承年轻化的创作方向，深耕青年潮流文化，推出了《乐队的夏天》《我是唱作人》《中国新说唱》《这样唱好美》《青春有你》《遇见你真好》《做家务的男人》等超过十档自制综艺节目，覆盖选秀、音乐、说唱、情感等垂直领域，同时，还注重对品牌综艺节目资源的二次开发利用，通过如《开饭啦，唱作人》《乐队我做东》等衍生节目，建立节目矩阵，不断扩大 IP 的传播力、影响力。

腾讯视频一方面延续与升级既有 IP，如《创造营 2019》《脱口秀大会》《拜托了冰箱》《心动的信号》《奇遇人生》等综 N 代节目，另一方面，则在观察类综

①　冷淞，张丽平.网络综艺节目的创新发展、营销传播与价值解析[J].电影评介，2017(17)：80-82.

②　理查德·怀斯曼.正能量[M].李磊，译.长沙：湖南文艺出版社，2012.

艺节目领域有所创新和突破，《我和我的经纪人》《心动的 offer》等将观察焦点从情感转向职场，有效拓宽了这类节目的题材范围，使之具有更加广阔的社会视野和深刻的思想内核。

随着制作手段的不断升级和制作理念的不断更新，我国视频网站已进入到新一轮的结构转轨期，面临着能否实现突破性进步和长远发展的关键命题。网络综艺节目作为视频网站重要的内容产品之一，经历了从"娱乐话语"向"主流话语"，从"青年亚文化"向"主流文化"，从追逐"市场价值"到"社会价值与市场价值并重"的变迁与转型。① 宏观政策的规制、调节和引导，使得网络综艺节目市场生态更趋规范化、理性化。网络综艺节目逐渐沉淀，步入了理性探索的新阶段。事实上，不论怎样定义电视综艺节目在各个不同时期的特点，大众娱乐价值观与主流文化价值观在这个过程中始终并存，对于高品质的综艺节目的追求成为推动我国综艺节目不断保有思想性、艺术性和观赏性的发展动力。

三、我国综艺节目的发展特点

我国综艺节目经过几十年的发展，无论从内容还是从形式，或是传播渠道和技术手段都产生了巨大的变化。以 2013 年至 2014 年一年的题材类型为例，2013 年 12 月至 2014 年 7 月之间央视及地方卫视新增或热播的电视综艺娱乐节目，题材涉及公益帮扶、传统文化、职场竞技、平民才艺、婚恋、亲子、旅行、创业、科学实践及生活体验等数十种类别，其多元化趋势也可见一斑。总体而言，我国综艺节目具有以下发展特点。

1. 内容上，从"泛娱乐化"向文化主流的回归

我国综艺节目的发展经历了从最初的"综艺晚会""综艺游戏""益智节目"到"平民选秀"乃至"真人秀""栏目剧"这几个大的发展形态。随着社会的进步，从最初的我播你看到互动参与，从用手机发送短信参与到扫描屏幕上的二维码进行参与，从在电视机前观看明星们衣着光鲜的表演到在真人秀里看褪去光环的他们，综艺节目不断在观众的关注之下一步步发展提升。当"泛娱乐化"现象出现时，国家层面的宏观政策实时进行了政策方面的引导调整，其中题材元素的变迁正反映了我国社会文化发展的镜像流转。特别是十八大以来，随着国家的政策指引，我国综艺节目配合重大的主题宣传屡创佳绩，同时，文化类综艺节目引发人们对社会主义核心价值观的认识，不断成为现象级节目，传播

---

① 文卫华，储平如. 2019 中国网络综艺节目年度盘点[J]. 中国电视，2020(03)：14-18.

中国优秀传统文化。

2. 形式上，从表演型到平民路线到互动型

在综艺节目的传播形式上，逐步从纯表演型节目发展到走平民路线型，再到运用新媒体方式互动。综艺节目在几十年的探索发展中，也不断在学习借鉴。在21世纪初，节目创作者大量学习了国外的真人秀节目，进行了本土化创新，因而产生了不少受到大众喜爱的真人秀节目。在形式上，综艺节目也呈现出更加开放包容的姿态。观众最开始是只能被动地坐在电视机前进行欣赏，到后来能够自己参与到真人秀中去。从一方播出到全民互动参与，综艺节目在形式上进行了极大提升。

3. 传播上，从电视综艺到网台共同发展

在传播渠道方面，从单纯的电视台播出发展到以电视台综艺为主、网络综艺为辅，再到现在的网台综艺各具特色。在传播平台上，从以前央视独家播出综艺节目发展到之后各大电视台各具风格的综艺节目让观众难以选择，再到21世纪，网络综艺节目逐渐以谈话类节目兴起，再到逐渐以脱口秀节目形成稳定了青年受众群体。现在大型综艺节目往往网台同步播出，如湖南卫视和芒果TV网台同步播出的《乘风破浪的姐姐》和《披荆斩棘的哥哥》，获得综艺节目传播的长尾效应。

4. 技术上，数字技术助力内容精益求精

综艺节目借助数字技术的加持，不断在创新综艺节目的视觉呈现效果。此外，21世纪以来的综艺节目越来越重视大数据的力量，受众定位、内容调整、桥段设计等无不渗透着大数据的影响。

首先，基于大数据可以实现精准的受众定位。广大网民是各大电视综艺节目抢夺的受众资源。根据艾瑞的《中国移动互联网用户行为洞察报告》分析，至少64%的移动互联网用户在看电视的同时玩手机，拥有上网行为的用户占比更多。[①] 例如有节目将目标受众定位于时尚年轻的女性，和电商合作策划推出了"即看即买"的模式，这正是基于通过大数据对目标观众群的判断。

其次，基于大数据可以及时进行内容调整。大数据的运用使综艺节目能更好地洞察受众的收视习惯、内容偏好、视听需求，及时调整节目走向，更加智

① 李翔. 电视综艺节目的"数字化生存"——2014年电视综艺节目运营策略的观察与思考[J]. 中国电视, 2015(02)：26-29.

能化、精确化地进行内容生产，从而实现最优的运营。

四、我国综艺节目发展时要注意的问题

我国的综艺节目已经从早期的综艺节目的起步阶段发展到现在的成熟阶段，现象级节目不断呈现，观看综艺节目已经成为大众日常文化休闲生活中的一部分。在今后的发展中，还需要注意以下方面。

1. 坚持主流文化价值观

主流文化价值观是不可偏离的舆论主干，是综艺节目的第一要义，节目应始终坚持社会主义核心价值观并站在社会意识的全局高度，任何具有大众娱乐价值观的"特色"都是不断融入主流文化价值观的社会娱乐元素。①

2. 避免华而不实的效果

如今，综艺节目在视听呈现上趋于全面动态化和电影化升级，充分运用电影拍摄技术，如《舞蹈风暴》实时观测、捕捉、定格舞者的瞬间姿态等。对 CG 特效、AI、VR、AR 等技术的探索也令综艺节目不断突破既有思维，其突出的沉浸体验感让节目更为精致和考究，愈发契合网感时代用户的欣赏要求和现场观感。

在传媒技术快速迭代发展的背景下，5G+4K/8K+AI 等技术的应用，固然令人憧憬视频综艺将带来的极致化的视听盛宴，但也要警惕片面的华而不实的奇观追求。作为锦上添花的外在包装，仍须融入综艺节目创作的内容叙述中，助力调节氛围、情绪渲染和情节发展，实现节目形式与内容的高度统一和完美适配。

3. 多维融合创新性发展

综艺节目应继续推进技术、媒介、文化的多维融合，在融合环境下不仅对综艺节目的创作手法进行创新，还应对综艺节目的传播模式大胆创新，从而提升综艺节目的创新创造活力，共同推进我国综艺节目的发展。

此外，我国的综艺节目创作者们在今后的综艺节目创作中，应当更加坚定走中国特色文艺发展道路，坚持综艺节目的本土化发展，从中华文明几千年来丰沃的文化土壤中提取传承千年的文化价值基因，将节目融入时代性内涵，加

---

① 申整齐.中国电视综艺节目的特点及趋势[J].当代电视，2007(07)：37-39.

入时尚化表达，以更加开阔的思路对中华优秀传统文化进行创造性转化和创新性发展。

第二节　文化类综艺节目的现状与发展

何谓文化类综艺节目？学者张步中指出，文化类综艺节目，顾名思义，是指综艺节目在文化领域的垂直深耕。[①] 学者盖琪指出，文化类综艺节目，有别于典型的大众文化属性的综艺节目，是在保持大众文化基调的基础上，较多地糅合了传统文化属性和精英文化属性，从而呈现出一种更为复合的审美文化面貌，并最终以表达当前的主流价值观为旨归的特殊的综艺节目。[②] 可见，文化类综艺节目是以文化为核心内容，运用艺术表现形式和综艺表现手法的一种节目形态。

在我国大力实施中华优秀传统文化传承发展、重塑文化自信的大背景下，文化类综艺节目立足于传统，在一定程度上纾解了现代社会的浮躁、紧张，同时，能够激活中国的文化记忆与价值传播。文化类综艺节目在弘扬中华民族传统文化的基础上，以其特有的视听形态和特殊的节目模式，对历史与文化进行进一步解读和丰富，帮助观众来理解中华传统文化。

随着 2013 年《中国汉字听写大会》的播出，文化类综艺节目以崭新的姿态走进了人们的视野，无论是在收视率、话题热度还是社会影响力上都取得了不错的成绩。随着一系列高品质"现象级"文化类综艺节目的出现，文化逐渐成为综艺节目的着力点，中华优秀传统文化在文化类综艺节目中得到弘扬，彰显着新时代的活力。十八大以来，文化类综艺节目集体发力，成为荧幕中的一股"清流"。[③]

追根溯源，具有较为完整的节目要素与特点的文化类综艺节目亮相 21 世纪以来，逐渐形成了三种风格鲜明的生产与传播形态。[④]

第一，以讲坛类节目为主要载体，以知识传播为主导，最典型的是 2001 年在央视开播的《百家讲坛》。以讲座式的语言表达和历史揭秘的故事讲述，构成

---

① 张步中，蓝梓铭.央视文化类综艺节目的精进之道——以《典籍里的中国》为例[J].中国电视，2021（10）：24-26.

② 盖琪.概念、形态与话语：对文化类综艺节目的三重考察[J].电视研究，2018（05）：38-40.

③ 孙亚茹，张立荣.文化类综艺节目创新策略研究[J].当代电视，2019（05）：31-34.

④ 杨乘虎.关于文化类综艺节目高品质发展的若干思考[J].中国电视，2019（07）：10-14.

了历史人文知识电视传播的基本形态，也由此培育了易中天、于丹、王立群等一批家喻户晓的具有较高关注度的电视文化名人。

第二，以纪录片为主要形态，具有典型的文化传播特点，以 2001 年在央视播出的《探索·发现》为代表。节目以纪实影像的表达，承载起对历史文化风貌、现实人文景观的再现与表现，非虚构主导的叙事形态和故事化的讲述方式，赋予了其引人入胜的节目风格。

第三，以综艺节目形态为基础，借助综艺节目丰富多样的场景舞美设计，展示诗词、书信、文博等更为具象、直观的文化内容，通过剧作围读和音乐展演等多元艺术手段，以《中国诗词大会》《朗读者》为典型代表，具有较强的观赏性，打造了具备文化内蕴和诗意美学奇观的文化综艺类节目，也培育了康震、蒙曼、郦波等一批新型的电视文化名家。

一、我国文化类综艺节目的发展历程

纵观我国文化类综艺节目近十年的发展，大致可将其分为：诗词类，如《中国诗词大会》《经典咏流传》；国宝类，如《国家宝藏》；书信类，如《朗读者》《见字如面》《信·中国》；技艺类，如《传承者》等。这些综艺节目充分发掘我国的优秀传统文化元素，在我国的屏幕上绽放着光彩，此外，仍不断有新的形式题材的文化类综艺节目在不断创作中。根据文化类综艺节目的时间发展顺序，大致可以分为：以讲座形式为主、注重讲述文化故事的 21 世纪早期的文化类节目；2013 年开始出现的以文字语言为主的文化类综艺节目；2017 年起至今，全面发力的文化类综艺节目。

1. 20 世纪早期，讲座传递文化，注重传播经典

最早被观众熟知的文化类综艺节目是在 2001 年，中央电视台推出了《百家讲坛》，该节目通过讲座等方式传递文化观念，讲述文化故事，因嘉宾渊博的知识、诙谐幽默与平易近人的风格而广受观众喜爱。

《百家讲坛》从 2001 年 7 月 9 日开播至今，已经成为央视科教频道的品牌节目。它以电视讲座的形式，邀请知名专家和学者对有关中国优秀传统文化的论题进行讲解与探讨，在学者、专家和百姓之间架起一座桥梁，成功地实现了学术性与大众性的结合。作为一档兼具学术品位和文化品位的电视节目，《百家讲坛》之所以受到大众的欢迎，不仅在于栏目找准了自身的定位，注重经典、热点且具有延续性的选题，更在于节目主张"思想与叙述并重"，并将传统的讲座形式与电视的表现手法巧妙结合，从而取得了较好的收视效果。

首先，《百家讲坛》在专家讲座的叙述方法上既不同于大学课堂或学术研究论坛上的讲座，也不同于茶馆闲聊式的说书讲故事，而是融合二者的优势，把学理性的分析与讲故事的生动性、悬念性结合在一起。① 其次，选题注重经典又兼及热点。除了策划了很多中国古典名著的经典选题外，也策划了如"身边的礼仪"等与百姓生活息息相关的节目。这些选题既有经典，又注重与时代热点、大众关心的焦点相联系，以朴实通俗的文字阐述深刻的历史背景和传统文化，形成对普通百姓的吸引力，提高了他们观看节目的兴趣。

在 20 世纪直到 21 世纪初，文化类综艺节目一直都不是屏幕的主流。在那个泛娱乐化时期，受众更多地被音乐类选秀类节目吸引，虽有个别的节目能够获得观众的吸引，但也仅仅是个别的现象。直到 2013 年，我国文化类综艺节目开始脱颖而出，2017 年以后，文化类综艺节目开始出现现象级节目。

2. 2013 年起，节目开始脱颖而出，体现文字魅力

2013 年暑期，在《中国好声音》《快乐男声》等诸多由地方卫视重金打造的综艺选秀节目占领荧屏之时，一档汉字听写类节目——《中国汉字听写大会》（以下简称《汉字》）以清新亮眼的节目形式，从这些歌唱类选秀节目的霸屏中脱颖而出，赢得广泛的关注与好评。该节目由中央电视台和国家语言委员会共同举办，无论是参赛规模还是汉字听写水准，均创历史之最。

《汉字》自 2013 年 8 月 2 日在央视科教频道播出后，社会关注度和收视率双双走高。从第 4 期开始，该节目进入央视综合频道，在每周五晚 8 点黄金档与科教频道同步播出。在提笔忘字的年代，《汉字》致力于彰显国家语言魅力、提升国民语言能力，具有很强的针对性和现实意义。在引发全社会强烈共鸣的同时，也体现出央视作为国家媒体所具有的文化传承功能和高度的社会责任意识。②

继 2013 年《汉字》和《汉字英雄》开启了我国电视新一轮文化类综艺节目热潮后，《中华好诗词》《中国诗词大会》等大批新形式的文化类综艺节目也涌现出来。

3. 2017 年起，节目全面发力，形式内容多样

2017 年，中共中央办公厅、国务院办公厅发布的《关于实施中华优秀传统

---

① 李炜.《百家讲坛》的意义——兼议大众媒介对优秀文化的传播[J]. 中国电视，2006(07)：70-72，1.

② 文卫华，储平如. 2019 中国网络综艺节目年度盘点[J]. 中国电视，2020(03)：14-18.

文化传承发展工程的意见》和国家新闻出版广电总局《关于把电视上星综合频道办成讲导向、有文化的传播平台的通知》，以及 2018 年国家新闻出版广电总局发布的《关于进一步加强广播电视和网络视听文艺节目管理的通知》等政策性意见，将"公益、文化、原创"节目作为大力扶持的重点，从导向、内容、时段等多个方面，鼓励文化类综艺节目的创作。① 以此为契机，我国的收视市场主动调整，为文化类综艺节目的落地营造了有利的市场环境，推动打造头部文化类综艺节目。

2017 年是我国文化类综艺节目全面发力之年。2017 年 1 月 29 日，《中国诗词大会 2》播出，立刻成为电视综艺节目的"爆款"，开启了我国电视文化类节目的一个新阶段。除了"赏中华诗词、寻文化基因、品生活之美"的《中国诗词大会 2》，还涌现出了"用书信打开历史"的《见字如面》，"将值得尊重的生命与值得关注的文字完美结合"的《朗读者》以及"立志向国学、少年名士多"的《国学小名士》等多档引发强烈社会反响的节目。这些节目都立意高远、制作精良，从多个角度展现了中华文化的博大精深和无穷魅力，不仅收视爆棚，而且好评如潮，成为 2017 年令人瞩目的电视文化现象，再次掀起了文化类综艺节目的新高潮。至今，《朗读者》《见字如面》《经典咏流传》《国家宝藏》等一大批"综 N 代"文化类综艺节目每年持续推出，拥有稳定的受众。

2018 年，九档中国电视原创节目集中亮相戛纳电视节，极大地激励和鼓舞了中国电视人。中国电视节目模式第一次整装出发走向世界舞台。其中，以《国家宝藏》《朗读者》《经典咏流传》为代表的文化类综艺节目，因鲜明的中国特色与文化魅力，备受全球电视市场瞩目。2019 年，《国家宝藏》与《朗读者》率先实现中国模式的海外输出。文化类综艺节目不仅在国内赢得了口碑，创造了收视热潮与文化景观，有力提升了主流电视媒体的传播力、竞争力和影响力，而且成为中国电视参与国际竞争、讲好中国故事的重要代表，成为展示中国电视节目原创力与文化自信的重要体现。

从节目生产及播出的不同类型平台来看，央视总台持续引领原创文化综艺节目的创新发展。现象级"综 N 代"保持良好的生产传播态势，《中国诗词大会》《经典咏流传》和《国家宝藏》的后续节目的播出均受到观众喜爱。除这些经典文化类综艺节目外，还有 2021 年播出的《典籍里的中国》等受到广大观众喜爱的节目。

---

① 杨乘虎. 关于文化类综艺节目高品质发展的若干思考[J]. 中国电视, 2019(07): 10-14.

二、我国文化类综艺节目的现状

十八大以来，在我国的广播电视节目创作的顶层政策指引下，我国文化类综艺节目取得了极大的发展，无论是在电视屏幕上还是在自媒体，文化类节目已经成为主要的节目主体，而文化类综艺节目已经成了屏幕的主流。书信类节目、国宝类节目、诗词类节目和技艺类节目成为颇受观众喜爱的常见文化类综艺节目类型。

1. 书信类节目表达情感思念

书信类综艺节目用书信打开历史片段，带领观众走进那些依然鲜活的经典场景和人生故事，重新领会中国人的精神情怀与生活智慧。常见的代表节目有《朗读者》《信·中国》《见字如面》等。

《朗读者》是中央电视台在 2017 年开年推出的一档大型文化类情感节目，节目以"访谈+朗读"的形式呈现出嘉宾的情感故事，并用文学作品来串联情感，用朗读来表达内心。节目播出后迅速引起了社会各界的关注，不但成为新媒体传播的现象级节目，衍生的线下朗读活动也成为人们主动参与的热门，在社会上引起了一股朗读热潮。

《朗读者 2》文本的选择多以经典文学名著和大众通俗文学为主。如第二季的朗读作品，既有莎士比亚的《哈姆雷特》、曾参的《礼记·大学》、海明威的《真实的高贵》等经典名著，也有余华的《在细雨中呼喊》和杨绛的《我们仨》等通俗文学。经典名著增强了节目的专业性，也使节目持续保有高品质，而通俗文学则增添了节目的人情味，使节目更加接地气。[①] 朗读的文本形式多种多样，有小说、散文、诗歌、剧本和书信等，通过对经典的直接呈现，展现我国优秀传统文化的魅力，让受众感受文学之美。

《见字如面》是由腾讯视频网络首播并独播的明星读信阅读推广节目，2016年起先后在腾讯视频和黑龙江卫视播出。节目的每一期不但集结多位嘉宾读信，还请出两位文化嘉宾开辟第二现场坐镇交代书信背景、带来信件内外的精彩故事，节目入选的数百多封信件，跨越古今，从春秋时代的第一封私人家书到魏晋唐宋，从晚清民国初年一直到现代社会，涵盖中国历史的诸多阶段。

---

① 杜治平，黄鑫涛.媒介融合背景下传统文化类综艺节目传播策略分析——以《朗读者》为例[J].出版广角，2020(01)：73-75.

2.国宝类节目触碰历史记忆

国宝类综艺节目讲述大国重器的前世今生,解读中华文化的基因密码,代表节目又掀起了一股全中国国宝热的《国家宝藏》。

《国家宝藏》于2017年年底在央视综合频道播出,一开播便引来好评如潮。节目用时尚的方式"让文物活起来",激活文物背后所承载的历史价值和集体记忆,彰显人文精神和大国气象,以一种"不忘本来、吸收外来、面向未来"的方式,为融媒体时代文化类综艺节目的转型提供了典范。

《国家宝藏》将目光聚焦于博物馆和文物,央视与各大博物馆实现了两大文化传播主体的强强联手。[①] 节目组深入挖掘优秀传统文化中契合时代要求的精华,以历史性、文化性、故事性和科学性为衡量尺度,对数以万计的文物进行甄选,向观众推出最能代表中国气派和精神的国家宝物。《国家宝藏》第一季对我国九大博物馆的镇馆之宝进行了展示,由此拉开文化类节目与文博领域的融合。无论是纪录片式的场景带入、舞台戏剧式的微型剧表演,还是现场的真人秀展示,节目都采用更为接地气的话语体系、表现形式和表达方式,生动解密文物承载的故事和背后厚重的历史,融知识性与趣味性于一体,让观众仿佛能够触碰到文物背后或屈辱苦难、众志成城,或荡气回肠、感人至深的历史记忆。

3.诗词类节目解读诗词文化

诗词类综艺节目是目前在屏幕上最常见的一类文化类综艺节目。在当前东西方文化激烈碰撞交融的新时代,必须重塑中华优秀传统文化的价值凝聚,实现中国百年复兴的强大内生力量来提升国家的文化软实力。诗词是中华优秀传统文化中最有代表性的部分之一,是无数前辈贤人把语言和情感高度凝练而成的文化精髓。通过诗词的呈现与再解读,能够让观众感受到我们的中国传统文化精髓。代表节目有《中国诗词大会》《经典咏流传》《中华好诗词》。

《中国诗词大会》是央视于2016年推出的原创文化类综艺节目。节目集传承、传播、娱乐、文化普及于一体,很好地促进了电视节目与中国传统文化的有机融合。这是央视秉承国家媒体责任,推动中国传统文化传播的里程碑之作。节目通过独特的文化视角和节目形态,不仅让观众领略到中华诗词灿烂悠久的文化,更重要的是实现了传统文化的传承。正如《中国诗词大会》的嘉宾、北京师范大学康震教授所说:"经典是在它流传的过程中一步步形成的。"

---

① 武楠.融媒体时代文化类电视综艺节目的转型与超越——以央视《国家宝藏》为例[J].中国电视,2018(04):85-88.

此外，另一档诗词类节目《经典咏流传》是央视 2018 年推出的大型文化类综艺节目，节目创造性地"和诗以歌"，把中国经典古诗词和部分近代诗词搭配上现代流行音乐，并邀请知名艺人和有故事的素人嘉宾来传唱诗词，内容新颖充实，形式别致独特。聚焦于经典的《经典咏流传》，以"诗歌传唱经典，中国正流行"的节目宗旨展现了节目的文化定位。以脍炙人口的乐曲为观众解读诗词文化。① 在节目中，新颖充实的内容是吸引观众的主要亮点，由主持人撒贝宁或嘉宾自己朗诵原篇，再由传唱人演唱并分享创作故事，最后由康震等几位经典鉴赏人带领大家品鉴诗词与音乐，解读背后的文化内涵。节目开创的"和诗以歌"，让文化经典具有新时代的属性，符合受众对于文化节目的审美需求。

《经典咏流传》在内容上，"以情化人"让节目呈现出新的格局和高度。在节目中，真正打动的除了诗词本身，更多的是人物故事，节目把诗词所表达的意境与传唱相关嘉宾的个人故事结合起来，在诗词与音乐、个人情怀三者中，实现传统文化的现代传承。《经典咏流传》在节目形式设计上，既有音乐综艺的外在形象，又有经典文化的优秀内核。对于观众来说，观赏中国风的舞台本身就是一种享受，而"经典传唱人"这个群体，给知名度高的明星与不为观众熟悉的素人，都赋予了贴近生活的亲和力。

4. 技艺类节目弘扬工匠精神

技艺类综艺节目呈现中国传统技艺，不断弘扬工匠精神。我国的工匠精神和非遗文化永远是中华传统文化中最瑰丽的明珠，让非遗能够一直传承下去是每一位传媒工作者的职责和担当。《传承者》是此类技艺类综艺节目的典型代表。

《传承者》于 2015 年 11 月 14 日起在北京卫视播出，是国内首档聚焦传承和展示中国传统文化的大型文化类综艺节目。自开播以来，凭借与众不同的传统文化特色在众多文化类综艺节目里独树一帜。节目中展示的各种类型的传承者和传承项目，都成了观众关注的热点。节目汇聚了身怀绝技的传承者，以及能言善辩、代表年轻人态度的青年团。节目以传统文化本身的精神情怀阐述和凸显传统文化的厚重和地位，同时为新老两代"观点交锋"提供了广阔舞台。②

《传承者》作为一档成功的原创电视节目，向古老技艺和世代传承创新的传承者们表达着敬意。节目邀请青年代表参与，用艺术的近距离呈现去感染年轻一代，在观点交锋中倾听"意见"与"异见"，具有真知灼见。节目将各民族文化

---

① 黄圆琦. 从《经典咏流传》看央视文化类节目的创新策略[J]. 视听, 2018(05)：62-63.

② 冷凇，张丽平. 浅析原创大型文化综艺节目《传承者》的成功经验[J]. 中国电视, 2016(05)：88-90.

遗产项目进行精彩展现，同时，精选最能够代表中国文化的非遗项目走进联合国舞台，让世界进一步了解中华文化的博大精深。

三、文化类综艺节目的发展特点

自《百家讲坛》开始讲座式的文化类节目的探索，到十八大以来，文化类综艺节目的创作者们紧紧围绕中国传统文化与中国传统美学打造精品，不断深化内涵、提升品质、丰富类型，涌现出一大批坚持正确导向、弘扬中国精神、反映时代风貌、承载百姓情怀的优秀文化类综艺节目。总体来说，这些文化类综艺节目在发展创作过程中大多各具特色，但总体而言，都具有寻根文脉、回望历史、融合科技、礼赞时代的发展特点。

1. 寻根文脉，文化类综艺节目从清流到主流

一方面，文化类综艺节目不断寻根文脉，从屏幕清流到成为节目形态的主流。文化传承始终是文化类综艺节目的根，综艺只是为表现文化而生的元素。文化是对优秀历史的继承和传扬，是民族的精神瑰宝，是民族精神的内在动力。文化类节目就是以传承民族文化和精神为己任，在传播的同时，加入轻松活泼的综艺元素，让节目的表达灵动鲜活。例如《国家宝藏》把博物馆的国宝用故事演绎，抽丝剥茧般梳理出与时代背景相关的千丝万缕的脉络，采用多元化综艺创意表达，观众更容易接受，观赏性更强。[①]

在《国家宝藏》中，国宝文物成为节目主角。节目从博物馆"文物"入手，以博物馆和拥有五千年历史文化底蕴的中华文物为切口，注定了节目的格局更为宏大，视野更为开阔，选材更为丰富，作品更具活力。中华文明上下五千年，浩瀚如银河，璀璨若繁星，寻根文脉，博大精深的国家文化宝藏，为节目内容创作提供了取之不尽的源泉。

另一方面，文化类综艺节目不断在本土文化资源中寻找创新源泉，在选题策划中聚焦非遗等文化载体。近年来，我国文化类综艺节目把传承文化基因作为发展趋势。党的十八大以来，文化类电视节目成为行业重点开拓的题材，创作者的文化主体意识强势回归，从中华五千年深厚文化积淀中寻找创新，世界文化遗产、博物馆、国乐、戏曲、杂技、文学、史学、哲学成为节目创作的原点。[②] 我国文化类综艺节目也从最初的以诗词引爆圈层的《中国诗词大会》等文

① 杨洁.融媒体时代文化类综艺节目的创作要义和传播策略[J].中国电视, 2020(09)：79-82.

② 冷淞，郭菁.中国电视文艺节目发展的黄金十年[J].现代视听, 2022(09)：37-40.

化综艺"清流",到如今以挖掘中华优秀传统文化为主的《上新了·故宫》《唐宫夜宴》等精品"主流"。

以《朗读者》为例,中华民族文化宝库博大精深,文学更有着光辉灿烂的历史。节目中嘉宾选取朗读的片段多是文学经典,通过与主题的呼应,嘉宾自身经历的分享,体现出浓厚的文学素养,节目兼具文学性和故事性,对受众是一种更高层面的精神洗礼。

此外,文化类综艺节目不断从地域特色中发掘中国传统文化。回溯文化源流的同时更以创新和再创作为之增添时代色彩。承袭往年经典文化类综艺节目的成功经验,新一代节目更注重从地域特色方面发掘传统文化,形式样态贴近观众喜好。从2021年《唐宫夜宴》爆火开始,河南卫视聚焦河南中原省份的地域特色,结合我国传统民俗节日,通过"奇妙游"系列新颖的主题晚会打造了《洛神水赋》《龙门金刚》等口碑精品,除此之外还与B站(哔哩哔哩)联合推出舞蹈文化综艺《舞千年》,以古风舞蹈形式将中华文化精粹极致演绎。

2. 回望历史,构建民族认同的中国故事

首先,文化类综艺节目带领观众回望历史,回溯中华民族历史的情感认同。作为大众传播的媒介,不仅注重信息传递,而且重视受众情感认知与体验。《国家宝藏》《故事里的中国》《典籍里的中国》通过专家和嘉宾的带领回望历史,感知生命,将文物、典籍、故事等体现于节目之中,呈现出情感认知与体验的艺术穿透力,折射出民族历史与中国故事的认同感。这种将民族情感转化为可见可听的视听形式,更易使受众产生身临其境般的情感共鸣。①

其次,文化类综艺节目回溯波澜壮阔的中华民族史。中华民族的历史是苦难与辉煌并存、危机与生机兼具的历史。《故事里的中国》回顾国歌的创作历程时,采用电影《风云儿女》的纪实影像和《国歌》的影音片段,通过现场演员和观众饱含深情地齐唱《义勇军进行曲》,唤起观众内心深处的民族情感认同。

再次,文化类综艺节目镌刻中华民族精神的归属意识。在传播中国故事时,文化类综艺节目一方面挖掘民族精神,另一方面培育受众的民族认同感和归属感。《国家宝藏》"前世传奇"呈现敦煌经书流失海外,回溯一段民族悲情的创伤记忆,"今生故事"叙述"归义军衙府酒破历"回归中国的温情过往,这些内容增强了受众对中华民族精神的认同感及归属感。

最后,文化类综艺节目还利用中国元素进行造型设计与音乐设计。综艺节目与民族文化的融合还体现于节目的中国元素的扩充。文化类综艺节目从音

① 郭增强,杨柏岭.文化类综艺节目:中国故事的传播与认同[J].电视研究,2022(01):79-81.

乐、音效、图片、动画甚至到服装、化妆、道具，无不体现出创作者对于民族文化的重视。以《国家宝藏》为例，节目中001号讲解员张国立的服装将现代元素与传统融合，凸显出民族文化色彩。不仅是主持人，就连九大馆长也穿着素雅庄重，集现代与传统于一身，契合节目的整体氛围，展现出强烈的中国传统文化气质。此外，节目中的音乐大多是用古典乐器演奏，与古典装束的演员和古风古韵的场景结合，引领观众沉浸式地感受文物的前世今生。

3. 礼赞时代，彰显时代精神文化之美

文化类综艺节目通过选题策划，礼赞新时代，讴歌时代之美和文化之美。这些节目将时代精神融入节目创作，升华节目内涵，丰富节目的主题呈现与表达维度。如《经典咏流传4》通过诗词歌赋唱咏建党百年的主题，来献礼建党百年，唱响英雄之歌；《故事里的中国3》挖掘代表性党员的人生故事，重温薪火相传百年路；《见字如面5》聚焦初心主题，选取具有重大意义的历史书信、文献，并通过戏剧化演绎重现中国共产党追寻真理、舍身取法的寻路历程。另外，《奔跑吧·黄河篇》等节目，通过文化类综艺节目中文化元素与表现形态，融入时代主题，通过表现民俗文化、非遗传承、生态建设等主题内容，彰显时代之美与文化之美。

4. 融合科技，技术革新提升视觉影像

数字时代以来，随着传媒技术的升级，我国电视节目整体都遭遇了网络平台节目的挑战、短视频的冲击等危机。但随着我国节目的创作者们对大数据、云计算、VR、AR、XR以及5G+8K等技术的融会运用，巧妙地转危机为机遇，极大地推动了文化类综艺节目的创新。技术发展日新月异，智能化、数字化手段让文化类综艺节目持续流程再造，效率大大提升，短视频、智能算法浓缩了时间与空间，将文化类综艺节目以碎片化的形式更为精准地推送到观众面前。AR、VR、XR、人工智能和元宇宙，这些技术为文化类综艺节目的创新提供了助推力。[①]

传统的文化类综艺节目正在进行立体式、穿越式的升级再造，虚拟穿梭、数字影像、时空交互、沉浸式成为关键词。《国家宝藏3》将虚拟技术、奇幻视效与国宝的场景化故事融合演绎，使沉浸式交互的视觉效果与传播效果实现最大化。《一本好书》以360度的环状立体剧场，通过戏剧、朗读、图文等多种影视形式来满足大众阅读的需求。《朗读者2》采用360度环绕式投影及纱幕装

---

① 冷淞，郭菁. 中国电视文艺节目发展的黄金十年[J]. 现代视听，2022(09)：37-40.

置，以达到与朗读内容相匹配的真实感及视觉意象。河南卫视"中国节日"的系列节目《唐宫夜宴》，将历史传承元素进行了古董级复原与时尚化转化，在创意中颠覆传统宫廷仪仗中的威严与肃穆，在虚拟影像中唐朝宫女的形象与现实细节相得益彰，将文化类综艺节目与技术革新的融合推到新的影视美学高度。

四、我国文化类综艺节目发展时要注意的问题

我国的文化类综艺节目还处于发展的探索阶段，数字技术的进步和文化内涵的深入还将进一步推动文化类综艺节目的高品质发展，同时，还需要在实践中科学地把握好几对关系。

一是文化内核与综艺形式的边界度。文化类综艺节目中，文化是主导是核心，综艺是形式是载体，本末有序。① 如果为了吸引眼球，将更多的精力投入在人设、技巧、场景等技术层面和外观层面的打磨上，而忽视对中国传统文化认真细致的研究、精益求精的开发、孜孜以求的锻造，这样的文化类综艺节目难以保持高质量的发展。

二是文化情怀与现实关注的结合度。优秀的文化类综艺节目既要关注现实，又要具有深厚的文化情怀。如果只有高远情怀，却脱离了现实的真实存在，那么文化类综艺节目也仅仅是小众的风景。我国文化类综艺节目的发展必须深深植根于现实的土壤，聚焦于人们的喜怒哀乐，才能实现现实书写。

三是传统文化与数字科技的融合度。在拥抱技术革新的同时，我国文化类综艺节目更应坚守人文精神，避免追求技术奢华、内容过度包装和节目的形式大于内容。在日新月异的数字媒体环境下，一方面在技术上需要适应不断迭代的技术变革，另一方面要始终把思想精深、艺术精湛作为内容创新的核心，更加重视文化类综艺节目的思想性、艺术性、文学性、思辨性和审美性，让数字技术为中国传统文化内核服务。

第三节　文化类综艺节目的美学构建

随着技术手段的不断改进和节目创作者的不断努力，我国文化类综艺节目逐渐形成了独特的美学特质。此外，文化类综艺节目在美学精神的构建、美学影像的构建和仪式美学的构建方面也独具特色。

---

① 杨乘虎.关于文化类综艺节目高品质发展的若干思考[J].中国电视，2019(07)：10-14.

一、文化类综艺节目的美学特质

纵观我国文化类综艺节目，在不断的发展中，逐渐形成了包括物我同化的审美意识、微观凝练的审美方式和直观真切的审美感知等在内的美学特质。

首先，文化类综艺节目具有物我同化的审美意识。审美意识泛指存在于群体社会的较稳定的审美观念，主要涵盖对审美对象的倾向性情感评价，以及追求与向往审美最高境界的审美理想。审美意识是各民族历经时间洗练出的，潜藏着各个民族的价值取向。共同的政治经济生活以及共通的语言与文化传统造就了审美意识的鲜明的民族性。[1] 文化类综艺节目将历史文明的进程与民族共同的审美意识逐渐转化成为传统文艺永葆青春、历久弥新的"密钥"。

其次，文化类综艺节目具有微观凝练的审美方式。现代社会以来，媒介技术正在改变与世界的关系、文化发展、社会活动和社会结构。公众对短视频媒介深度介入现实生活这一趋势持有乐见其成的态度，使审美方式逐渐发生从静止到速变、由宏观到微观的转向。这一现代社会的审美方式，正深刻地影响着传媒艺术作品的创作风格。在现在的受众越来越适应碎片化传播的情境下，文化类综艺节目以可拆条的流程设计、模块化的板块设计、流动式的表达设计等全方位地迎合现代化的审美方式。河南卫视的"中国节日"系列《唐宫夜宴》《洛神水赋》《龙门金刚》等节目正是呼应这一审美方式的全新文化类节目形式。

最后，文化类综艺节目具有直观真切的审美感知。在审美活动中，文化艺术作品能够给予审美主体的感觉器官"美"的形象刺激，为审美主体带来不同程度上的快感与情感上的愉悦，并引出知觉活动中的听觉、嗅觉等综合感觉，完成对审美对象的认识。[2] 在现代技术的渲染之下，中国典型意象与传统文化符号进行现代影像转化，营造出具有无尽想象空间的视觉奇观，这种满足受众审美需求的美学呈现，为受众带来具有创造性、超越性和愉悦性的审美活动。

基于此，文化类综艺节目的出现，着重以现代性视角演绎传统文化，创新性满足受众对中华元素的转化上和审美上的期待。[3]

---

① 冷淞，刘旭."新国风"综艺节目的叙事路径与美学特质[J].现代传播，2022(12)：89-96，113.

② 冷淞，刘旭."新国风"综艺节目的叙事路径与美学特质[J].现代传播，2022(12)：89-96，113.

③ 冷淞，刘旭."新国风"综艺节目的叙事路径与美学特质[J].现代传播，2022(12)：89-96，113.

二、文化类综艺节目的美学精神传承

2014 年 10 月 15 日，习近平总书记在文艺工作座谈会上提出了"传承和弘扬中华美学精神"的重要命题。习近平总书记指出："我们要结合新的时代条件传承和弘扬中华优秀传统文化，传承和弘扬中华美学精神。"[①]习近平总书记把"中华美学精神"与"中华优秀传统文化"并列，要理解"中华美学精神"，必须从理解中华优秀传统文化与中华美学精神两者之间的密切关系入手。

文化类综艺节目应传承中华美学精神。中华优秀传统文化是中华民族的"根"和"魂"，为中华民族始终屹立于世界民族之林提供了强大精神支撑和丰厚文化滋养。[②] 中华美学精神潜藏在中华优秀传统文化之中，是与中华民族相伴相生的一种独特审美精神。博大精深的中华优秀传统文化是我们的根基，但博大精深作为中华优秀传统文化的主要特征，恰恰是现代传媒进行大众传播的"拦路虎"："博大"可能意味着现代传媒无所适从；"精深"则又意味着文化类综艺节目的创作者难以对其进行简单的复制粘贴，而传播者也无法简单地给予观众"快餐式满足"。众多的节目创作者对于如何挖掘中国传统文化的元素展开了大量的实践，河南卫视凭借着对中原文化的独特探索，在 2021 年成功"出圈"。

自 20 世纪 90 年代以来，处在中原之地的河南卫视便将传承与弘扬中华优秀传统文化作为己任，不断创新突破，深度挖掘传统节日的人文内涵，并加以创造性转化和创新性发展。其中 2021 年推出的《清明奇妙游》将"缅怀先祖"和"踏青郊游"的清明节日两大主题巧妙地融入节目，如开场歌曲《月光》一开头便是一个小女生坐在一弯月亮之上，歌手石头低沉而又动人的嗓音马上就将观众拉入清明时节对先祖的怀念氛围中。晚会当中还创新采用"诗词+歌舞"的形式来渲染"踏青郊游"的喜悦。

河南卫视构建了"中国节日"系列综艺节目品牌，弘扬了中华美学精神，系列节目都不拘泥于舞台而采用大量的实景拍摄，展现了祖国大地的人文景观，实现了节目的个性化传播。在开创自身活泼而接地气的节目审美风格的同时，表达了对优秀传统文化的敬重，适当消解了高雅文化的隔阂性，缩小了外地观

① 习近平. 在文艺工作座谈会上的讲话[EB/OL]. http：//www. xinhuanet. com/politics/2015－10/14/c_
1116825558. htm, 2015－10－14.

② 孙雷. 传承弘扬中华优秀传统文化[N]. 人民日报(理论版)，2021－02－18.

众观看的距离感。① 河南卫视这一系列文化类综艺节目激发了年轻人心中那份对中国传统文化的归属感和骄傲感，让国潮与国风影响更多的人。

三、文化类综艺节目的美学影像构建

文化类综艺节目精心营造气势恢宏的意境效果，营造节目现场的意境之美，此外，嘉宾的个人魅力和音乐语言韵律之美共同带领观众沉浸式感受文化类综艺节目的影像美学。

1. 节目现场意境之美

意境是中国古典美学的核心范畴。"意境是指作者的主观情意与客观物境互相交融而形成的艺术境界。"②意境作为艺术创作者的审美理想，讲究情景交融，追求"象外之象""味外之旨"。诗词是文字的艺术，其意境生成需要人们的阅读与想象。而文化类综艺节目是视听语言艺术，具有视觉的直观性，想要实现意境营造并非易事。正如文化研究学者斯图亚特·霍尔所言："视觉的感知符码流传非常广泛，因为这种类型的符号比起语言符号来说较少任意性。"③这就意味着视觉图像会消解人们的想象和联想，人们容易将视觉符号与现实中的实物对应起来。因此，想要创作出有审美意境的电视节目，就要克服这一瓶颈。

文化类综艺节目打造极致的意境之美。如《中国诗词大会》中曲水流觞的意境，《经典咏流传》中诗词浩瀚星河的意境，《典籍里的中国》里穿越时空的意境。其中，《国家宝藏》的极致场景打造是节目的一大特色。节目以文化的内核、综艺的形态和纪录的手段，告诉观众每一件文物背后都流淌着一段令人心潮澎湃与感慨万千的历史。

《国家宝藏》融合了现代与传统的意境。节目将严肃的文化历史内容进行了最为贴合的娱乐化包装，使文化精髓渗透于设计的每个细节之中。无论是大气恢宏的解说词，还是融入历史元素的舞美效果、酷炫华丽的灯光设计以及恰当处理的后期特效，都凸显了中国气派和文化神韵。此外，节目中的舞台灯光不仅起到烘托现场气氛的作用，还能够勾勒出国宝轮廓，较好地展示出文物精

---

① 张国涛，欧阳沛妮.在中华美学精神层面寻得共鸣——解析河南卫视"中国节日"系列节目[J].中国电视，2021(07)：23-29.

② 冷淞，张丽平.影像诗心——赴一场时空与艺术的流转[N].人民日报(海外版)，2020-03-13.

③ 罗钢，刘象愚.文化研究读本[M].中国社会科学出版社，2000：357.

美绝伦、巧夺天工的灵动之美,凸显国宝的珍贵和厚重感。① 整个节目中,冰屏柱位次的调整以及具有透明质感的画面效果呈现都能契合所述故事的情节推进以及增强舞台感染力。长43米、高7米的巨型LED环幕设计也为视觉效果强化起到推动作用。如第一季第五期节目中,伴随着郭涛以及陕西历史博物馆壁画修复团队宣读守护誓言,《阙楼仪仗图》呈现于主屏幕上,观众由此看到了海纳百川、开放自信的盛唐气象。

《经典咏流传》打造悠远深邃的意境。《经典咏流传》的舞台随诗词意境的不同而变化,音乐类型也因诗词内容的不同而各异。当歌手腾格尔唱《敕勒歌》时,绿色调的舞台引发观众对草原的神往。当厦门六中合唱团演唱阿拉贝卡音乐"竹喧归浣女,莲动下渔舟"时,身着浅色衣裙的学生在自己的裙摆和裤边拍打出摇曳的旋律,整个现场仿佛置身于蓝色深邃的银河一般,充满深邃的意境。从柔情到硬朗,从民歌到流行,节目选取了内容不同的诗词搭配不同曲风,或壮怀激烈,或深情款款,唱出了各种诗词的意境。节目做到了一诗一曲,曲曲不同;一曲一境,境境有别。虽然《经典咏流传》始终围绕"和诗以歌"的节目形式进行,然而每一曲都有每一曲的特色,每一个表演背后都凝聚着不同的文化意境。

《朗读者》营造了温馨治愈的意境。节目组将演播厅分为两个部分:以舞台大厅为第一现场,以访谈间为第二现场。舞台大厅中心现场的屏幕背景是一个环顾舞台陈列着成千上万卷图书的复古书架,充满了书卷气息,符合节目的意境。舞台上有一扇大门,打开就是访谈间。访谈间像一间精致的书房,浅色调宽敞明亮,加上暖黄色的灯光,呈现温馨淡雅的感觉。而节目外,各大城市也设置了朗读亭,朗读亭内设有专业的录音设备和摄像机,朗读者可以在里面朗读自己准备好的文本,释放自我。朗读亭是节目舞台的场景延伸,进入朗读亭的朗读者们都来自不同行业,他们朗读的内容和风格虽不尽相同,但都是内心深处最真挚的情感流露。

《中国诗词大会》注重淡泊典雅的意境。从中国诗词到中国书法,从中国画到中国传统,包括百人团的背景都采用了中国传统的云纹图案进行设计。节目现场庄严典雅的大型舞台和美轮美奂的灯光,给人以高雅文化殿堂的感觉,华美却不落俗套。整个舞台虽然没有明显的隔断,却巧妙地将选手答题区、评审区和百人团进行了分区,整体设计具有一定空间感。眼见之处皆是风景,这也

---

① 武楠.融媒体时代文化类电视综艺节目的转型与超越——以央视《国家宝藏》为例[J].中国电视,2018(04):85-88.

符合央视节目一贯的艺术设计理念。① 节目现场营造出"曲水流觞"的氛围，周围是围坐的所有参赛选手，中间是几位博学的嘉宾，还有答题者站在台中，整个演播现场营造出冷低调的意境。以第五季为例，舞台大屏幕借用了中华传统文化符号"画卷"，同时采用 3D 数字影像技术打造出荷塘月色的场景，这是中国古典诗词中澄明之境的影像化表达，寄寓着高洁与淡泊之意。这些具有画面感的文化意象，不仅贴合现场情景，带领观众走进浓厚的传统文化氛围，也延展了中国传统文化的意境。

《故事里的中国》营造了跨越时空的意境。节目的场景配置与舞美设计，都最大限度地还原了时代场景，增强了故事的跌宕起伏感。节目的场景构图呈现出"电影化"的视觉效果，充分利用灯光、舞美、化妆、服装和道具等各种技术手段，使主戏剧舞台呈现 LED 折叠、卷帘式的影像效果，虚拟的画面与演员的实时表演巧妙衔接，并烘托气氛、塑造形象、推动情节的发展，最大限度地进行跨时空的艺术表达，增强了节目的意境。②

2. 嘉宾个人魅力之美

文化类综艺节目中，不仅专家学者具有个人魅力，参赛的普通选手也极具个人魅力。相较于其他依靠插科打诨、嬉笑打闹作为看点的娱乐节目，文化类综艺节目对于选手或嘉宾的入选门槛相对较高。这里的高要求并非指拼流量或拼阵容，而是要以嘉宾或选手的文学造诣或手艺水准作为重要考量。文化类综艺节目的核心在于文化内容的电视化和大众化呈现，选题、赛制和视觉效果的优化固然重要，但作为节目内核展示的嘉宾或选手，才是节目创新升级的重要武器。无论是素人还是明星，这些普通人身上所散发出来的闪光点以及正能量，正是节目所希望的，能实现嘉宾人物升维与节目收视转化的双赢。③《中国诗词大会》的嘉宾康震、蒙曼、郦波、王立群、杨雨等学识渊博的教授学者们本身就是中国传统文化的符号，这些国学专家集文学知识、传统文化和个人的气质表达于一身，他们的点评往往让观众受益匪浅，感受到"诗意人生"。例如康震教授，不仅能对古典诗词一一点评，对背后的深意娓娓道来，还能即兴作画出题，不由得让观众深深敬佩。嘉宾们拥有渊博的学识和儒雅的形象，这种内涵之美成为吸引观众的亮点。

① 黄志明. 当下文化类综艺节目制作中艺术设计理念的融入[J]. 中国电视, 2017(09)：110-112.

② 姜珊珊, 郭嘉良. 跨域资源融合与艺术美学回归：综艺节目的电影化升级[J]. 中国电视, 2020(06)：18-22.

③ 冷淞, 王樱潼, 孙肖璐. 文化类综艺节目的美学回归与创新趋势[J]. 中国电视, 2019(02)：41-45.

此外，参加的普通选手也极具个人魅力。获得《中国诗词大会 2》冠军的中学女孩武亦姝，无论面对怎样的对手，她都依然淡定，不紧不慢地说出相应的答案。获得第三季总冠军的是外表略显普通的雷海为，作为一位热爱诗词的外卖小哥，脑海里充满了中国几千年来的诗词。还有第五季冠军彭敏，也曾获得过《中国成语大会》的冠军。这些参赛选手的身上都散发着巨大的人格魅力，他们虽然有着不同的背景，但都已将中国传统文化融入了他们的身体和血脉里，在谈吐之间彰显中国传统文化之风。参赛选手之美，美在举手投足之间，美在对中国传统文化的执着追求。

3. 音乐语言韵律之美

文化类综艺节目注重了节奏和音乐的把握，为观众营造沉浸式的听觉美感。

一方面，文化类综艺节目的音乐之美营造听觉美感。定位于文化情感类节目的《朗读者》，以邀请嘉宾朗读文学作品的方式来表达自己生活中的情感。节目邀请的嘉宾来自社会各界，有作家、演员、乐观的病人和平凡的工作者。背景音乐对于传播者来说有两个方面的辅助功能，一是身份的确定，二是情感的表达。例如节目中在介绍赖敏和丁一舟这对平凡的夫妻时，首先是在采访前播放 VCR，在急促深沉的背景音乐中，出现的画面是他们介绍自身状况。在小型演播厅中，在以钢琴为主的背景音乐伴奏中进行采访互动。其次是背景音乐对朗读者的情绪渲染，在演播大厅里，伴随着低沉的吉他背景音乐，赖敏读着《你是我不及的梦》，刚开始朗读者的情绪很激动，随后背景音乐响起，在舒缓合适的音乐之中，开始缓缓地朗读着她选定的文章。文化类综艺节目中的背景音乐具有吸引受众注意力、缓和受众情绪、感染受众情感的作用，以此来影响受众对传播内容的感知，达到节目预想的传播效果。

另一方面，文化类综艺节目的语言之美演绎内心感受。《朗读者》的开场语总能打动观众。主持人董卿在开场白环节阐述每期节目的主题时，采用了淡雅、悠扬的旋律，这样的配合起到了声乐相得益彰的效果。汉语音型结合富有音韵美，它是一种诗性效果很强的语言。主持人在每期节目的卷首语中，都会运用名著或古诗词中的原文来阐释关键词。同时，节目还特意邀请了一些从事语言艺术工作的嘉宾，如配音大师乔榛、京剧演员王瑜、演员斯琴高娃和濮存昕等。优美的文字在这些艺术家声情并茂的演绎下，给予观众的不再是抽象的文字，而是一场场听觉盛宴。

四、文化类综艺节目的仪式美学构建

仪式在人类学视野中不仅作为研究对象，同时也是剖析社会活动的重要符号能指。法国人类学家涂尔干把仪式看作人类宗教现象的重要组成部分，他认为"世界由两个领域组成，一个领域包括所有神圣的事物，另一个领域包括所有凡俗的事物"。① 阿劳·德·凡·盖尼普将所有仪式统称为过渡仪式，并将仪式过程分为三个阶段，即隔离阶段、阈限阶段、重整阶段。② 不难看出，仪式在人类学家视野中是一种不同于生活常态的社会行为，它一般不具有实用价值，主要在于表达精神层面的意义。

在文化类综艺节目的仪式美学构建中，文化类综艺节目的现场传播仪式，能够引发观众共情；构建仪式符号，能够凝聚时代精神；创新古今对话，能够共建集体记忆。

1. 现场传播仪式，引发观众共情

21 世纪以来，优秀文化类综艺节目不断涌现。这些节目以独树一帜的艺术形式，将中华文明的标志性成果展现在观众面前，成为新时代屏幕上的一道亮丽风景。这类节目之所以深受欢迎，一个重要原因就在于其所建构的颇具美学特色的媒介仪式所激发的强烈社会共情效应。

美国传播学者詹姆斯·凯瑞提出的"传播的仪式观"认为，"在传播中仪式是一种以团体或共同体的身份把人们吸引到一起的重大典礼"。③ 他将传播过程本身作为一个仪式过程，注重仪式层面社会各要素之间的联系以及仪式过程中价值意义的生成与文化集体记忆的唤醒。在他眼中，仪式背后的意义建构和价值共享所带给观众的特殊体验，比传播内容更值得关注。

考古类节目用仪式感营造考古氛围。《中国考古大会》赓续了传统文化仪式的色彩，节目开场 360 度灯网环绕交叉，在灯光的流动之间展现出蓝色的浩瀚星河，在地屏上出现黄色星团，体现出"苍璧礼天，黄琮礼地"的文化理念，全息影像技术将三星堆面具、曾侯乙编钟、青铜雁鱼灯等文物投射在现场，关键柱上随着镏金缓缓从地面升出，玉琮遍布演播室的角落，营造出强烈的考古

① ［法］爱弥尔·涂尔干.宗教生活的基本形式［M］.渠东、汲喆译，上海人民出版社，1999：43.

② Gennep, Arnold van. The Rites of Passage［M］. Trans. Monika B. Vizedom and Gabrielle L. Caffee. Chicago：University of Chicago Press, 1960：112.

③ ［美］詹姆斯·凯瑞.作为文化的传播［M］.丁未译，华夏出版社，2005：161-163.

氛围，呈现出独特的视听效果。

书信类节目用仪式感传递最本质的情感。《朗读者》和《见字如面》中的主持人、嘉宾、观众、灯光、音乐、音响等诸多因素共同营造了一个特殊的关于"朗读美文、体味人生"的庄严仪式。如在《朗读者》中，"朗读"就是一个仪式。这个仪式的构建涉及图像符号、音乐符号、色彩符号、行为符号等。节目以真挚的文字为载体，以庄严的朗读为仪式，从而达到将现场的嘉宾、主持人和观众每一个个体连接到一起并走向人类最本质的情感。观众在这种仪式化的引领下产生了一种深深的感动，在实现与观众产生情感共振的同时也极大提升了节目的吸引力和期待度。

2. 构建仪式符号，凝聚时代精神

文化类综艺节目共建仪式符号，凝聚时代精神。文化类综艺节目仪式打破了文化符号意义体系封闭性的特点，让作为接受者的观众从原本尘封生僻的文化符号中解码出中国特色历史价值、人文价值和思想价值，使观众在仪式的过程中完成了文化认同、身份认同和民族认同。[①] 借助独具中国文化特色的仪式建构，这类节目在挖掘、创造与诠释标志性的中华民族文化符号上取得了巨大成功。

仪式符号是文化类综艺节目仪式构建流程中的关键审美元素，它们主要分为行为符号、语言符号和物件符号三类。其中物件符号承载着重大的文化意义，是文化类综艺节目仪式精心设计的核心符号。[②] 在《见字如面》《朗读者》等节目中，一封书信、一段文字、一篇诗词、一页剧本……这些物件符号都成为节目重要文化意义的载体，它们将观众带入千变万化的仪式情境中，打破过去和现在的壁垒，将纸张上的文字融入情感，带给观众精神洗礼。除书信外，《国家宝藏》所展现的每一件文物也都是凝聚着时代精神和历史精神的重要文化符号。

3. 创新古今对话，共建集体记忆

文化类综艺节目的现场能够创新古今对话，共建集体记忆。集体记忆是特定时期特定社会群体成员之间共享地对过去的认识总和，记忆是可以被传承和建构的，浓缩了特定社会群体的文化基因和精神内涵。更重要的是，集体记忆

① 马立新，巩馨媛.文化类电视综艺节目仪式建构研究［J］.中国电视，2022(09)：42-50.

② 马立新，巩馨媛.文化类电视综艺节目仪式建构研究［J］.中国电视，2022(09)：42-50.

映射出特定社会群体深层的价值取向,是建构群体认同、国家认同的重要内容。①

文化类综艺节目构建的沉浸式节目现场,使观众因身在现场更容易捕捉互动仪式中演员的姿态、情感与身体信号等,能够获得沉浸式的视听体验。虽然远程观看节目也可以让观众共享到关注与情感,使人们产生向往和尊重感,然而,只有充分的现场身心感受才能产生更为强烈的效果。

《典籍里的中国》节目聚焦的《尚书》《本草纲目》《楚辞》等经典中华典籍,对大部分观众而言,这些巨著虽耳熟能详,但对其中的内容和背后的故事却知之甚少。这些凝聚了先人智慧的典籍大都是中华民族古老传统的集体记忆,当代人更多是作为传承者而非建构者,因此这样的集体记忆是庄重而生疏的。《典籍里的中国》的成功之处在于用独创的"镜中人"与现代人的穿越的艺术构想为当代人编织具有生命力的集体记忆,挖掘古人与今人在文化、精神上的联结点,赋予典籍以生命,为中华典籍重新建构与当代人心灵相通的集体记忆。

2013 年以来,从《中国汉字听写大会》《中华好诗词》到《传承者》《中国诗词大会》,这些文化类节目的核心都在于激活文化记忆,弘扬优秀传统文化,凝聚国民的文化认同。随着数字技术的发展和创作人员的不断突破,我国的文化类综艺节目已经形成了相对完整的美学形态,并一直在不断拓展新的美学。在我国的众多节目形态中,文化类综艺节目以其独具特色的美学风格,不断吸引越来越多的受众。

第四节 文化类综艺节目的传统文化传播

文化类综艺节目用电视化的手段把我国传统文化的文字、文学、历史等集合在一起,以传承人类的精神瑰宝、发扬人类的优良传统,提高全民的文化水平为目的。经过一段时间的发展,文化类综艺节目已经有了一批忠实的受众群体,并获得不错的口碑。但由于其内容的特性,与一般娱乐性节目相比,还面临着叫好不叫座、节目同质化严重等传播困境。

形成文化类综艺节目这一现象的原因大致有以下几点:一方面是移动短视频对受众的分流。移动媒体时代,特别是随着 5G 技术的广泛应用,形式内容多样的短视频占用了绝大多数受众的娱乐时间。在受众总数和受众娱乐总时间

---

① 陈梅婷,汪荣桑.互动、情感与记忆:文化类综艺节目的仪式建构与价值传播[J].电视研究,2022
   (04):46-48.

不变的情况下，文化类综艺节目获取的受众和受众观看时间受到一定的影响。另一方面是中国传统文化的曲高和寡。受制于整体观众的审美欣赏水平，再加上在现在快节奏的时代，人们欣赏综艺以娱乐消遣和释放压力为主，而文化类综艺节目因文化含量较高，需要观众具有一定的知识背景和较高的欣赏水准。

尽管如此，《经典咏流传》《国家宝藏》《一封家书》《中国诗词大会》等形式多样、内涵丰富的节目仍然获得了广泛的受众。如何对文化类综艺节目进行传播，我国的节目创作者们展开了大量的实践。在这个过程中，从文化类综艺节目的传播价值到传播策略，再到传播路径，都取得了一定的经验。

一、文化类综艺节目的传播价值

传播价值是文化类综艺节目的使命所在，更是节目的内在要求，它往往通过暗含于节目内容背后的态度或主张予以表现。文化类综艺节目将思想性、文化性、审美性以及观赏性等多维传播价值深度融合，形成了社会效益与经济效益统一的视听景观。

一是构建传统文化理想信念的思想价值。马尔库塞认为，在大众媒介的劝解下，人们进行文化消费时不断得到一种虚假满足，单向度被放大，逐渐被现代社会所吞没，丧失了灵魂，但自身却意识不到这种异化状况。[①] 当文化场域内缺乏深度的流量文本向受众输送大量简单的、使人迷惑的空洞信息时，人们便会产生渴望理性和回归真实的诉求。文化类综艺节目理应顺势而为，重塑人们的理想信念和思想价值。如《故事里的中国》对经典人物的凝练表达，借助人物画像传递丰富而复杂的情感，构建了当代社会人们需要的努力奋斗的精神信念。

二是构建传统文化艺术的文化价值。娱乐"只有植根现实生活、紧跟时代潮流，才能发展繁荣；只有顺应人民意愿、反映人民关切，才能充满活力"。[②] 这就要求创作者在所选取的综艺题材领域中寻找与社会现实、时代精神相匹配的"连接点"，挖掘与观众的生活、认知和情感相契合的"共振区"，最大限度地凝聚社会共识。文化类综艺节目需要以合理的文化逻辑，把历史知识等非艺术样式作为节目的主要内容，引导观众形成正确的文化观和鲜明的文化主张。中国传统文化是中华民族的瑰宝，民俗习惯、历史典故、英雄过往都有着极高的

---

① 魏格豪斯.法兰克福学派[M].孟登盈译.上海：上海人民出版社，2010：99.

② 中共中央宣传部.习近平总书记在文艺工作座谈会上的重要讲话学习读本[M].北京：学习出版社，2015：19.

文化价值。① 如《中国汉字听写大会》关注当下社会"语言表达乏味""提笔忘字"等时代症候,《儿行千里》关注时下越来越多的年轻人独自在城市打拼,远离故乡亲人的社会现象。这些观照社会现实的节目,呼应了时代发展与社会的真实需求,与当下百姓情感发生共鸣,有利于实现价值观念和文化内涵的具体化、形象化及大众化。

三是构建传统文化艺术的审美价值。当前,多元文化在满足受众不同层次文化诉求的同时,人们的审美取向也容易迷失,甚至诱发身份认同缺失。人们在身份建构过程中滋生诸如文化焦虑等,其重要原因之一在于文化节目审美立场的缺位。② 定位文化类综艺节目的审美立场需要做到对主流文化的坚守。在文化类综艺节目中,搞笑是难得一见的,甚至连其他综艺节目中随处可见的花字也鲜见,反而是带有审美意蕴的话语和内容在节目中反复出现。《朗读者》在温馨的灯光下体现出的浓浓的人生真意,《一封家书》中的每封书信带来的亲情温暖,《经典咏流传》中用现代方式演绎出来的古诗词中的家国情怀,都具有极富哲理与充满温情的审美价值。

二、文化类综艺节目的文化传播策略

中国传统文化永远是文化类综艺节目的传播的根本,在节目中应根植中国传统文化,引发观众的情感共鸣;巧用视听语言,形成视觉冲击;巧用议程设置,营造社会话题。

1. 根植传统文化,引发情感共鸣

文化类综艺节目作为中国传统文化的传承载体,从中华民族五千年的深厚文化积淀当中,找寻集体的文化记忆和价值认同,涉及文字、诗词、名篇、家风、书信等诸多领域。这些文化符号都是数千年来烙印在人们深层记忆当中的文化瑰宝,借助文化类综艺节目的现代传播方式实现传统文化的现代化演绎,用影视的有声语言与观众达成情感共鸣,唤起观众的文化归属感和精神超越感。③ 观众作为审美主体,在欣赏节目的过程中,能够引发共鸣,感受到个体需求的满足和自我实现的愉悦。

---

① 程前,沈丹妮.电视综艺节目的文化价值导向及其建构路径[J].中国电视,2018(09):46-49.

② 殷航,王文艳.文化类电视综艺节目守正创新之道——以《故事里的中国》为例[J].电视研究,2020(05):43-45.

③ 孙亚茹,张立荣.文化类综艺节目创新策略研究[J].当代电视,2019(05):31-34.

"共鸣"，原本是物理学上的一个概念，借用在文学理论中，是指在阅读文学作品时，读者为作品中的思想情感、理想愿望及人物的命运遭际所打动，从而形成的一种强烈的心灵感应状态，这种状态同样适用于其他艺术形式。就文化类综艺节目而言，它不仅有千年流传之经典的深刻思想内涵，更有现代多元媒介艺术形式的助力。观众首先是被节目的形式，即绚丽的舞台、动听的旋律和动人的表演所吸引，然后才体悟到这些影视语言和影视表现手法背后所承载的文化意义。

文化类综艺节目能够使观众产生强烈的共鸣。文化类综艺节目经典与现代的结合、内容与形式的统一，正是共鸣产生的条件之一，丰富的思想内涵和强烈的艺术感染力，是作品可以引起受众共鸣的基础。而条件之二是就受众而言，产生共鸣的前提是观众"期待视野"中的思想观念、情感意愿等与艺术作品中的思想情感相同或接近。这些节目的诗词、文物、音乐和历史故事所选皆为经典，是几千年历史长河中的剪影，具有极高的凝练性，观众或多或少都能从中找到与自己相契合的思想火花，才能够引起观众强烈的共鸣。

《朗读者》作为文化类综艺节目的典型范式，其核心在于隽永深厚的人文关怀和情感传递。简单平实的书籍书信，通过艺术的呈现，引起观众一致的情感体验。这种共情不仅涉及理智，也涉及情感，这是一种审美意义上的共鸣。在每一期嘉宾的深情朗读下，蕴含着中华民族价值认同和密码的文学作品拥有了血肉灵魂，饱含深情的书声唤起观众的情感共鸣。著名翻译家许渊冲先生在《朗读者》中谈起自己的翻译事业时自信又豁达，读到年轻时翻译的小诗时情之所至，老人的眼眶湿润了，观众也产生共鸣不由自主地流下眼泪。耄耋之年的许老先生眼神智慧又坚毅，生命中充满了乐观和进取精神，一句"让中华文化得到认可，我也就没什么遗憾了"，让观众体会到老先生对传播中华文化的使命感和深厚感情，从而进行自我反思，完成人格心灵的净化。《朗读者》通过文字的情感力量使观众从日常生活理性的压制中解脱出来，节目与他者进行对话所产生的客观效果能够引起观众的共鸣，并使观众的精神得到净化，最终领悟节目中所传递的价值意义。

《经典咏流传》中最让人感动的场景便是支教老师梁俊带着一群来自山区的孩子共同传唱袁枚的《苔》："白日不到处，青春恰自来。苔花如米小，也学牡丹开。"梁老师以独到眼光为孩子们选择了袁枚的诗，正是在告诉孩子们同时也是在告诉千千万万个平凡的观众，虽然阳光暂时照不到我，但是我依然能快乐地绽放。观众被孩子们稚嫩真诚的童声和梁老师精心的改编打动，已孤寂清冷了300年的《苔》跨越时空，实现了"优秀传统文化的创造性转化和创新性发展"。苔花虽如米粒般微小，却依然像牡丹一样绽放。梁老师带着大山里的孩子们走出深山，来到了首都央视的录制大厅，唱出了孩子们的期许和文化的自信，更让广大观众引起共鸣，激发了电视机前和网络平台收看的人们向上、向美的价值追求。

由于传统文化拥有得天独厚的艺术魅力，文化类综艺节目本身具有真善美的价值因素，它反映现实，表现出审美的态度，这也是传统文化作品具有巨大的艺术魅力并能启示人们认识生活、关照生活的原因。节目在文化深耕中找寻属于文化共同体的情感认同，从微观出发，实现共识性叙事结构的呈现，产生感情的契合。与此同时，将文化精粹与现实相观照，实现传统文化纵向的传承与横向的拓展。①

2.巧用议程设置，营造社会话题

"议程设置"是传播学的重要理论，即大众媒介可以通过安排议题影响大众对某一事物的关注。议程设置的奠基人之一唐纳德·肖认为："受众们先是从媒体获得主题以及最初的属性，然后他们去找他们的朋友、社会网络等，重新组织这些属性，将他们自身的属性与之组合。"②文化类综艺节目可以从节目本身出发，就节目的某一个细节，形成某一时期的"议题"，在各种媒体平台营造话题，引发热议和关注，从而提升节目关注度。

文化类综艺节目巧用议程设置营造热点话题。例如，"大槐树"虽然只是山西洪洞的一个地名，但它所代表的寻根行为，从明朝开始移民以来就一直存在，《中国地名大会》就巧妙地借用了这一文化内涵，带动了受众心中的乡愁，用"走西口""湖广填四川"等词汇，引发了类似的地名的回忆，让受众在这个话题下，重新认识了麻城的孝感乡、地处古都南京的杨柳巷、历史名城苏州的阊门、粤北的珠玑巷、山东的枣林庄等地名，回应了人们心中浓浓的故土情结。同样，《中国诗词大会》在节目播出的同时，便利用各种平台进行议程设置，例如，16岁的中学生武亦姝小小年纪便淡定夺冠。在她夺冠后，多家微信公众号推文就"如何培养一个优秀的孩子"为话题进行营销，从各个角度解析武亦姝的夺冠原因。看似在讨论当代女孩的家庭教育，实则是引导大众关注这档节目和选手武亦姝，推送《中国诗词大会》的相关信息。

在社会高速发展的今天，人们快节奏的生活与碎片化的阅读习惯难以支撑大体量的时间成本与精力投入。相比文字产品，文化类综艺节目的视听画面有

---

① 孙浩，尹晓佳.传播仪式观视域下文化类综艺节目创新策略研究——以《典籍里的中国》为例[J].电视研究，2021(07)：68-71.

② 杨洁.融媒体时代文化类综艺节目的创作要义和传播策略[J].中国电视，2020(09)：79-82.

着更强烈的互动感和直观感受,此类节目在吸引观众眼球方面有着天然的优势。但制作一档优秀的文化类综艺节目往往需要大量的时间,受困于节目时长与制作流程的限制,节目很难兼顾内容上的"厚重"与风格上的"明快",因此,更多情况下会倾向于节目的教育功能,其次才是娱乐功能。文化类综艺节目一直在文化内涵与节目形式方面寻找平衡,越来越多的文化类综艺节目借助多样的视听语言和表现手法,利用在自媒体平台的长尾效应,采用议程设置,拉近经典传统文化与现代表现手法的距离,以高频率的互动模式,带领观众走近传统文化的领域。

媒体的话题效力能提前吸引文化类综艺节目的受众关注。文化类综艺节目往往不到开播就已经开始进行节目的宣推,微信公众号、豆瓣、贴吧、论坛里网友已经开始期待,活跃的网民随时随地评论自己喜爱的内容、嘉宾、主持人或者书籍歌曲等。议程设置迅速把很多潜在的受众聚拢起来,变成一个个巨大的受众群。节目一经播出,这种碎片化的评论再通过建立于强关系基础上的微信群对家庭亲友等传播,同时通过建立于弱关系基础上的微信群对有相近趣缘的熟人或陌生成员的传播,形成一个个话题讨论和互动。短时期内,节目的内容和人物话题往往占据微博热搜排行榜,从而把网络零散的去中心化受众又聚拢回到再中心化群体。通过设置的话题互动,提高节目的知名度,拓展受众面,增加受众对节目的持续关注度和高黏性。① 例如《汉字英雄》在播出时,手机同名 App 同步上线,为观众创造全新互动模式。文化类综艺节目把节目中最经典的片段以碎片化和更为便捷的方式在互联网平台上广泛传播,吸引受众积极参与、热烈讨论,这种轻量化的传播方式让受众能够在不经意间接近中国传统文化所承载的精神内核,感受中国传统文化的深厚魅力。

3. 巧用视听语言,形成视觉冲击

视听语言是指"作品中以画面和声音为质料所创造的视听形象,并由人们的视觉和听觉进行感知的符号、语言符号和非语言符号所构成的表述系统"。② 在文化类综艺节目中,传统文化是节目的内核,而视听语言则是节目的外在表现形式的集合。在节目制作中巧妙运用视听语言,对节目的情感调度和内容传播都会起到至关重要的强化作用。

文化类综艺节目运用视觉交流上的"共通"原则,通过一系列语言符号与非语言符号让中国传统文化这一抽象主题变得具体可感、生动形象,直击受众内

---

① 刘波维. 电视综艺节目垂直细分传播研究[J]. 中国广播电视学刊, 2018(08): 39-42+73.

② 谢丹. 央视文化类综艺节目传播策略研究[J]. 中国电视, 2018(10): 44-47.

心。无论嘉宾在舞台上演唱、朗读还是表演，节目都会配上与主题相关的渲染情感的背景音乐，同时背景上会投放一些与节目内容相关的场景和元素，精心制作的音乐、画面，让受众有一种身临其境的参与感，能够更好地理解节目所要表达的内容和情感。如《国家宝藏》中影调色调契合每一次国宝的出现，体现国宝的质感与历史的厚重感，音乐、舞美、光影色彩使整个舞台和节目现场都显得庄重恢宏，传统文化的厚重气息扑面而来。此外，还有《朗读者》嘉宾在朗读经典名著《老人与海》时，湛蓝无垠的大海充满整个背景屏幕，伴随着海水浪花的声音，观众不由自主地进入嘉宾所朗读的文本世界里，真切地体验名著中人物的情感。

三、文化类综艺节目的传播路径

经过一段时间的发展，文化类综艺节目逐渐形成了利用数字技术、内容垂直细分和线上联合发力的传播路径。

1. 利用数字技术，拓展时间空间

文化类综艺节目充分利用数字技术，融合现代媒介，丰富表演形式，形成时空交错的多维度视听空间。或以实时场景再现，或舞台剧演出，或音乐相伴朗诵片段，再加之舞台、背景、道具以及人物化妆、服装的精心设计，镜头角度的变化，让观众瞬间穿越时空，感受沉浸式的交互体验。文化类综艺节目已经改变曾经的刻板抽象的风格，以直观生动的演绎形式取而代之；利用 VR（虚拟现实技术：Virtuall Reallity）、AR（增强现实技术：Augmenteel Reallity）、全息影像等进行实景投放，加之利用微信、微博等自媒体与观众线上互动，在多样化的感官刺激与冲击下对中国传统文化进行传播，拉近了与人民大众的距离。

《经典咏流传》利用全息投影、虚拟歌手等数字技术和外部拍摄现场吸引观众。数字科技赋能下，经实力演员的经典诠释，诗词再度登上人民的舞台，走进大众的心里。《中国诗词大会》通过舞美、动画、音乐等科技手段，节目全程可用电子移动设备进行多屏传播，线下观众可同步答题，通过媒体的互通互融，让线上线下更多的人参与到节目中来。《国家宝藏》通过扫描屏幕上的"掌心守国宝"的二维码，让观众利用动态场景和数字化方式不但能观赏国宝，还能了解到文物背后的传奇故事。节目让历史文化的传播价值达到最大化，也让厚重的中国传统文化在数字化技术下有了生命和温度。

2. 内容垂直细分，"小而专"传播

文化类综艺节目在传播时还采用"小而专"的传播方式。垂直细分是相对于水平细分而言的，是对某一地域、市场、行业等领域的再细分。不同于早期的《百家讲坛》，新近的文化类综艺节目都倾向于垂直细分化定位，即"小而专"的竞争策略。"小而专"是与"大而全"相比较而言。"大而全"追求的是区域、行业、领域的最大市场占有，它做到满足"大多数"受众的内容得到优先对待。"小而专"是专攻一点并进行聚焦和深度拓展，从而凸显个性。① 文化类综艺节目通过"人无我有，人有我精"的特点满足受众，从而确立自己的不可替代性。

文化类综艺节目在传播时采用"小而精"的传播方式。以往的综艺节目对节目内容的选择偏向"大杂烩"，节目的创作力求覆盖全体的受众。这类节目内容的优势是内容全面，能满足不同受众的口味。但随着社会发展，当下的人们尤其是年轻一代更追求自我意识，大而全的定位也因面太广而难以形成稳定的受众群体。内容细分的文化类综艺节目，能够吸引稳定的受众群体，使其定期收看成为节目的忠实粉丝。例如喜爱古典典籍的可以观看《典籍里的中国》，喜爱国宝类的可以看《国家宝藏》，喜爱非遗类的可以看《非遗里的中国》。文化类综艺节目"小而精"的传播能够牢牢锁定受众群体，并不断扩大受众的影响面。

3. 线上联合发力，加速裂变传播

各大媒体采用线上线下联合的方式，推动文化类综艺节目的传播。2016年2月19日，习近平总书记到中央主要新闻单位实地调研时提出要推动媒体融合发展，主动借助新媒体优势。为贯彻落实习总书记的重要讲话，2017年2月18日，中央电视台与37家省市级电视台共同宣布成立电视新闻融媒体联盟。自此，中央电视台开始着力打造央视融媒体品牌形象。② 央视文化类综艺节目的传播也逐步摆脱以往单一的传播模式，线上线下联合发力，借助各类新媒体优势，形成了强烈的传播效应。

数字时代的来临加速了文化类综艺节目的裂变传播。电视媒体和网络新媒体都具有大众传播和社会交往功能，但电视综艺节目内容仅限于从节目到观众的单向线性传播流动。这种传播在发挥娱乐功能的同时，也为人们提供了社会交往的文化资本，但这种交往只存在于现实生活的人际传播中，不仅时空受

① 刘波维. 电视综艺节目垂直细分传播研究[J]. 中国广播电视学刊，2018(08)：39-42，73.

② 谢丹. 央视文化类综艺节目传播策略研究[J]. 中国电视，2018(10)：44-47.

限，而且传播范围也受限。随着自媒体的发展，文化类综艺节目的传播呈现出从节目到圈层到用户的扩散式传播流动特点。观众除了是节目观众、圈层成员外，还是社交网络中的用户，发挥着连接不同网络的作用。他们在观看节目的同时唤醒自身从属圈层的文化基因，激发其参与到节目文本建构中，将自己对传统文化的解读以网络直播、短视频和文字等形式发布在网络社交媒体，进而激活线下与线上重叠的、复杂的社会网络，实现节目内容的裂变传播。① 如河北卫视的《中华好诗词》就通过"线下宣传+电视呈现+线上全媒体传播"的形式，利用大数据分析将内容、渠道、用户打通并进行了充分的资源融合。

四、文化类综艺节目进行传统文化传播时要注意的问题

文化类综艺节目在传播中，通过不断创新传播策略，不断构建多维的传播矩阵，已经大大提升了传播效果，但在今后竞争激烈的数字时代，在传播过程中仍然需要不断改进。

1. 深挖文化基因，优化传播内容

文化类综艺节目在传播过程中，应进一步挖掘传统文化基因，优化传播内容，不断创新创优文化类综艺节目，实现传统文化的传播。

节目的创作者要从广度和深度上使用、挖掘、创造博大精深的中国传统文化基因和文化精神。文化基因总是与民族相关联，并表现出独特性、多维性、共同性和传承性等特征。我国历史悠久，传统文化基因以农耕文化、大陆文化、宗法文化等原生态文化为基础，并随着历史发展、民族融合、中外交流的进程而不断发展变迁，最终在知识、信仰、道德、法律、风俗、艺术等文化体系上形成多元的文化符码和价值体系。② 我国目前的文化类综艺节目题材较多集中在文字、国宝与非遗文化中，应不断深挖文化基因，优化传播内容。

2. 融合数字科技，优化传播方式

在经历了与科技传播力量的碰撞之后，我国电视节目的创作与研究重点又重新回到"内容为王"的路径之中。然而面对汹涌而来的数字化进程，单纯依赖内容的独创性和真善美难以令电视节目获得较好的传播效果和社会影响。尤其

---

① 覃晴，白迎港.从价值转向到文化破圈：垂直类综艺节目的文化传播路径探析[J].传媒，2022(01)：72-75.

② 蔡之国.文化类综艺节目：民族文化基因的仪式化传播[J].电视研究，2018(02)：14-16.

现在的青年一代是随着互联网成长起来的一代，电视对于他们而言已经不是生活中必不可少的一部分。因此，在进行内容创新与变革的同时，要运用适于大众尤其是年轻人易于接受的传播方式，将传播效果最大化。可以根据节目的风格融入数字技术，在虚拟与现实中不断切换时空场景，优化制作手段与传播方式，从而吸引观众。

伴随着国家的飞速发展、社会和媒介生态的进步以及全球化进程的加快，精神层面的需求已经越来越成为人们生活日益富庶之际的人文期盼，也逐渐成为符合我国当前国情和社会发展形势的文化需求。总之，文化类综艺节目对经典进行重塑和建构，肩负国家文化使命，已经获得了人们的肯定。文化类综艺节目对提高全民的传统文化素养都贡献了不可小觑的力量。文化类综艺节目需要始终坚守"以人民为中心"的创作理念，继续对中华优秀传统文化进行创造性转化与创新性发展。文化类综艺节目应该不断地与数字科技完美结合，顺应潮流推陈出新，兼具深度与广度的深入叙事，传承创新。不断发扬优秀传统，传播中国传统文化，更是我国文化类综艺节目创作者的责任和使命。

第三章　文化类微纪录片的现状与发展

第一节　微纪录片的发展

　　加拿大学者麦克卢汉在观察当下科技社会时曾指出，传播的本质并不在于信息本身，而在于传播的媒介，"媒介即信息"。① 这一理论既打破了以往关于信息传播的常识，又揭示了社会变革的重要特征——社会变革常伴随着技术的革新，新技术则会带来信息传播方式的变化，以形式的变化带动内容的变化，最终影响整个社会的文化交流形态。当下，新媒体技术的发展以及微纪录片的兴起再次证实了麦克卢汉的先见之明。随着技术和媒介的融合，新媒体技术在过去的十几年里显示出极强的颠覆性和包容性，不仅颠覆了以往的传播模式，重塑着传播者和受众之间的关系，而且催生出符合消费社会特征的微纪录片类型。正是因为新媒体平台的搭建和顺应潮流的特点，所以其自诞生之日起就迅速发展，内容越来愈丰富，形式越来越多样。随着 Web3.0 时代的到来，技术的发展为体量轻巧的微纪录片提供了创作舞台。作为纪录片的分支，篇幅较短的微纪录片脱离长叙事所要求的完整与具体的诉求，聚焦于微观视角，截取现实生活的横截面，在几分钟内完成对单一主题的表述。②

一、微纪录片的发展背景

　　当传统媒体开始与新媒体融合，纪录片与碎片化影像相遇，"微纪录片"随之出现。业界学者与创作者为"微纪录片"进行了各种定义。一般而言，微纪录片是具备传统纪录片的纪实性的基本特征，但作品篇幅较短，单集长度通常控制在 25 分钟以内，尤以 10 分钟以内为主的作品。但是，仅从时长上进行区别

---

① 让·鲍德里亚.消费社会[M].刘成富，全成钢译.南京：南京大学出版社，2014：113.
② 何春耕，杨佳玥.论文博类微纪录片的空间叙事转向与价值呈现[J].电影文学，2022(10)：41-45.

无疑是片面的，数年前已有短篇幅的主题性纪实作品。因而，在一段时间内，无论是传统媒介的微型纪录片，还是早期网民们自发创作的纪实短片，都还未能让微纪录片成为一种独立的纪录片样态。

国外通常以"微型纪录片"来命名4~10分钟的纪录片。而新媒体发展势头强劲，并拉动短视频成为传播新形态。中国传媒大学教授赵淑萍提出"微纪录片"概念，指出微纪录片是制作时间迅速、传播速度快、一般时长在4~10分钟以内的纪录片。① 国内还有学者认为，"微纪录片是指依托于新媒体时代的传播媒介，适应网络化传播的时间较短、篇幅有限、能够以小见大，进行多种艺术尝试的纪录片作品"。根据国内外学者观点，以及微纪录片的创作实践，一般业界比较认可的关于微纪录片的界定是指适应新媒体传播，通过艺术化手段记录真实生活和再现真实历史事件，达到以小见大的艺术效果的纪录片作品。一般具有创作周期短、耗资小、传播速度快等特点，通常时长为10分钟左右，上限为25分钟。②

微纪录片的"微"与微电影的"微"有着同样的历史节奏。在电影的发展史中，电影短片和纪录短片一直占有一席之地，甚至说电影最早的展现形态就是纪录短片，如卢米埃尔兄弟早期的作品。但因电影短片学术性较强，更适合专业人士进行学术交流，所以这种纪录短片一直没有发展成独立单元，只是在各大电影节和专业的影视研究中得以传播和讨论，未能获得大众的基础。

新媒体技术的发展，使网络信息的传播从图文时代进入影像时代，因此也具备了与传统媒体相竞争的条件。其参与性强的优势是传统媒体所不具备的，受众参与性强的特点又必然带来大众化趋势，新媒体的这两个优势都对传统媒体形成了一定的冲击。一方面，网络视频平台的蓬勃发展和大众的积极参与形成了良性互动，另一方面，这种大众化、平民化的发展趋势也日渐消解着传统纪录短片和电影短片的专业性和学术性，利用受众基础打破发展桎梏，正式进入新的"微"时代。比如爱奇艺视频推出的《如果国宝会说话》，每集的篇幅基本控制在5分钟左右，选取的文物都极具代表性，有红山文化的玉龙、汉代陶俑、宋代《千里江山图》、青花瓷等，每一集的讲述都通俗易懂且风趣幽默，对讲述对象在人文历史、艺术造诣以及在传承中所产生的故事等均有交代，使受众真切感受到文物和文化的魅力。由于广泛受到观众的喜爱，该节目在第一季后迅速启动了第二季的制作，播出后依然广受好评。在这一传播与接受的过程

① 苏意宏，魏晓琳.新媒体语境下微纪录片的年轻化表达——以《如果国宝会说话》为例[J].中国报业，2021(04)：44-45.

② 焦道利.媒介融合背景下微纪录片的生存与发展[J].现代传播，2015(07)：107-111.

中，网络受众的评价起到了决定性的作用。而这种传播与接受的良性互动本身，也形成了新媒体语境中微纪录片发展的新气象。

从受众的心理来看，他们更能接受视频化的"阅读"。媒介的更新换代往往引发信息传播与接受的变化，进而导致整个社会文化形态的革新。以往，人们对于信息的接收主要集中在文字和图像上，即所谓的"图文时代"，新媒体技术的发展让人们摆脱了对个人计算机的依赖，开始以视频的形式了解社会，而这种新的了解形式也建构着新社会形态本身。某种程度上说，于受众而言，新媒体时代就是视频"阅读"的时代，利用新媒体产生的各种网站，如优酷、爱奇艺、自媒体客户端等这些大众化的社交平台，各种短视频呈现前所未有的井喷样态，以强烈的吸引力增加着自己的受众。

从技术的角度看，正是新媒体技术的发展使微纪录片获得了发展和传播的可能，微纪录片自身的传播内容和叙事形式决定了它有"观众缘"，从而打破了微纪录片生产与传播的一些壁垒。例如微纪录片运营中的佼佼者"一条"视频，每一期的篇幅在 3 分钟到 5 分钟左右，在选题上非常平民化和生活化，风格上凸显审美趣味的文艺性，画面制作精良，真正体现出了小而精的制作理念。

这种微纪录片制作并不是仅仅为了满足创作主体和受众的文艺情怀，而是"以生活资讯类杂志的思路来制定视频内容平台的发展策略，通过人物和故事来推广产品与店家，逐渐发展为电商模式，具有很直接的变现目的"。① 这种加入了商业元素的制作模式，在当下的微纪录片尤其是民间团队制作的微纪录片中越来越广泛。

二、我国微纪录片的发展历程

媒介生态的变革催生了微纪录片的发展。推动传播生态重建的主要动因是媒介技术的发展，媒介技术的每一次进步都会给行业带来巨大的变革。从时长的外在特质上讲，微纪录片并不是一个新鲜事物，在此概念诞生之前，纪录短片、短纪录片都已经存在。但"微纪录片"中的"微"字，脱胎于互联网的发展。在 3G 技术快速发展的背景下，碎片化空间出现后，一系列微文本形态的作品应运而生。微纪录片正是在此种背景下出现，去掉了长叙事与厚重感的微纪录片迎合了当下受众的观看习惯。随着大数据、算法推荐等技术的创新，短视频产业获得了巨大成功。短视频平台的出现及其背后庞大的用户群给微纪录片提供了新的发展空间。

---

① 谷琳.新媒体环境下微纪录片的制作与传播研究[J].四川戏剧，2018(04)：43-47.

我国微纪录片的雏形出现在 2005 年，最早是依托于网络平台纪录频道的开通。2005 年至 2006 年间，以优酷、土豆为代表的国内第一批视频分享网站上线，采用 UGC(用户生产内容)模式，即用户将自己原创的内容通过互联网平台进行展示，为网站提供了海量视频资源。线性传播变成了非线性传播，视频分享网站使纪录片由"一对多"的播放模式变成"多对多"的平台模式。互联网的快速发展给纪录片带来了新的机遇。2008 年 7 月，以专注于纪录片领域为宗旨的"良友纪录网"开通，为纪录片爱好者搭建了一个交流、制作、运营的综合平台。2009 年 8 月，搜狐视频推出国内首个高清纪录片频道，汇聚历史、军事、人物、社会、自然等专业内容。2009 年 12 月，依托于 CCTV 纪录片资源，中国网络电视台正式开办了纪实频道。

2010 年 9 月 1 日，凤凰网纪录片频道开播。2010 年 12 月，先后有中国网络电视台、爱奇艺、凤凰视频、优酷、腾讯视频、搜狐视频和酷 6 等视频网站开通了纪实频道。随着竞争的开始，搜狐视频开始与 BBC、北京纪实频道、上海纪实频道等国内外版权所有方合作。依托于自身独特电视节目资源优势的凤凰视频，与中国网络电视台开始实现电视媒体与网络媒体的融合与资源共享，纪录片的生存与发展亦开始进入媒体融合和品牌竞争阶段。

随着新媒体技术的快速发展，2010 年，国家新闻出版广电总局颁发了《关于加快纪录片发展的若干意见》，纪录片创作得到国家政策的支持，使纪录片的概念和形态发生了变化，微纪录片应运而生。2010 年凤凰视频首先提出了"微纪录"这一概念，此后众多网络新媒体和传统媒体都逐步涉足微纪录片的摄制。① 微纪录片是以真实生活为创作素材，以真人真事为表现对象，并对其进行艺术的加工与展现，以展现真实为本质，并引发人们思考的艺术形式。2012 年凤凰视频首创"最佳微纪录片奖"，微纪录片从定义、形式、作品等方面获得了行业的界定，从而登上纪录片舞台，成为纪录片的新样态，引起了制作者和观赏者的众多共鸣。此后，各种题材的微纪录片纷纷出现在观众面前。

2016 年被业内称为"短视频元年"，之后几年微纪录片迅速发展。微纪录片获得充足的发展空间，"一条""二更"等微纪录片平台赢得了新一轮融资，微纪录片发展热度不减，微信、快手等平台竞争激烈。随着 5G+4K 技术的发展，微纪录片的发展环境发生重大变化，特别是在选题、叙事、制作与传播推广等方面面临着极大的机遇与挑战。

微纪录片相较于传统纪录片而言，有着自己独特的话语表达方式和美学特

---

① 牛光夏，牛鹏程，李东锴.媒介融合语境下纪录片类型与风格的拓展[J].当代电视,2019(01)：55-58.

征，中国纪录片研究中心将其阐释为"篇幅简短、诉求单一、视角微观、风格纪实"。① 它在较短的时长内以小切口阐述单一主题，"不追求复杂的人物关系和多变的空间环境，极力简化人物故事发生的背景和过程"。

但微纪录片也可以微言大义、显微阐幽，同样能够通过长期的、系列化的播出展示历史和现实世界的辽阔与人性的复杂。如凤凰网文化频道在 2015 年出品了五集微纪录片《马赛克里的中国》，围绕"中国人的性历程与性观念"这一主题，观照当下国人对于性与性别的认知态度。"性"对于国人来说仍然是一个敏感、常常被试图遮蔽的话题，《马赛克里的中国》以其"祛魅"式的解读获得了较为广泛的关注。

专注于互联网优质内容生产和运营的"知了青年"则推出了《味道》《了不起的匠人》《了不起的村落》《三日为期》等系列微纪录片，入驻微博、微信和 B 站、百家号、今日头条、优酷等多家新媒体平台，这些微纪录片每集片长均控制为 10~20 分钟，它们追求电影级的画面质感，记录华夏大地富有东方文化韵味的生活方式。新华社利用多年积累的照片资源，打造了微纪录片栏目《国家相册》，在新华网、电视台、移动端、户外屏幕等多平台进行全媒体传播，并借助中国照片档案馆馆藏的一千万张老照片和主持人陈小波的讲述，重新唤起埋藏在历史深处的集体记忆。

电视媒体也开始不断强化互联网思维，在纪录片创作和传播模式上融入新媒体元素，如 2012 年央视陆续推出了六集微纪录片《故宫 100》、2013 年推出了《资本的故事》、2018 年推出了《如果国宝会说话》，北京电视台 2013 年推出的每集 3 分钟的《中国梦 365 个故事》等。《故宫 100》通过 100 集的体量，以每集 6 分钟的时长来讲述故宫这一庞大的古代建筑群中的 100 个空间故事，用现代的、创新性的视听艺术表现手段演绎其功能、意象及美学价值，以新的视角构建与呈现了一个关于故宫的影像系统。365 集的《中国梦 365 个故事》第一季，每集聚焦一个普通而又独具特色的小人物，用一个个感动人心的身边人的故事对"中国梦"所涵盖的价值理念进行来自大众的、富有艺术感染力的阐释，也使它们成为对核心价值观通俗化、形象化传播的有力载体。这一系列除在传统电视媒体、门户网站和视频网站推出外，还在地铁和公交车等移动终端播出。微纪录片时长短、主题单一、节奏明快的特征更有利于形成立体化的全媒体传播格局，较长时段内的系列化播出及创意新颖的文案也易于形成品牌效应。②

---

① 杨若雯.中国纪录片行业数据季度发布会在京举行[J].传媒，2013(05)：79.

② 牛光夏，牛鹏程，李东锴.媒介融合语境下纪录片类型与风格的拓展[J].当代电视，2019(01)：55-58.

三、微纪录片的发展特点

随着微纪录片对各种数字技术的不断开发运用，微纪录片的创作者们一直在不断探索，从作品的题材风格到创作手法，在不断地适应快速变化的受众市场过程中，微纪录片也越来越凸显出鲜明的特点。

1. 微点切入，以小见大

微纪录片因时长的关系，叙事采用微点切入主题。不同于传统的纪录片，微纪录片在叙事方面具有自己独有的特质。传统纪录片多以宏观的、全知的视角展开叙述，将要记录的内容逐一进行展示。而微纪录片则不同，由于时长的限制，它以微点切入，无论面对重大的历史事件，还是对准普通人物，都能够做到通过叙述相关的细节事件，帮助观众在脑海中主动构建一个完整的故事。微纪录片的叙事就是按照内在的逻辑顺序，挑选出一块块事件拼图，在有限的时间和空间里，为观众拼出一整块大图中的某个局部，既可以通过分集来逐步完成整张图画，让观众最终有一个整体的印象，也可以戛然而止，用留白的叙事手法，为观众留下足够的想象空间，调动观众的能动性来完成叙事行为，自主勾勒出该微纪录片的"剩余部分"，激发观众的欣赏兴趣。

微纪录片的另一个特点是叙事以小见大。从民间产生的微纪录片更容易深入生活，关注普通人的命运，关注小人物的喜怒哀乐，以期通过短时间的影像来折射出这个时代的声音，或以最微小、最平民的视角关注平凡人的伟大梦想。例如微纪录片《始于生，止于故》，讲述的就是83岁老人张广义的故事，他患有疾病，却一直在坚持经营一家已经开了六十多年的修笔店，而他的修笔店也是北京最后一家。张广义老人认为自己只要能坚持下去，这家店就不会关门。他用认真和执着的态度对待修笔这个手艺活儿并一直坚守着。在看似平铺直叙的叙述中，一位普通老人不屈于命运、认真生活、坚持信念的精神，折射出这个时代对所有人的呼唤。这种以小见大的手法，深入人心。

在数字媒体时代下，微纪录片正依靠自身这些新特征的蓬勃发展，越来越被广大观众所接受。微纪录片短小精悍、主题鲜明的特点，恰好弥补了传统纪录片叙事冗长这一缺陷，便于数字媒体的广泛传播，也更符合当代通过数字媒体来获取信息的受众群体的需求。此外，受数字技术迭代发展的影响，微纪录片无论是内容的丰富性，还是展现形式，都更加具有数字媒体的特色，在"时间碎片化"成为一种常态的背景下，微纪录片的内容也趋于碎片化和个性化，且更具有互动性。从叙事视角来看，它从微点切入，以小见大，且采用开门见山的方式，直奔主题，让观众对其想要表达的主题一目了然。微纪录片以最微小、最平民的视角来关注平凡人的梦想，更关注身边的普通人和社会底层的小人物，更容易使大众从中产生共鸣。

2. 平民视角，全景记录

微纪录片多采用平民视角，以全景式方式进行记录。在新媒体时代，得益于自媒体的迅速发展，视频的制作不再受技术、资金以及体制的限制，每个人都是信息的接受者、传播者、创造者、生活记录者，每个人都可以根据自己的意愿记录生活中的任意瞬间和细节。一些在传统纪录片中很难出现的边缘题材、非主流题材、冷门题材等，都以微纪录片的形式出现，使微纪录片走向了多元化的全景式记录。随着微纪录片的发展，很多行业或地区开始举办微纪录片大赛，吸引了很多视频爱好者和在校学生参加，选题内容非常丰富，既包括一些主流题材，如历史文化、美食文化、城市生活、旅游等，也有一些关注特殊群体的另类故事，还有很多微纪录片作品并没有走进大众的视野，只在特定受众群体或网民中流传，但其记录对象更是丰富多样，选题内容也更加纷杂。这些作品摒弃了传统纪录片高高在上的视角，大多从拍摄者的视角进行记录，能够带给受众接近感和更容易引起共情。

在影视手法的处理方面，微纪录片主要借助微镜头对其内涵进行表达。传统纪录片追求宏大主题，且场景大多大气恢宏。微纪录片受其微特质的影响，更倾向于使用小景别。微纪录片的镜头通常采用特写、近景和中景。微纪录片的内容时间相对较短，通常为5~10分钟，因此微纪录片一般通过浓缩凝练的内容精致刻画细微之处。在运用镜头对作者意图进行表达时，对浅景深镜头运用较多，并通过单个镜头对简单信息进行表达，形成直抒胸臆的效果，不仅能快速吸引观众的注意力，还能防止多余画面对情节造成干扰。微纪录片不仅能通过高度集中的方式实现对小屏幕信息的有效传递，降低作品观看的难度，观众还能在极短时间内了解作品所表达的内容，除此之外，还提升了小屏幕具备的可观赏性，适宜在电脑、手机等媒介终端上传播。

3. 节奏明快，焦点集中

在制作形式上，微纪录片节奏明快，焦点集中。微纪录片受传播途径和形式的制约，常以以一当十、直截了当为基本的叙事风格，也就是所谓的直奔主题。在几分钟内就将要讲述的内容讲清楚，使微纪录片的创作者们必须采用节奏明快、开门见山的叙事手法来对主题加以展现，"大多数微纪录片不会用制造悬念的方式来引人入胜，而是直接叙事，让观众一目了然"。同时，必须用重点突出的镜头语言来传递画面内容，让人一目了然，即便采用蒙太奇手法，也是快速切换，绝不拖泥带水，任何一个与直接表达主题无关的旁枝末节，都会打乱整个紧凑的叙事。比如两集微纪录片《从教一年》，拍摄过程历时 2 年，但是每一集却只有 24 分钟。同时，全片均无解说，完全采用的是"纪实同期"结合对两名教师的采访来构筑人物的故事，用镜头讲述人物的经历，让主人公自己述说，通过剪辑构成了一个流畅自然的叙事体系。

传统纪录片采用宏大的叙事风格，能吸引观众关注的兴奋点之间间隔时间较长。而微纪录片遵循移动数字媒体受众的接受逻辑，借助新的技术手段用各种手段调动受众，使兴奋点更加密集。从风格上看，其善于从细节入手去表现宏大的主题，使其更趋向于普通受众的视角；从创作手法上看，其善于采用故事化叙事方式并借助航拍、高速拍摄等手段强化视觉体验；从叙事方式上看，通过不断设置悬念增加受众的观看兴趣。这使得微纪录片的故事表达更凝练、节奏更明快、叙事焦点更集中、更能突出角色和事件本身的戏剧性。当移动数字媒体的碎片化使用越来越成为常态，这种节奏明快、焦点集中的呈现方式更能满足不同的受众需求。

4. 碎片呈现，时空伴随

微纪录片的碎片化呈现，能够时刻与观众时空伴随。碎片化与伴随性是"微"时代的典型特征。现代社会的巨大压力下，人们保持着快节奏的生活脚步，时间变得零散。移动网络终端的技术革新让信息发布呈现碎片化趋势，每个人都有机会将自己的想法最为快速和最大范围地传播出去。信息随时随地地发生在人们生活的每个瞬间和角落，传统的人际关系、社会结构、生活理念和价值体系也被一个个差异化的文化群体所取代，并形成了社会成分的碎片化分割。

信息的多元化、碎片化带来了普通大众的阅读习惯、观看习惯等生活方式的碎片化转向。今天的人们更习惯于在极短的时间内获取比以前更大的信息量。在社会压力越来越大的当下，整块的时间被分散为在地铁里、在公交车上、在课间时或者在睡觉前。移动终端的普及让受众习惯于在比传统电视机和电脑显示屏更小的屏幕上阅读和观看，而信息的碎片化时代导致了人们持久性和耐性的减少。正如《故宫》的分集导演吴小满所说"5 分钟的宣传效果大于 50 分钟的长片"。[①] 虽然在小屏幕上观看的效果和体验远不及大屏幕，但受众长时间观看视频的耐性却在减弱。虽然人们在移动过程中的观看总会有被打断的

---

① 　高一然. 微纪录片《故宫 100》的叙事话语与传播渠道[J]. 当代电视，2016(12)：32-35.

可能性，但移动终端一直改变着人们在碎片化时代里认知和记忆的习惯。

5.较短周期，个性体现

微纪录片的较短周期与个性化体现是指制作周期较短，作品的个性化程度高。微纪录片与其他微型文化艺术产品一样，都是网络时代的"微"文化的产物。而"微"的语义既指时长的"微"，也指制作层面的低投入，较短制作周期的"微"。① 微纪录片的创作方法与心态也体现了"微"，隐藏在"微"的短小直观形态特征之下的，实际是创作者的姿态放低，对自我要求的降低。② 早期当创作者说自己的作品是一部微纪录片时，其背后的心态与语境不排除他的作品时长比较短，更重要的是投资少，制作周期短。可以说这种姿态的降低也会让观众降低对作品的期望值，使得微纪录片可以进行新的尝试。一般业界不会将微纪录片与传统的经典纪录片相提并论。

微纪录片作为一种独立的纪录片样式，是为适应新媒体语境和新媒体受众衍生而成的一种新型媒介产品，是在技术变革引导下的一种文化变革的产物。微纪录片由于其时长的特色，正好契合新媒体传播渠道的特性。传统媒体的传播往往是一次性传播，受众接收信息的时间和空间相对固定。然而，在传媒技术飞速发展的时代，微纪录片的内容可以多次反复传播，受众多在碎片时间和移动空间中接收信息。

新媒体语境下，微纪录片始终能够保持以一种独特的真实与审美的形态出现在大众视野中。它根据当前人们的生活特征进行了适用性调整，实现新媒体视频传播的时效性，较之于传统纪录片，微纪录片更多采用平民视角进行全景记录，微点切入、以小见大，节奏明快、焦点集中。此外，还具有碎片呈现、时空伴随、较短周期、个性体现的特点。当然，随着媒体技术的迭代发展，对于微纪录片，更应思考如何利用数字技术，更好更可持续性地发展。

第二节　文化类微纪录片的现状与发展

随着智能化移动终端设备的普及，以社会关系为核心，具有高效、便捷、互动、自由等特点的微博、微信、微电影等"微事物"悄然间出现在人们的生活中，改变了人们的思维、生活、行为方式，使社交环境和媒介生态发生了巨大

---

① 赵舟敏.新媒体时代微纪录片的嬗变及前瞻[J].当代电视，2016(01)：20-21.
② 王家东.移动互联时代的微纪录片：视角、叙事与传播[J].当代电视，2018(02)：60-61.

变化，宣告着一个以微信息为核心的微文化时代的到来。短短几年，以微博、微信、微电影等为主的微文化不仅给人们的思想观念和社会交往习惯带来了颠覆性改变，而且还给整个社会的政治、文化和社会建设带来极为深刻的变革。

微文化的产生离不开移动通信技术和移动智能终端技术的发展，也可以说互联网技术、移动通信技术的发展为微文化的产生和发展奠定了物质基础，而以信息微传播、微交往、微循环为特征的微博、微信则进一步促进了微文化的发展。随之，微电影、微纪录片、微公益、微支付、微广告等以"微"打头的新概念和现象纷纷登场，契合了现代人们多元化、复杂性、快节奏、碎片化的生活特性。因此，微文化以其社交化、草根化、碎片化、快餐化等特点深受大众喜爱，很快成为一种社会文化现象，深刻影响着人们的日常生活。微文化表现出信息传播更方便、更快捷，信息内容更简洁，信息交流更灵活、形式更多样，信息发布更具有主体性、平等性和独立性的特点。微文化既强调个人的微小，又凸显群体力量的巨大，实现了个人与群体的辩证统一。随着数字技术的发展而诞生的微纪录片，既具有微文化的属性，又具有传统纪录片的属性。

媒介变革催生了纪录片创作形式的革新，2012年国家新闻出版广电总局出台《关于加快纪录片产业发展的若干意见》明确指出，要"大力推进科技创新，积极运用数字、网络、信息技术的最新成果"。微纪录片从传统的纪录片范畴中剥离出来，具有了新的语义。

一、文化类微纪录片的发展历程

在信息高速化传播的当下，传统纪录片的宏大叙事受到冲击。具有文化元素的微纪录片逐渐呈现在观众面前，这些文化类微纪录片的叙事手法具有其自身特点：故事表达精练、节奏明快、避免延宕、较小体量、焦点集中、紧扣主题、注重事件本身的戏剧性刻画和带给受众一目了然的观感。

从形式上而言，文化类微纪录片经历了从"单"到"融"，从"横"到"竖"，从"平实"到"趣味"的发展历程。

首先，从"单"到"融"，即单一的叙事发展为融合的叙事。过去提到微纪录片，往往更加强调"微"特质。但"微"也造成了一些作品的单薄化，单一故事、单一叙事、单一形式、单一传播。而在融媒体发展背景下，文化类微纪录片以更加灵活的姿态进行美学上的自我革新和产业格局上的拓界，尤其是顺应微纪录片"融视频化"的转向趋势，丰富文化类微纪录片的表达风格、样式，筑牢用户导向的微纪录片制播生态。同时，建立更加灵活的跨媒介、跨平台、跨终端，面向多场景的融合传播格局。在融媒体传播语境下，以"融"为美的创作及传播思维能够改变以往形式单一的美学形态和传播模式，提高文化类微纪录片的内容品质，释放多元价值。

其次，从"横"到"竖"，是指文化类微纪录片从横屏到竖屏的发展转变。在移动性场景、交互式传播、个性化表达的社交媒体逐渐成熟的过程中，以手机为代表的移动端成为文化类微纪录片内容传输的主导性界面，信息传播机制和视听感知开始从横屏向竖屏、固定性向伴随性、历时感向纵深感变革。符合手机视框观看与播放特性的纪实化"竖屏影像"日渐兴盛，其通常采用9∶16的屏幕比例，运用正面视角和近景、特写等小景别将观众的视觉焦点聚焦于主要人物的面部表情及动作，在拉近屏幕内外距离中，建构一种"我对你说"的私人化观感体验。

此外，从"平实"到"趣味"的发展转变。微纪录片这种新兴的纪录片形式，能够在有限的时间内传达最有价值的信息，契合了当今社会多元化、快节奏、碎片化的生活特性。2018年，微纪录片《如果国宝会说话》在央视纪录频道首播，以趣味化的方式让受众了解国宝的前世今生。该微纪录片一经播出，即在全国引起轰动，荣获"2018年中国十大最具影响力纪录片"奖，全网平台的播放点击量破亿次。[①] 可见，具有趣味性的微纪录片已经被大众所接受，这也是最早的文化类微纪录片的代表。

微纪录片往往借由事物细节的凸显，由点及面地唤起观众对事物整体的联想特征。比如，借由镜头表达自然界中某个微小生命成长的过程、还原人类社会中某个个体生活的原貌、刻画某一处生存环境的细节等。此外，还通过声音细节贯穿影像，借助角色口述的声音丰富微纪录片的叙事手法。二更的微纪录片《守艺之路》，以金坛刻纸国家级非遗传承人杨兆群创作过程的细节为切入点，加上本人的口述，讲述了杨兆群走访全国保护70岁以上偏远地区的剪纸艺人技艺的故事。

二、文化类微纪录片的现状

文化类微纪录片通过不断地发展，目前已题材多样，有以故宫为题材的《故宫100》，有以中国美食为题材的《早餐中国》，还有以国宝为题材的《如果国宝会说话》，这些文化类微纪录片短小精悍，制作精美，并且都具有独特的作品风格，受到受众的广泛喜爱。

---

① 张飞越，靳璨.微纪录片：作为一种传承非遗文化的有效途径[J].中国广播电视学刊，2020（03）：73-75.

在本节的阐述中，将对具有文化属性的文化类微纪录片进行探讨。从类型而言，此类微纪录片中比较常见的有历史文化类微纪录片和非遗微纪录片。

1. 历史文化类微纪录片

历史文化类纪录片一般以某个历史事件为主，通过镜头与蒙太奇手法体现一个历史事件或是一段历史时期。这类纪录片一直都有着稳定的品质和固定的收视人群。历史文化类微纪录片《故宫100》革新了历史文化类纪录片固有的形态，每集6分钟的篇幅一改以往的传统历史文化类纪录片的宏大叙事，采用微观视角、个人化的讲述方式以及细腻的视听语言赋予历史文化类纪录片新的内涵与形式，也成为历史文化类微纪录片的典型模式。2018年元旦，由央视纪录频道制作播出的《如果国宝会说话》以每集5分钟的篇幅讲述一件文物，采用个性化视角、高科技手段、极具亲和力的话语方式，让一个个深藏于博物馆的文物复活，与现代人对话。微纪录片《从长安到罗马》采用4K高清拍摄，每集时长5分钟，由一名文化学者带领观众穿越古今丝路、跨越千年时空，展现东西文明的交融与碰撞。微纪录片《传家本事》将厚重的传统文化寓于生活趣味中，让遥远陌生的历史文化变得真实可感，富有东方韵味又充满时尚气息。

2. 非遗微纪录片

非遗题材的纪录片是文化类微纪录片的一种主要代表类型，非遗题材纪录片发挥影像记录与再现功能，通过艺术化的手法挖掘非遗文化的内在魅力，以不可替代的文献性和艺术性，对非物质文化遗产的保护和传承起到了重要作用。伴随着新媒体传播时代的来临，传统非遗纪录片在宏大叙事、意义深厚的形态方面受到一定冲击，以微纪录片为代表的"轻传播"形态随之登场，并以短小精悍的体量、凝练简明的内容成为非遗文化传播的一大亮点。[①]

当前文化类微纪录片的创作主体包括传统媒体、视频门户网站及部分自媒体等。传统主流媒体仍然是非遗微纪录片的主力军，如创作《留住手艺》的中央电视台、创作《匠心北京》的北京电视台、创作《百心百匠》的湖南卫视、创作《技忆》的广西电视台、创作《匠心手艺人》的湖北卫视等。视频门户网站有代表性的作品包括优酷网出品的《民间瑰宝，世界传承》、爱奇艺推出的《文化中国——工匠神韵》、腾讯与大渝网推出的《传承》；"二更""三顾君""一条""知了青年"等视频自媒体也陆续推出多集非遗微纪录片，其中"知了青年"领衔创作的《了不起的匠人》获得广泛关注，北京纪实频道的《二十四节气》用视听语

---

① 陈小娟. 非遗微纪录片的叙事问题与表达创新[J]. 当代电视，2021(10)：79-84.

言将每个节气的自然景物和人们的生活习惯展现出来，让观众从细微处感受自然的变化。

三、文化类微纪录片的发展特点

文化类微纪录片从内容而言，将厚重的历史渗透于现实生活，以细微的叙事构建文化符号，以平凡的视角体现情怀担当，用日常的镜头体现平凡美好。

1.将厚重历史渗透于现实生活

历史文化类微纪录片是文化类纪录片中的一类典型，这类微纪录片通过短小精悍的形式，将厚重历史与现实生活相契合，让历史不再陌生，具有一定的现实生活的贴近性。

《故宫100》是央视团队在2003年与故宫博物院联合制作12集大型纪录片《故宫》之后，双方又一次以故宫为题材进行的合作。这部作品在2016年的新浪微博上重新成了一个热门话题。这部微纪录片将现实空间与历史时间结合起来进行演绎，100集讲述了故宫建筑的100个故事，每集6分钟，在央视纪录频道、央视网、爱奇艺等平台播出。

《故宫100》所传递的价值观被受众普遍接受。出于对中国悠久历史和文化的自豪感和传承意识，受众愿意去了解与故宫相关的历史故事、文化习俗和古典建筑文化。这部微纪录片的叙事话语逻辑与观众的情感因素对接，形成良好交互。

《故宫100》通过100个空间故事建构了一个故宫的全息建筑影像系统。让观众看见看不见的故宫，讲述100座建筑的命运，100个带普遍意义的文化意象，将历史渗透在现代生活中。呈现故宫的过去、现在和未来。为了适应多媒体时代碎片化传播的趋势，打破以往历史文化类纪录片宏大叙事的模式，所选的100个具体建筑都是五百年间紫禁城的历史空间，相对于书本上用文字记录的历史，它们更加真实，更能够触摸到历史真实的质感。

由故宫的100个故事所传递出的弘扬历史文化、古典建筑文化、大一统与民族融合观念以及对封建社会中央集权的批判是《故宫100》这部微纪录片内在的逻辑线索和叙事话语。作为出品机构的央视深刻地把握了其作为党媒和喉舌的作用，以讲述故宫故事的形式完成了对于中国传统文化及历史的回顾。央视对《故宫100》的打造以看似碎片化的微纪录片形式传递，却不亚于宏大叙事所能表达的强有力的内核。这对于央视而言，是一次适应新媒体环境和受众的创作理念的革新。

2. 以细微叙事构建文化符号

文化类微纪录片是在互联网技术快速发展下、在传播载体多样化、传播受众年轻化、社会生活"碎片化"的背景下为满足受众的文化需求而兴起的一种新型微纪录片方式，是传统的文化类纪录片适应数字发展时代的一种发展与创新。文化类微纪录片能够在短时间内通过细微叙事，构建文化符号，并有效传播中国文化。

微纪录片《如果国宝会说话》打破以往历史文化类纪录片宏大叙事的传统模式，展开细微叙事，将历史人物的个体命运与国家命运紧密相连。正如第9集《殷墟嵌绿松石甲骨》中的甲骨文，作为中华文明记录与传承的工具，从"祖先的心里流传到我们指尖"，这是一种个体情感与集体情感的共振。第22集《曾侯乙尊盘》中即使是借助现代工具也要耗时一月才能完成一个小部件的曾侯乙尊盘，体现了制造尊盘的人细致踏实、追求极致的精神。成功复刻曾侯乙尊盘的工匠黄金洲也同样如此，展现的是工匠精神的传承。

此外，该片还以细微叙事构建了中华民族的文化符号。每一个国宝都是中国传统文化的文化符号，这些文化符号代表着中国形象，将抽象化的中国价值观具象化，也能将中国背后的精神、意义传承下去。系列微纪录片《如果国宝会说话》选取的文化符号，都具有民族性和共识性，代表了中华民族的文化精神。在《如果国宝会说话》中，每一件文物除了造型的独特之美外，还体现了中华民族的精神之美与智慧之美。文物通过文化符号的构建与影像呈现，能够更有效激发受众对中国传统文化的敬意与传承。

3. 以平凡视角体现情怀担当

微纪录片是新媒体时代的衍生品，它是依托互联网+视频的运营模式，以短小精悍的内容取代鸿篇巨制，满足观众在碎片化时代的审美需求，成为网络媒体的新宠。而文化类微纪录片更是这类微纪录片中独具文化属性的一种节目类型，以平凡的视角体现情怀担当。

文化类微纪录片通常在一个主题下进行横截面式的选材，每一集既独立成篇，又归统于一个主题。《了不起的匠人2》（以下简称《匠人2》）是文化类微纪录片的代表，自其2016年9月在优酷平台开播以来，以精细化的制作、精美的画面以及脱离既往类似题材的叙事手法，获得了各界好评，在2016年"金熊猫"国际纪录片节上获得了"最佳新媒体纪录片奖"。《匠人2》每集约15分钟，汇集来自日本、中国的共20位匠人，记录了20个城市的风土人情和20种记忆。

《匠人2》全片以"匠人"和"匠心"为主旨，在每集的独立叙述中拓展内容的广度。从信息量上看，微纪录片要逊于传统纪录片。微纪录片的文化逻辑首先反映在选题的文化性方面。《匠人》定位为亚洲首部治愈系匠心微纪录片，其诞生之初就体现了浓厚的人文情怀和文化担当。节目策划案几易其稿，从最初的片名《了不起的民艺复兴》到《了不起的匠人之神》，最后定稿为《了不起的匠人》，经过反复的斟酌，这种改变并非文字上的推敲，而是对节目理念和主旨的不断明确。第一次修订从"民艺"转向"匠人之神"，实际上确立了节目重心由技艺转到"人"本身，技艺的传承不能脱离人的生活，真正能打动人的一定是人。第二次修改将"匠人之神"改为"匠人"，是以平视的视角还原凭技艺生活的平凡匠人。

4. 用日常镜头体现平凡美好

文化类微纪录片在短时间内，因时间的关系和屏幕大小的限制，无法用大场面进行镜头的大调度，因而更多的是用平实的日常镜头和简洁明快的组接方式，体现平凡美好。

每集只有5分多钟的美食文化类微纪录片《早餐中国》一经播出便迅速吸引了大批的观众，尤其是年轻观众。自开播以来，该片在豆瓣上得分为7.7分，在一周华语口碑剧集榜上排第四名，网络播放量近亿次。微纪录片中的早餐店大多是夫妻店，并且都是经营多年获得口碑的老店，亲情、友情和邻里情沉淀其中。如该片第一集湖南长沙《肉丝粉》里体现了浓浓的亲情，夫妻俩哪怕店里生意再忙，都会一起接送孩子上学放学。一家人虽然辛苦，但住在一起苦中有乐，生活才有希望。第二集贵州凯里《酸汤粉》里不善言辞的老板在解读夫妻相处之道时说，"人的牙齿都要磕磕碰碰，夫妻哪有不吵架的"，朴实的话语道出了人生的真谛。

这部微纪录片聚焦于日常的街头小早餐店，用日常的饮食文化来体现中国的传统文化。对于早餐店的选择，导演认为，匠心虽然很普通，但每一个人都有匠心，做每件事都需要匠心。这部作品用格物致知的精神对工匠的手艺进行解剖，使工匠精神去浪漫化、去理想化，恢复曾经存在但如今已经远去的生活的美好。[①] 这份"每个人的匠心，已经远去的生活的美好"在该片里得到了展现，看似普通的早餐小店，却是普通平凡的人们的匠心。全片有多个十几年甚至几十年的老店，他们的传承只为保证一份早餐的味道不变。纪录片将藏在街头巷尾里的匠心通过5分钟的镜头展示出来，将老百姓们日常早餐中蕴含的中

---

① 薛立磊，徐烨.《早餐中国》：短视频纪录片的一次成功尝试[J].传媒，2019(13)：54-56.

国传统文化挖掘出来，传递浓浓的文化情怀。

四、传统文化微纪录片发展时要注意的问题

在移动媒体时代下，受众的需求逐渐向"短""平""快"转变。对于微纪录片时长的把控，在不同媒体平台上针对不同年龄段的受众应当有所细分。针对电视等传统媒体制作的微纪录片可以适当增加时长，以黄金时间段和年轻人休息时间段播出为主；而针对移动端播出而制作的文化类微纪录片，应压缩时长。

目前，我国的文化类微纪录片的发展仍处于探索期，还尚未结合微纪录片的形态探索适应新媒体时代特征的互动叙事形态。一方面，文化类微纪录片的创作可更加注重增强新媒体特性，如在前期策划阶段通过各类新媒体平台征集线索，吸引粉丝交流讨论、分享转发，同时展开品牌推广；在拍摄制作阶段促成粉丝参与节目创作，采取各种方式保持粉丝对节目创作过程的持续关注和黏性。另一方面，文化类微纪录片可拓展传播思路。大多数节目基本沿袭传统的播放思路，多在传统电视媒体和网络平台播放，但鲜有配套的传播链进行整合运作，大多数文化类微纪录片还在传统的单向传播模式上踟蹰不前。在节目推出后可进行相关中国文化知识的拓展，同时通过点赞、弹幕及回复评论等方式继续与受众互动，产生长尾效应。

第三节　文化类微纪录片的美学构建

文化类微纪录片本身具有文化类纪录片的语义。这个语义体系的构成，源自文化类微纪录片的选题策划、内容选择、表现手法上对文化类纪录片创作过程的沿用。文化类纪录片在进行美学构建时，既要遵循文化类纪录片的基本特征，又要在这个基础上有所创新。在数字技术的支持下，在众多创作人员的努力下，文化类微纪录片逐渐形成了微文化之美、微叙事之美和微镜头之美的美学品格。

一、微文化之美

与文化类纪录片一样，文化仍然是文化类微纪录片美学构建的核心。纪录片常常被称为诗意纪录片。与文化类纪录片不同的是，文化类微纪录片更注重

传统文化符号的构建和传统文化视角的切入，来形成微文化之美。

1. 传统文化符号的构建

文化类微纪录片的传统文化符号构建是作品的核心。文艺作品离不开本国民族历史文化的浸染，文化类微纪录片也不例外。文化类微纪录片通过对代表中华民族的大江大河、长城、故宫的寻访和表现，一方面深挖附着在这些事物之上的民族文化之根，另一方面展现了中国文化在现实中的延伸和变向。

文化类微纪录片中被摄对象本身就是传统文化符号。如文化类微纪录片《故宫100》《二十四节气》《插旗》《资本的故事》。例如，《如果国宝会说话》中的国宝，《故宫100》中的各个建筑等。微纪录片常采用拟人化的方式，赋予文物以生命，以它们的口吻进行讲述。《如果国宝会说话》每集讲述一个国宝的前世今生。第一季第一集《人头壶》的开篇解说词说道："你来自泥土，头微微扬起，仿佛仰望天空，6000多年过去了，我们进食、生存、繁衍，不断进化，而今凝望着你，我们依旧在思索这一切的意义。"微微扬起的人头壶被放置在浩瀚的星空背景下，采用微微旋转的拍摄手法，近景镜头在柔和的光影下，人头壶仿佛凝视远方，这个形象代表了6000多年前的文化。在与"她"的凝视中，观众自己仿佛已经化身这座人头壶，用"她"的视角环视着6000年前的世界。《故宫100》的《威猛铜狮》一集也采用拟人叙事手法，"我是百兽之王，也曾叫狻猊。我是龙的儿子，也是佛的坐骑"。冰冷的铜狮被赋予生命和性格，成为中国传统文化符号。

2. 传统文化视角的切入

文化类微纪录片对于历史题材的表达往往选择当下受众最易于接受的视角。比如，在习近平总书记提出："要弘扬'工匠精神'，精心打磨每一个零部件，生产优质的产品"后，"工匠精神"立即成为社会的热点话题，央视紧跟潮流，制作出《大国工匠》微纪录片，在此之后全国各级媒体围绕"工匠精神"也纷纷推出微纪录片，如《匠心》《文化中国——工匠神韵》《工匠派》等。除官方媒体外，民间优质自媒体如"二更"微纪录片团队在2019年新年期间，推出《年味·秦淮扎灯》的微纪录片，讲述秦淮灯彩国家级非遗传承人顾业亮的技艺传承故事。

文化类微纪录片能够基于当下热点视角，快速做出反应，挖掘与传统文化相关联的热点故事，以此制造热议话题吸引更多受众，尤其是年轻受众，其内容的生产效率是传统纪录片所无法比拟的。

二、微叙事之美

微纪录片的篇幅短小精干，形成微叙事的美学特色，为了尽可能在短时间内进行叙事并能吸引观众的注意，文化类微纪录片在叙事视角、叙事风格、叙事表达和叙事手法方面进行了美学构建。

1.叙事视角趣味化

文化类微纪录片中，叙事视角的不同影响着受众的直观感受。一般而言，文化类纪录片比较厚重，展开叙事时篇章宏大。而文化类微纪录片在叙事时将趣味性与历史的厚重感相融合，构建独特的叙事视角之美。

在叙事学领域，流传最广的是托多罗夫提出的三分法：第一，全知视角，叙事者是全知全能的，能够全盘掌握所有信息，甚至能了解人的内心活动；第二，内视角，叙事者和某个人物知道的同样多，仅说出这一人物了解的情况；第三，外视角，叙事者仅从外部观察所发生的事情，不进入任何人的内心。①

全知视角讲述故事不受限制、可信度高，一直作为主导的叙事视角出现在历史文化类纪录片中，但它与受众存在距离感，很难引起受众的共鸣。而内视角让叙事者和人物保持同样的角度，观众能够轻易地进入情节，产生共鸣。《如果国宝会说话》之《击鼓说唱陶俑》中采用了内视角进行叙事，介绍了陶俑的形态各异与特征用途。"我是东汉时期四川盆地的说唱艺人，左手持鼓，右手握棒……我正要瞬间发力，逗翻场上所有观众……"通过这段极具感染力的介绍，受众仿佛也被带回到2000多年前，观看说唱艺人的现场演出。

微纪录片《如果国宝会说话》采用灵动的解说词和动画，展现国宝的前世今生。这部作品以文物为聚焦讲述故事，尝试使用多种视角叙事，将文物的前世今生、文物背后宏大的历史与文化生动地传达给受众，纪录片变得更加灵活生动，一方面具有历史的厚重感，另一方面又不失其趣味性，拉近了与受众的距离。

2.叙事风格年轻化

我国的传统文化深邃久远，底蕴深厚，文化类微纪录片要与观众拉近距离，就必须采用年轻化的叙事风格。

当前，一些非遗项目因为缺乏与当下生活的对接性而成为需要进行抢救性

---

① 兹维坦·托多罗夫.叙事学研究[M].北京：中国社会科学出版社，1988.

保护的文化,成为过去的文化标本,因此非遗文化的传承,从内部来说需要创新激发内生动力,对外来说需要营造社会情境,使其重新进入现代生活。① 非遗微纪录片要寻找表达的源头活水,势必要寻找传统文化与时代的对接,特别是引入年轻视角,将年轻一代与古老技艺嫁接,实现对非遗文化传承的动态解读。《了不起的匠人3》从师徒关系切入东方人情社会的内核,激活年轻人对传统文化的好奇与对现实生活的感悟。在这一季中,竹编技艺现代传承的形态权衡、文物修复的模式取舍、剔红漆器的转化路径等,都一一呈现在年轻徒弟与年长师父的日常相处当中,以极具故事性和戏剧性的方式呈现出非遗的技艺绝学、东方智慧和人生哲学,突破以往一些非遗微纪录片单线叙事的浅表与浅薄,对传统东方文化的表达更有自信、更具深度,引发网友特别是年轻人的共鸣与关注。网友们基于师徒互动的细节,在社交媒体上做长图文、表情包、动图,用趣味化的方式解构师徒故事,这些优质内容在社交化媒体被多次转发,成为微博热门话题。再如,《如果国宝会说话》一经推出,该微纪录片的"萌系"语言就吸引了观众的注意力,成为爆款。

3.叙事表达情境化

文化类微纪录片的传播中,通过创设情境来获取用户,打造与众不同的情境体验,能够提升传播效果。这类作品通过叙事传达知识、情感、价值和信仰,有利于形成互动感和体验感,有效赢得受众注意力。与传统纪录片中侧重于客观再现非遗文化的历史、技艺、流转等信息不同,许多非遗纪录片通过建构一定的场景和情形来进行故事讲述,打造情境化叙事。

由诗人兼美食家二毛拍摄的非遗微纪录片《中江挂面》曾入围山西平遥文化和自然遗产日非遗影像展"十佳推荐影片",作品以主创二毛走乡串巷做客访友的方式建构了另一种情境化叙事。《中江挂面》沿着历史资料溯源、作坊实地勘查、全流程参与的结构展开,配合着二毛极具特色的四川方言画外音和随时随地的见景抒怀,让人具有代入感。这部纪录片在记录传统技法时,还以二毛之手将中江挂面背后的"道"、非遗文化背后的文化内蕴一一细细挖掘,打造了日常生活、日常人情和日常风物的弱戏剧化情境叙事,却也有别具一格的韵味。另一部代表性微纪录片《中国文化之旅》也是聚焦我国非遗文化,其形式则是采用有中国血统的外国主持人丹尼斯·凯丽体验式拍摄,在观察、探寻和体验中,丹尼斯和观众一样处于"外视角",无法预知事件与行动,反而使表现、思考和体悟更真实、更具象,也更让观众有代入感。微纪录片《传承》之《苗绣》

---

① 陈小娟.非遗微纪录片的叙事问题与表达创新[J].当代电视,2021(10):79-84.

别出心裁地从知名时装设计师兰玉的苗绣之旅开始，构建了兰玉改革苗绣创作、兰玉在苗寨举办现代时装展等情境。情境化叙事建构了主动性、真实性、参与感和身份感等多样性关系，达到了从感官刺激、感性体验、赋予意义、增加价值及情感层面深度联结等效果。

4.叙事手法个性化

新媒体时代赋予文化类微纪录片更为广阔的发展空间，文化类微纪录片的选题内容越来越多元化，这使此类纪录片的影像表达有了更多自由，使影像风格个性化成为可能。这种个性化的影像风格，正好能够弥补传统纪录片的不足，满足受众的个性化需求。在影像语言技巧方面，虽然微纪录片还没有纪录片那么成熟，但微纪录片的表达方式更大胆，个性化气息更浓郁。如微纪录片《故宫100》在影像表现方面就非常有特色。让人印象最深刻的是全篇的开场，用一面镜子引出叙事，通过镜子中的影像让人们了解历史，映照现实和未来，带给观众与众不同的感觉。虽然这部微纪录片每集都只有6分钟，但每集都有不同的包装，且有些解说以及片花都是以卡通的形式呈现，风格轻快活泼。

三、微艺术之美

文化类微纪录片具有微艺术之美，即微表达之美、微镜头之美和微组接之美，这类微纪录片融中国传统文化与现代影视艺术手法于一体，表达主题。

1.微表达之美

文化类微纪录片的目的是要向受众传播中国传统文化。数字媒体传播的最大特点就是直接与便捷，更符合当代受众群体的接受心理，即能让受众用较短的时间，接受或享受一定密度和信息量的内容。作为通过数字媒体进行传播的文化类微纪录片，就完全符合这一特点。首先，它短小精悍，便于数字媒体广泛传播。传统的文化类纪录片内容都过于庞大、叙事较长、主题恢宏，往往一集超过半个小时。而文化类微纪录片则打破了这一传统的约束，在选材上，善于从生活的微小点入手，以期管中窥豹、见微知著，将大主题分切成小主题，切入点以小见大，更利于受众群体在非常短的时间内接受创作者要传递的信息和内容；而镜头语言也有别于传统的纪录片，由于时间基本在5至10分钟之间，所以即使前期拍摄时的素材很多，但剪辑成片之后，留下的是浓缩凝练的内容。文化类微纪录片在短时间内通过镜头讲述丰富的内容，剔除细枝末节，精练展现文化主体的重点。这种经过凝练的微表达也成了文化类微纪录片得以广泛传播的一个主要特点。

2. 微镜头之美

微纪录片独具微镜头之美。

镜头是影视作品进行叙事的一种基本的语言单位。在融媒体语境之下，文化类微纪录片在"微"语态、"微"形态等因素的共同影响下，镜头的运用也更具趋"微"的特点，即在镜头上更加注重对细节的把握和小景别的运用。例如，与纪录片《故宫》相比，微纪录片《故宫100》在镜头语言上的最大不同，就是小景别镜头的大量使用。同样的镜头语言处理方式，也发生在文化类微纪录片《丝路，我们的故事》与纪录片《一带一路》两部作品之上，小景别、细节化的镜头语言处理，成为文化类微纪录片《丝路，我们的故事》与《一带一路》最大的不同之处。之所以会发生这样的变化，首先是短小精悍的文化类微纪录片体量所致。文化类微纪录片要想在"微"的时长内实现情感表达，就需要以小见大和对细节进行把握。全景能够展现全貌，中景体现人物交流，近景能够揭示人物的内心世界，特写则更强调细节和被摄对象的质感，凸显情绪。因此，中景、近景、特写这样的小景别镜头，能更好地满足文化类微纪录片的情感表达需求。

文化类微纪录片更多使用微镜头语言的另一个原因，是为了适应伴随移动互联网技术发展而诞生的智能化移动"小屏"终端。在这种"微"传播信息接收环境之下，文化类微纪录片为弥补小屏对细节丢失所带来的弊端，更多采用小景别镜头，以此获得更好的收视效果和传播效果。

3. 微组接之美

文化类微纪录片更注重镜头的微组接之美。蒙太奇作为影视艺术创作手段，贯穿在创作的整个过程中。在文化类微纪录片中，影调色调、镜头的组接节奏、转场的处理都是蒙太奇。在镜头组接时，以平实的镜头组接为主，避免过多地运用其他酷炫的组接手段。在文化类微纪录片的镜头组接过程中，不能为了追求蒙太奇的运用而忽略了内容的真实性，需要平衡蒙太奇手法的运用与作品的文化内涵表达之间的关系。

此外，文化类微纪录片的微组接之美，还体现在声音的处理上。声音能够表达文化主题，能够刻画人物和主体形象，还能够推进叙事。例如，文化类微纪录片《如果国宝会说话》中，一开篇就出现"叮，你有一条来自国宝的留言"，瞬间吸引观众的注意。这样的处理节奏紧凑，声音简短，能引发不一样的观众关注度。不过，需要注意的是，声音的造型需要与画面配合而成，不管是声画并行、声画同步还是声画对立，都不能脱离真实性的原则。

第四节　文化类微纪录片的传统文化传播

随着移动终端智能化程度的迅速提高，用户进入自媒体时代，在电视机前观看纪录片的场景越来越少。纪录片的传播经历了在电视台播出到网台联合生产播出，再到网台分别生产和播出微纪录片，到当下微纪录片已经进入快速生产与传播的时期。其中，随着我国人民的文化意识的总体提升和国家的政策导向，文化类微纪录片在当前各大视频平台和电视媒体都在广泛进行传播。"读图"时代，人们对各类信息停留时间的缩减一定程度上使媒体对人们眼球的争夺先于对思想的争夺。如何在短时间内抓住受众的注意力，在此背景下，文化类微纪录片除要注重本身的创作生产外，其传播也显得尤为重要。

随着影像视觉技术不断突破，数字技术带来文化类微纪录片生产力的提升，同时也带来我国传统文化的多样化表达。在视听节目竞争激烈的当下，在短时间内实现精准有效的传播，这对文化类微纪录片也提出了更高的要求。文化类微纪录片具有快速性、广泛性、年轻化和个性化的传播特点，在本节中，将进一步对具有文化属性的文化类微纪录片从传播理念、传播策略和传播渠道等方面展开探讨。

一、文化类微纪录片的传播理念

文化类微纪录片具有以文化为核心、以需求为导向、以故事为载体的传播理念。

1. 以文化为核心，丰富传播内容

文化类微纪录片独特的文化价值决定了传播应以文化为核心，创造出既体现时代特征，又能满足受众多元文化背景、审美倾向和年龄特征的作品，让文化内涵无限延伸。首先，在传播时，应将文化内涵生活化。生活节奏的加快让人们更倾向于短小紧凑的碎片化内容和轻松愉悦的文化节目。文化类微纪录片，尤其是传统文化类微纪录片的文化内涵往往与观众有一定的距离感，因此，文化类微纪录片的传播应改变以往枯燥单调的叙述方式，充分利用现代化视听手段激发观众对文化类微纪录片的兴趣，增强内容的趣味性、朴实性和日常性，创造出通俗易懂、雅俗共赏的文化类节目，满足不同群体的观看审美需求，贴近群众生活，避免过于沉重高深的主题和冗长的内容叙述。其次，文化

的导向性。文化类微纪录片的内容传播必须以文化自信为基石，体现中华优秀文化的精髓。随着中国国际地位的提升，中华文化也越来越受到国际关注，文化类微纪录片应在传递中华优秀文化和社会主义核心价值观的同时坚持文化自信，对内促进中华文化认同感的提升，对外促进中国传统文化走向世界。

2. 以需求为导向，明确传播对象

文化类微纪录片在传播时，应以需求为导向，明确传播对象。文化类微纪录片的受众群体覆盖广泛，有受过高等教育的白领上班族，有在校学生，还有众多的各领域从事不同职业的观众。面对多元价值取向的受众，文化类微纪录片明确并坚定纪录片的性质、主题和理念，对目标市场和受众心理进行准确的市场调研和分析，以市场风向和受众观影习惯指导创作，把握主体受众的喜好，并尽可能满足多群体受众的需求，拓展受众群体。[①] 例如文化类微纪录片《了不起的匠人 2》（以下简称《匠人 2》）在对市场进行准确的分析和定位后，将主要目标受众锁定为 20 岁至 39 岁的青年人为主的群体，同时兼顾其他年龄层人群的需求，创作出时长短且内容精，符合数字时代人们观看期待的作品，为播出后快速吸引受众奠定基础。在节目播出后，推广团队再利用网络大数据、用户搜索记录等对受众喜好进行重新分析，形成客服系统，在后期制作中以不断精准细分的受众需求为创作指导，进行"定制化"传播。

3. 以故事为载体，提升传播效果

文化类微纪录片可以故事为载体，构建"故事化+仪式化"的叙事策略，不仅能增加作品的艺术性，更重要的是能激发和强调文化的根本价值并引起共同的关注，为观众提供一种仪式体验感，从而唤起一种集体记忆或集体价值观。

文化类微纪录片《匠人 2》就采用了"故事化+仪式化"叙事手法来讲述匠人的制器过程。仪式是一种具有人文情怀的实践活动，它伴随着人类的发展而发展，是最能反映人类属性特征与思维方式的行为表述，能够增加人类对共同文化的归属感与认同感。而故事化的叙事技巧，能更真实而有趣地讲述匠人的手艺生活，加入设置悬念等戏剧化手法，可以渲染故事的表现效果。

在这部微纪录片中，中国文化里的器物、仪式、精神、审美思维等都被镜头刻画为一个个生动的人物故事，并为观众呈现出一种神圣的仪式感。如《黎族阿婆的泥与火之歌》这一集，通过作品对阿婆故事化的讲述，让观众了解到

---

① 林剑，贺盈琪，黄益军等.基于长尾理论的文化微纪录片传播模式研究——以《了不起的匠人 2》为例[J].泉州师范学院学报，2022（03）：69-74，91.

黎族的制陶过程犹如一首诗的唱诵。最后，在烧陶的过程中还要保持着对自然与大地的敬畏，进行拜神与驱鬼的仪式。从镜头的拍摄中，可以体会到这些制陶人严肃神圣的实践操作，仪式的神圣性又使得他们的动作充满令人敬畏的力量。《匠人2》所展现的仪式感将久远的民族传统和匠人文化结合在一起，让观众真实地体验到日常生活的仪式是一种历史的传承，是一根文化的纽带。

二、文化类微纪录片的传播策略

在众多的节目类型中，文化类微纪录片运用以小见大的传播手法、个性化传播和情感建构的传播策略在众多文化类节目中脱颖而出。

1. 以小见大，小视角展现大情怀

文化类微纪录片的传播采用以小见大的方式，以小视角展现大情怀。传播中国传统文化时，可以从"小"处着手，除小成本外，还以小视角切入展现大情怀、宣传正能量，创新节目形态，改变传播形式，以全新的方式诠释中华优秀传统文化，促进中国传统文化的传播。[1]《如果国宝会说话》正确地把握了互联网时代传播规律，以微纪录片的方式创新了节目形态，符合互联网时代的碎片化传播特征；台网同播的模式拓宽了传播渠道，取得了良好的传播效果。

文化类微纪录片还采用小成本，即低成本的运作方式。从节目制作费用上来说，文化类微纪录片无论是在节目的拍摄投入上，还是在节目的嘉宾费用或节目的现场物料等，总体而言比文化类纪录片或文化类综艺节目等成本更低。作为一部每集短时长的文化类微纪录片节目，一般而言相比于纪录片作品而言投入更少。以《如果国宝会说话》为例，从节目主体的选择来看，是让辛勤奋斗的普通百姓和为国效力的各界精英成为节目中的真正主角。片中的主体除了各种珍贵国宝文物外，出场人物还包括《利簋》中国家博物馆讲解员袁硕、《曾侯乙尊盘》中的失蜡法工匠黄金洲、《贾湖骨笛》中的中央民族乐团笛子演奏家丁晓逵等。他们都是生活中的普通人，没有讲排场、比阔气、拼明星，而是从小视角切入。

节目创作的"小"，不仅是小成本，还有小视角，即从小视角来了解这些国宝或行业精英的故事，小成本与小视角的结合更能促进此类微纪录片的大众传播。

① 赵康帅，王俐然.中华优秀传统文化节目的"小大正"创新——以微纪录片《如果国宝会说话》为例[J].东南传播，2018(08)：125-127.

2. 个性传播，拉近观众与作品距离

文化类微纪录片在正式播出前，节目可通过个性化的网络推广扩大知名度和影响力，在播出后，通过表情包、抖音视频等软广告在社交网络上持续发酵。

首先，文化类微纪录片用个性化的传播方式讲述中国传统文化。文化类微纪录片采用亲切的语言和灵动的文案来进行个性化的传播，拉近观众与作品的距离。以《如果国宝会说话》为例，除主题海报外，作品提前推出了一组富有网感的"特别海报"。例如太阳神鸟金箔搭配的文案是"这款美瞳我要了"。这部纪录片还结合特定的媒介事件，借势进行宣传推广。如在冬至时，大克鼎里装满了热腾腾的饺子，向网友发起了晚餐邀约。个性化的轻快风格让人印象深刻，贴近生活的话语表达拉近了文物与观众之间的距离。

其次，文化类微纪录片还利用表情包实现多元传播。如《如果国宝会说话》的人头壶"撒娇三连"分别是"抱我、爱我、吻我"。文物不再是高高在上的符号，而是贴近生活的、能够与潮流文化完全融合的新态潮品，年轻化的语态让网友捧腹。《如果国宝会说话》在抖音平台上发布的文物"唱歌跳舞"短视频，也为该片"圈粉"。原创的背景音乐也成了网友乐于使用的模板，许多网友在欣赏国宝时自发模仿创作"国宝说话"的短视频，进一步扩散了这部微纪录片的影响力、传播力。

3. 情感建构，拓展作品的表达空间

文化类微纪录片中的情感建构能够拓展作品的表达空间。作品的情感表达方式包括音乐、画面的构图、色彩色调和编辑手法等影视艺术手段和主题的内核价值形塑。文化类微纪录片发挥媒体融合的优势，可从不同的维度融入情感，拓展作品情感表达的空间。

在题材和内容的设置上，文化类微纪录片以微观视野蕴含宏观主题，于细节处传达情感。例如，央视文化类微纪录片《丝路，我们的故事》，聚焦"一带一路"主题，讲述丝路工程建设者们这些普通人的真实生动的故事，彰显出极强的时代属性和民族烙印。《故宫100》中每一处建筑和每一个细节都被作品的创作者们注入了情感。当个体的故事被赋予时代价值和民族属性，不仅有助于提升文化类微纪录片的内蕴高度，更有助于激发家国情怀、民族精神、人文关怀等深层的且广泛相通的情感共振，与时代相呼应。

三、文化类微纪录片的传播渠道

文化类微纪录片在传播过程中不断拓宽传播渠道，不但依托传统媒体进行仪式感传播，借助网络平台实现即时性传播，还拓展社交媒体实现交互式传播，并采用 5G 技术展开沉浸式传播。

1. 依托传统媒体，展开仪式感传播

文化类微纪录片的传播仍需依托传统媒体，展开仪式感的传播。随着互联网技术的发展，数字媒体以其共享性、平民性、开放性以及便捷性等特征迅速占领媒体市场，并对一些主流传统媒体，如电视、广播、杂志、报纸等形成了极大冲击，使其媒体影响力和传播力不断下降。但是，传统媒体在信息权威性、公信力等方面具有明显的优势，在信息传播方面仍然发挥着不可替代的作用。在新媒体时代传统媒体也是非常重要的信息传播途径，对文化类微纪录片的传播能够起到意想不到的作用。因而，在文化类微纪录片的发展过程中，可整合电视等传统媒体的资源，利用传统媒体的优势实现与新兴媒体的有效衔接与融合，挖掘传统媒体的传播平台优势，最大限度推动文化类微纪录片的传播与发展。尤其是电视具有家庭性的这一特殊属性，能够带给观众以家庭一起观看的形式、具有仪式感的观看场景和大屏带来的更加完美的视听感受，能够提升文化类微纪录片的传播效果。

2. 借助网络平台，展开即时性传播

文化类微视频能够借助网络平台，展开即时性传播。在媒介融合之前，浏览、写作、游戏等网络个体行为难以在传统媒体当中同时存在，因而也就难以形成立体的感性结构，观众相对于影像来说只是旁观者，不需要太多的身体沉浸和话语创造。但是，媒介融合技术为浏览、写作、游戏三种网络行为的同时存在提供了可能。网民可以在观看影像的同时，参与发帖和发弹幕，既能从影像中获得信息，又能在游戏中完成意义再生产和文本再创造。虚拟社交功能的引入使得影像与个体、个体与个体之间的交互成为可能，个体在观影的同时还能通过符号生产和意义交互带来一种身份认同。

网络平台的弹幕能够引发观众即时发出观看体验。弹幕是将写作与游戏两种网络行为合二为一的一种技术。相对于网络评论留言，弹幕体现出强烈的实时性和社交感，满足了观众在视频任何节点上发表想法和感受的可能性，并通

过分享和互动营造出温暖的虚拟社区。① 费斯克的"生产者式文本"认为，电视节目是大众的作者式文本，是脱离控制、无法规训的商品，激发出文本多义性的潜能。② 实践表明，《故宫100》等微纪录片之所以能迅速走红网络，关键就在于网络弹幕系统的催化与推进。弹幕系统不仅对纪录片进行了大量的细节补充，使其意义更加丰富，而且也使得网民在互动中增强了交流感和陪伴感，获得一种群体化的社交体验，而这将进一步增强内容的传播力和影响力。弹幕系统的开放非但没有带来想象中的不可控，反而营造了一种集体探寻回忆传统文化的媒介仪式感。

在对《如果国宝会说话》每期显示的弹幕进行内容分析后发现，占比最高的三大类弹幕依次为对传统历史文化的延伸探讨、地域身份认同和二次元风格表达。可以看出，弹幕内容呈现集中化特点，网民基本围绕节目内容进行互动。首先，传统历史文化的延伸主要体现在对于文物历史背景的拓展，如《后母戊鼎：国重之器》，在讲述青铜器主要用于制作祭祀器和武器时，就出现了百余条弹幕解读文物历史。这种对历史背景的补充和探讨，使节目传达的知识得以扩展，呈现出年轻人对中国传统文化的趋近。除此之外，另一部分弹幕对中国传统文化充满溢美之词，如"中华何止上下五千年，我生于中华以他为傲"。每次出现夸赞，都会掀起表达民族自信的小高峰。文化类微纪录片想表达的深层内涵，由于网友的弹幕参与和阐释、互动，传播得以实现。网友用大量简短的弹幕丰富了节目内容，填充了历史细节背景，用个性化的表达增进了情感认同。

3. 拓展社交媒体，交互式传播

文化类微纪录片还能够借助微博、抖音等社交媒体展开交互式传播。新媒体的迅速发展，培养了用户阅读和观看微文及视频的习惯。用户不再有耐心去等待引导受众由社交媒体转向视频网站的链接。但文化类微纪录片由于时长短，也不宜在片头加播长时间的广告。因而，文化类微纪录片在社交媒体的传播需要去适应新媒体的生态以及以年轻人为主的受众的使用习惯。

以文化类微纪录片《故宫100》为例，该片在纪录频道的播出分为两个版本，第一个是100集的单集版，每天播出一集，每集6分钟；第二个是合集版，一共4辑，每辑5或6期，共21期，每天播出一期，每期28分钟。单集版与网络播出的内容相同，在电视上就成了相当短小的纪录片形态。合集版是文化类

① 封莎，黄晓帆.红色题材微纪录片创作创新策略研究[J].传媒，2022(09)：91-93.

② 苏意宏，魏晓琳.新媒体语境下微纪录片的年轻化表达——以《如果国宝会说话》为例[J].中国报业，2021(04)：44-45.

微纪录片在电视媒体上的播出版本，充分体现了播出内容与传播渠道的配合。单集版也是该片在社交媒体、网络媒体的首要播出版本。在以微博为主的社交媒体上，《故宫100》在传播过程中的二次火爆主要来自于微博大号的提及或推介。《故宫100》在被"全球影视指南"和"电影放映君"等粉丝数量均上百万的账号进行推荐之后相关微博被大量转发，网友在评论后引发了更广泛的社交圈的传播。

社交媒体是信息发布的平台，而不是节目储存的平台。因此从平台角度看规模化的微纪录片还是应引导受众转向原视频网站。一方面可以在多平台进行同时发布和宣传易于积累视频的播放量，另一方面有利于将受众的注意力从单一片集引导向系列的合集。《故宫100》在爱奇艺的播放量远大于在微博上被提及的次数，足以说明该片在爱奇艺平台上获得的传播效应远大于微博，而微博等社交媒体平台的作用更多的是形成热门话题的广泛讨论和增加曝光率。①

在媒介高度融合时代，文化类微纪录片无论是采取用户自制上传的 UGC 模式，还是电视台、视频网站的专业团队制作模式，在社交媒体与受众的互动已经成为文化类微纪录片传播的重要特征，也是提高文化类微纪录片传播力的重要手段之一。

4. 采用5G技术，展开沉浸式传播

文化类微纪录片借助 5G 技术，展开沉浸式传播。2019 年，我国出台了《"5G+工业互联网"512 工程推进方案》，从技术创新、行业标准、体制建设等方面进行了界定，进一步明确了 5G 技术的应用方向，尤其是与互联网的整合将进一步深入。② 对于微纪录片来讲，一方面在 5G 技术的加持下，沉浸式观看的体验得以实现，全景式创作已经全面到来，受众正在获得深层次的沉浸体验。5G 时代的信息载体已经出现巨大改变，场景即内容的全新生态正在成为微纪录片的主流表现方式，视觉优先成为核心竞争要素，户外智能屏、电梯屏幕、智能音箱、智能手环等，都正在成为文化类微纪录片的新入口。另一方面，信息技术飞速发展，文化类微纪录片的社交性得到全面增强，点赞、刷礼物、弹幕、剧情化等，都能够借助相关技术实现人机互动，受众可以在真实体验中获取文化类微纪录片的信息。

此外，营造文化类微纪录片的传播长尾效应也是提升传播力的重要一点。文化类微纪录片在各大平台和自媒体终端的传播长尾在一定时间内能够保持较

---

① 高一然. 微纪录片《故宫100》的叙事话语与传播渠道[J]. 当代电视, 2016(12)：32-35.

② 陈瑞瑞. 融合新生态下微纪录片发展的三大转向[J]. 传媒, 2022(07)：76-78.

为稳定的传播力。文化类微纪录片利用跨媒介传播的叠加组合和多元化的营销手段，能够丰富观众的文化审美需求和视听感受，产生传播长尾的联动效应。文化类微纪录片的制作前期采用多渠道和多平台宣传，为吸引不同平台的受众奠定基础。文化类微纪录片在播出后一方面根据观众的实时反馈发布讨论话题，在多平台上进行分裂式传播，另一方面给予多种途径，让受众之间、受众与创作者之间进行线上线下的互动传播。除此之外，文化类微纪录片可以在多平台上传播制作花絮、剧照截图和创作故事等，以满足受众的观看体验，从而提升受众对文化类微纪录片品牌的忠诚度。

四、文化类微纪录片进行文化传播时要注意的问题

数字媒体时代，人们的观看习惯和传播媒介不断发生着变化，文化类微纪录片有了更多的载体和渠道，在传播上要不断创新传播方式，适应受众的需求变化。

一方面，采用系列化的形式增加关注度。文化类微纪录片体量短小，可与短视频抢占碎片化时间的一席之地，但同时也由于时长缩短，很多内容往往不能完全展现。由此，很多微纪录片衍生出了系列片，以同一内容为主题，多集并行来扩大容量，不仅使分集内容可以独立化表达，相互之间还能建立联系，保证内容和传播的持续性，丰富影片的内容，增加受众的关注度。但在以系列文化类微纪录片传播的同时，要注意各集之间的有机契合和整体风格的统一。

另一方面，不断拓宽数字媒介的传播途径。目前，数字时代的媒体语境本身所形成的话语规则已经影响了文化类微纪录片的表达方式。《故宫100》等优秀的文化类微纪录片正依靠短小的传播优势在电视平台与各大网络媒体平台联合推广，实现了资源共享与台网互动，扩大了受众范围和影响力。除此之外，还应紧紧抓住5G、虚拟现实等传播风口，利用数字媒体的传播优势和互动性，拓展文化类微纪录片的多元传播渠道。

在当前的数字媒体发展的语境下，碎片化的文化类视频节目创作已经成为一种发展趋势，文化类微纪录片以其短小的篇幅和灵活的收看方式打破了传统文化类纪录片的传播限制，在各平台能够实现广泛的传播。为了更好地发展与传播，文化类微纪录片不仅要结合短视频的制作优势，推陈出新，同时还要不断挖掘自身的数字化媒体属性，在传播中拓展数字媒体的传播优势和易于在社交媒体交互传播的属性，才能促使文化类微纪录片展开更广泛的传播。

第四章 文化类微电影的现状与发展

第一节 微电影的发展

随着媒体的融合发展,在充分进行个性化表达的时代,从前被忽视的、片段化的影像创意也成为人们碎片化时间的审美或休闲观看内容,并逐渐形成一种独特的艺术类型——微电影。

微电影(micro film),即微型电影。微电影是指专门用于在各种新媒体平台上播放、适合在移动状态和短时休闲状态下观看、具有完整策划和系统制作体系支持的视频(电影)短片。微电影具有完整的故事情节及"四微"特征,即"微时间放映""微周期制作""微规模投资"和"微播出平台"。① 从内容上看,微电影的主题往往融合了时尚潮流、幽默、搞怪、公益教育、商业定制等,既可单独成片,也可形成系列作品。

一、微电影产生的背景

微电影的出现是媒介融合的结果。从传统美学上看,微电影可以追溯到电影艺术诞生之初的短片。随着电影制作技术的发展,当格里菲斯开创的长片成为电影的主流之后,电影短片被逐渐边缘化,随着移动互联网的兴起与发展,作为社会成员的个人的内容选择、生产与传播能力得以释放。由于网络视频分享平台的存在,一部分爱好者从观众转为了创作者,专业院校学生的专业作品以及影像爱好者的作品也突破了小范围传播,在互联网上慢慢成为一种逐渐传播开来的创作方式。

---

① 司若,许婉钰.我国微电影产业发展历程及趋势研究[J].电影新作,2017(01):68-71,78.

1. 不断加剧的网台竞争

随着网络视频业务的发展壮大，互联网已成为一个重要的影视剧播放平台，各大门户和视频网站在视频领域的竞争异常激烈，热门影视剧版权价格也随之水涨船高。高昂的版权购买费导致了巨大的运营成本。同时，网络视频同质化竞争严重，网站需要寻找差异化的竞争路线，提升原创能力。在这种竞争环境下，自制微电影则是一个很好的选择。自制微电影不但成本低，而且能保证网站在运营中享有更多主动权，同时，微电影的灵活性和投资决策的风险都更加可控。①

互联网本身的开放性与其具有的强大的融合媒介为微电影的传播提供了平台。人们进入网络化时代，加之三网合一的趋势，电影与电视越来越被受众边缘化，尤其在90后、00后这些青年群体中，网络对他们的影响已经远远超过电视等传统媒体的影响。网络凭借着其时效性与互动性已经成为人们日常生活中越来越重要的娱乐休闲、社交甚至是办公与学习的工具。互联网用户既是信息的接收者又是信息的提供和发布者，网络媒体通过融合多种传播方式，以传统媒体没有的特性逐渐影响着人们的社会生活。与生活密切相关的移动互联网本身也是基于互联网形态而衍生的。在媒介融合的时代，互联网正在成为媒介矩阵的中心，为微电影的内容生产和传播以及向其他媒介的辐射影响提供了广泛的平台。

2. 不断提升的受众需求

微电影满足了广大受众不断提升的精神需求。在信息碎片化、文化快餐化的今天，微博、微信、微小说、微经济等微文化大行其道，我国已跨入了"微时代"。当人们面临日益加快的生活节奏和获取更多信息的需要时，他们希望以最短的时间获取最多的信息。现在的年轻人生活节奏和工作压力大，花几个小时去电影院看一场电影都成为一种奢侈。他们每天花大量的时间在网上查找、观看他们感兴趣的东西。而微电影这种灵活的、短小精悍的形式更符合现代人的收视心理，尤其受到年轻观众的青睐。

微电影的迅速发展与80后、90后的成长密不可分。他们对新媒体有着天生的敏锐感，对于微电影这类新兴的网络事物有着较强的关注力，所以以他们为目标开展品牌传播具有先天优势。给观众留下深刻印象的微电影，能在短时期内得到大众的关注，其内容层面的共通点不容忽视。首先，它们都有贴近生

---

① 崔兆倩.浅析微电影的现状及发展[J].新闻爱好者，2012(04)：41-42.

活的题材，即讲述的都是发生在人们身边的人和事，离生活很近，也很真实，每个人都曾经经历或看着别人经历过。其次，从表现上对传统电影是一种创新，在有限的时间内展开叙事，扣人心弦，传达特定的主题。再次，它迎合了一代人的情感需求，引发了社会主流人群的共鸣，同时又让人在思考中回味，在回味中领悟。

3. 越来越多的创作诉求

微电影的发展能够满足大众的创作诉求。一方面，艺术创作者有拍摄创作的诉求。从艺术创作者的变化上看，我国电影长期以来属于精英阶层文化。对于大量的青年导演来说，他们需要一个艺术生存空间实践艺术，展示才华，微电影的诸多特性能够为他们提供一个这样的空间。[①] 总体上说，由于微电影的制片规模小，不像传统电影那样组织严密，相对来说给了创作者更大的艺术自由，在生产体制上，相对于传统电影严格的审片制度，微电影也相对自由。微电影的创作者一种是来自电影中心的导演或者是知名演员，另一种则是人数相对较多的电影场边缘的青年人，他们正在电影长片的门口徘徊，拍摄微电影正好给他们提供了这样一个起步的机会。微电影的"微"特质和传播方式恰好为怀揣电影梦想的人提供了实践的机会，使拍摄微电影成为一种自我考验和自我认识的过程。

另一方面，我国大众网民有拍摄创作的诉求。随着中国网民素质的提高，网民自我意识的崛起，广大网民对广告的容忍度越来越低，尤其是那些生硬、直白、单调的叫卖式的硬广告，有些浏览器甚至可以直接将这些广告过滤掉。如今，广告需要采用更软性、更灵活、更易接受的营销方式，而定制专属于品牌自身的微电影则成为新的行业趋势。首先，微电影比传统广告更有针对性，观看的人群主要是具有较强购买力的年轻人；其次，通过微电影，可以把产品功能和品牌理念与微电影的故事情节巧妙地结合，用精彩的视听效果达到与观众的情感交流，使观众形成对品牌的认同感。凯迪拉克的微电影广告《一触即发》和《66 号公路》就让观众在获得电影观赏感受的同时与其中的消费者情感互动，灌输了品牌理念，提升了品牌的影响力和美誉度，使得广告中的系列车型在部分城市出现热销。

相对于传统电影，微电影具有以下基本特征，第一是高水准，微电影由专业电影制作团队重金打造，知名导演及演员参与；第二是可看性，片长在 30 秒至 300 秒之间，但电影结构及内容设置却与传统电影同样完整，观众将感受到

---

① 孙婧. 当代文化生产中的微电影研究［M］. 成都：四川大学出版社，2018.

更具想象力的视听享受；第三是便利性，各类互联网平台均可观看并分享，各种移动新媒体，如手机等均能播放，特别适合在移动状态及短时休闲时观看；第四是互动性，可以在各大互联网平台即时观看并分享，可由网友创作、分享和讨论剧情。①

与传统电影不同的是，电影是各大电影公司和传媒公司进行拍摄生产，而视频网站则是微电影的制作主力。各大视频网站最先接触微电影，在创作微电影时投入很多。因此，一些大型网站出品的微电影都会和一些影响力较大的商家合作，部分投资商即使不选择视频网站，也会去选择一些比较专业的微电影制作团队。

二、我国微电影的发展历程

2005 年，YouTube 网站在美国成立，其视频分享模式与流媒体时代信息传播碎片化的特点有效结合，获得巨大成功，引起一股效仿潮。我国仿照 YouTube 模式的土豆、优酷等视频网站先后成立，为早期微电影的产生提供了平台。

我国的微电影的发展历程可划分为自制微电影生产的启蒙期、微电影概念产生后的发展期和微电影产业的成熟期三个阶段。

1. 微电影生产启蒙期（2005—2009 年）：草根群体，自娱自乐

2005 年 12 月 28 日，一部名为《一个馒头引发的血案》的短片被投放到国内各大视频网站，该短片重新剪辑了电影《无极》、法制栏目及马戏城表演等视频素材，配以无厘头的对白，调侃了原片的一些漏洞及当时的社会现象，两天累计点击量超几十万次，并迅速得到了广大网友的认同。传播度甚至远超当时正在热映的古装奇幻大片《无极》本身，让人们第一次感受到了网络视频短片的形态。

虽然具有微电影的雏形，但《一个馒头引发的血案》仍然属于短视频的范畴，不能被视为第一部真正意义上的国产微电影。尽管该片具备了微电影的大多数特征，如时长短、制作周期短、投资小，并在新媒体平台播出，但其剧情仅是将素材通过后期重新剪辑配音产生的效果，没有前期的独立拍摄、策划、剧本创作等，缺乏完整的电影拍摄与制作过程。

《一个馒头引发的血案》之后涌现了大量的混剪视频以及网友的自拍短片。

---

① 康初莹.“微”传播时代的微电影营销模式解读[J].新闻界，2011(07)：75-77.

它们的创作人员来自各行各业，拍摄器材缺乏专业性且创作水准不一。2004 年影片《自娱自乐》讲述了一群农民千方百计拍电影的故事。该电影的创意来源于真实的新闻报道，而新闻报道中村民们拍摄的正是一部草根微电影，只是传统印象中对电影的固有认知使其未能意识到而已，当时全民拍电影形成一股风潮，这些民间自制短片后来被统称为草根微电影。

2008 年 9 月，随着摄影摄像设备的技术发展，日本佳能公司发布的 EOS 5D mark Ⅱ 数码单反相机为微电影孵化提供了技术支持。由它拍摄的短片画质达到了电影所需的基本要求，并可以同步录音，有效降低成本，大大方便了微电影制作，更广泛的微电影创作开始了。

2. 微电影的发展期(2010—2012 年)：自由表达，类型分化

2009 年自微博诞生后，各种以"微"命名的网络新生事物开始出现在人们的生活之中。微电影这一创作形态在经历了 5 年多时间的探索后，在 2010 年形成了比较明确清晰的概念。这主要归功于《老男孩》和《一触即发》这两部微电影。因此，2010 年也被众多业界学者称为"中国微电影元年"。

2010 年，顺应全民微电影热潮，中国电影集团联手优酷网共同出品了"11 度青春"系列微电影。这个系列微电影汇集了 11 位年轻导演的十多部微电影作品，多角度呈现了"青春、奋斗"的主题，题材多样、内容丰富。自 2010 年 8 月在视频网站播出后，受到了广大影迷的好评。由肖央和王太利共同主演的微电影《老男孩》，影片上线后一夜之间迅速在网络上热播，累计播放量达 8000 万次。影片的成功标志着观众对微电影这一事物的认可，并从线上蔓延到线下，在随后的几个月里日常生活中经常能听到该片的同名主题曲《老男孩》。

《老男孩》是创作者自由表达的一部作品，而另一种类型的微电影——广告类微电影的开山之作则是《一触即发》。《一触即发》是由香港演员吴彦祖主演的为凯迪拉克汽车量身定制的广告视频，片长 90 秒，2010 年 12 月起开始播映。在该广告随后的大规模营销中主打微电影概念，第一次发挥了微电影的传播潜能。《一触即发》标志着微电影行业开始出现了除草根创作外的另一种形式——高投资、明星主演、专业化团队、具有商业广告性质且具有盈利能力。因此也有很多业内学者将《一触即发》认定为"国内首部微电影"。

事实上，微电影概念是在众多属性模糊的微电影自发创作中逐渐明晰起来的，并非由一部电影或一个人开创。而《老男孩》和《一触即发》代表着微电影两个不同创作方向的萌芽，对我国微电影的发展都具有里程碑的意义。

3. 微电影的成熟期（2013 年以后）：题材多样，逐渐成熟

2010 年之后，微电影作品类型更多样、题材更广泛、数量剧增、制作水平大幅提高，并在 2013 年实现爆发。2013 年 1 月至 9 月，全国举办的各类微电影赛事多达 130 多项，所涉及的主题多种多样，参加活动的主体来自各个行业及年龄层，活动经费和大赛奖金大多来自政府和广告商的赞助。

2013 年作为网络视频行业的拐点，以优酷土豆集团为代表的视频网站开始由长期亏损状态走向盈利，为更好地塑造品牌形象，增强用户黏性，网络自制开始成为各大视频网站的重点规划项目。在视频网站的大力支持下，微电影产业在 2013 年逐步成熟，形成了从制作、发行到网络平台播放的完整产业链，并开始走向更加细分化的领域。①

三、我国微电影的特点

我国的微电影产业在蓬勃发展的过程中产生了数量庞大的影片，质量良莠不齐，风格各异。微电影有着丰富的时代特征和社会属性，具有微时长、制作周期短和投资低的三方面特点。② 此外，还大都具备以下共同点。

1. 精心设计的戏剧冲突

微电影通过打造视觉效果吸引观众的注意力。微电影需要在碎片化的观影状态下第一时间吸引受众的注意力，故事的戏剧性和矛盾冲突就显得尤为重要，即使在纪录类型微电影中，也需要精心设计以体现主题。相较于电影的容量，微电影的片长时间短，对拍摄制作的要求更高，一般更需要具备电影的表现手法与制作过程。

2. 吸引受众的播放时长

一般而言，90~120 分钟是一部院线电影的常见时长，当然这也并非是每部电影必须遵守的规则。学界对微电影的时长主要存在"30~300 秒""10~30 分钟""15~20 分钟""30 分钟以下""45 分钟以下""60 分钟以下"等几种划分标准。③ 根据相关统计，目前我国主流视频网站投放的微电影时长绝大多数介

① 司若，许婉钰. 我国微电影产业发展历程及趋势研究[J]. 电影新作，2017(01)：68-71，78.

② 安立国. 新时期我国微电影发展的路径探析[J]. 传媒论坛，2021(05)：116-117.

③ 司若，许婉钰. 我国微电影产业发展历程及趋势研究[J]. 电影新作，2017(01)：68-71，78.

于 10 分钟至 45 分钟之间。而根据用户调查，大部分微电影受众都表示对 30 分钟以上的微电影难以持续观看下去。

3. 相对灵活的制作周期

微电影的制作周期相对灵活，一般为 1~7 天或数周。因为片长的原因，微电影的体量并不适于展现复杂的故事或宏大的场面，因此微电影往往故事情节简单，演员角色数量精简。同时为了节约成本，借助于前期的合理规划、精心筹备，大部分小成本微电影的前期拍摄仅需 3~4 天。短制作周期是一把双刃剑，一方面导致微电影类型成熟后在生产数量上出现了爆发式增长，另一方面也造成了部分作品的质量参差不齐。

4. 逐步提升的投资规模

随着微电影技术的成熟和受众中的认可度越来越高，微电影的投资规模逐年提升。早期，微电影的投资以普通用户的自发投入为主。数万元即可完成一部 15 分钟内的微电影。但随着 2010 年首部微电影广告《一触即发》的出现，使高规格、高品质的微电影广告异军突起。广告商和专业电影人纷纷投入微电影广告这一领域的创作中来，为微电影带来了充足的资金、资源与专业技术支持。同时借力于 5G+4K（8K）的拍摄设备，微电影的制作费用已经大幅提高，一部 10 到 30 分钟的学生创作的微电影大约需要花费十万元才能达到较为精良的制作水准，商业微电影广告的投资则更加随着设备和技术的提升而提高。由此可见，微电影的中小成本属性在其发展过程中随着微电影类型的逐步分化而有所改变。

5. 促进营销的广告植入

微电影的营销模式较之传统电影的营销模式不同。传统的电影从刚开始的演员甄选到现场拍摄再到后期制作都不为普通受众所知，直到电影上映前期宣传铺开，才开始进入普通观众的视线。受众通过宣传的吸引进入电影院消费，电影的盈利是票房收入与前期投资的差额，是由影院的票房所决定的，票房收入与电影前期拍摄和后期制作的成本差就是传统电影的盈利所在。[①] 这一系列生产、消费的投入、产出有时间上的差异。

而微电影独立于传统的影院之外，没有票房与上映这些显著性的盈利手段。微电影相对于传统电影票房的收入是网络视频的点击与转载等统计数据。

① 牛卉. 从《老男孩》的热议看微电影的发展趋势[J]. 广西民族师范学院学报, 2012, 29(02)：97-99.

微电影产出之后放在各视频网站上供广大网友共享。表面上看，这是提供受众无偿享用，但是事实并非如此，广告植入也是微电影获利的重要渠道。

微电影的广告通过润物细无声的方式感染着受众，是一种无形的暂时看不出物质回报的长线投资。在这个长期过程中，其中的一些品牌影响力已经大大在受众中引起关注。如《老男孩》的热播使"优酷出品"成为高质量的互联网影视综艺产品的代名词，从而提升了优酷视频在互联网视频平台中的地位，达到了双赢。

6. 观众积极参与互动

微电影的网络属性使其能够吸引观众积极参与互动。微电影是一种诞生在新媒体时代的艺术形态，最初是以免费的形式供受众观看。微电影的播出平台主要以优酷、爱奇艺、腾讯视频等主流视频网站为主，其次是微电影为代表的短视频分享网站。微电影中的"微"强调了微电影需要通过网络平台进行上传、浏览和下载的特性。不同于传统电影一对多的传播方式，视频网站上多对多传播的微电影使每个人都拥有创作与评价的机会，也使每个人都成为传播的主体，受众的参与度更高。同时，微博、微信等社交媒体也逐渐成为微电影互动的主阵地，微电影具有电影所不具备的大众性、开放性和互动性。

具有代表性的是优酷在 2010 年打造的"11 度青春"系列微电影，《老男孩》凭借其青春、怀旧的主题在 70 后和 80 后中迅速走红。由于网络较之传统媒介，对于普通公众而言没有太多门槛，受众的参与度高，所以网络平台成为微电影的助推器。

格雷姆·特纳有一句论述指出，现今媒介内容的容量增加，导致媒体消费者感觉自身权利增加，有充分理由认为，这种容量增加的多样性和其积极的副产品，有可能激发人们对它们的民主潜力保持乐观态度。[①] 微电影的生产方式正如格雷姆·特纳所提出的那样，在生产力的全面释放之下正走向一种民间化。

我国的微电影生产制作是新媒体时代一种特殊的影像生产方式，成为当代影像文化的重要组成部分。这对于以精英为核心的电影创作领域而言，工具、技术、专业化不再是遥不可及的电影神话，DV、手机、单反相机早已经呈现出民间化的趋势。当电影不再是少数人手里的特权，那些票房的指标和所谓的精英话语都没有了意义。因为微电影，创作主体获得平等表达的权利和机会，这

---

① 格雷姆·特纳. 普通人与媒介：民众化转向[M]. 许静译，北京：北京大学出版社，2011.

不仅是对影像的解放，更是民间影像生产力的一次全面释放。[①]

四、我国微电影发展时要注意的问题

作为新媒体时代的一种大众文化艺术产品，微电影是在草根、非专业人士中发酵成长的，又因为其进入门槛低、创作主体庞杂和研究关注的滞后，导致其中部分作品更注重眼球效应，不注重社会效益。[②] 微电影的微故事、微时长等特点，确实比较容易满足大众参与文化艺术创作和碎片化时间观看的需求，但是，当它成为新媒体传播时代的创作热潮时，又难以避免创作与传播的"鱼龙混杂"。尽管这种情况在近年来有所好转，但仍有个别微电影在文化思想层面存在内涵空洞、缺少家国情怀与人文情怀的问题。

因而，我国的微电影发展中，需要进一步加强管理监督。随着人们艺术审美水平的不断提高，对于我国微电影质量的要求也越来越高。而国家相关部门也在对微电影市场加强管理和监督，形成规范。微电影一方面可以继续保有深受大众喜爱的草根性，也可以更多地选用阳春白雪的中国传统文化内容为题材。未来的微电影应更加注重品质的提升，不仅在剧本的创作上要反复打磨，故事结构上还要不断地完善，增强故事性并挖掘故事的内涵，丰富微电影的内在主题。另外，微电影也可以向风格化方向发展，更加注重艺术性的拍摄手段，提高微电影的审美品格。

微电影作为电影的有效补充，从传统的大银幕延伸到小屏幕，以其特有的影像生产方式使电影的内涵和外延都有了新的时代阐释。随着微电影以其交互性的生产方式创造出与传统电影相区别的民间影像形式，微电影已经进入了专业化的民间表达自由空间，为我国当代影像文化留下了大量有价值的记录影像。

第二节　文化类微电影的现状与发展

微电影创作门槛相对较低、创作自由度高的制作方式，与中华文化传承与传播的内在需求表现出较高的适配性。中国传统文化需要在互联网媒介中寻找

① 孙婧. 媒介生态视野下的微电影生产方式变革[J]. 当代文坛, 2018(03)：158-163.

② 徐莹. 微电影发展再思考：价值引导与内涵提升[J]. 西南民族大学学报(人文社会科学版), 2022
(09)：151-157.

自己的载体，而微电影也需要在中华传统文化根源上寻找自己的归宿。两者之间的关系在媒介发展的过程中产生，并随着媒体技术与社会的发展而进一步紧密结合，微电影与中国传统文化最终成为一种文化共同体。也正是这种契合，同时为微电影和中国传统文化两方面注入了全新的活力，并形成了文化类微电影。

关于传统文化的战略布局，习近平总书记曾在2018年8月21日至22日的全国宣传思想工作会议上指出："要把优秀传统文化的精神标识提炼出来、展示出来，把优秀传统文化中具有当代价值、世界意义的文化精髓提炼出来、展示出来。要完善国际传播工作格局，创新宣传理念、创新运行机制，汇聚更多资源力量。"文化类微电影成为了一个巧妙的切入口。从目前来看，文化类微电影的全新创作运营模式，与中华传统文化及其传播的本质特征有很高的契合度。[①] 从另一个层面讲，中华文化的软实力与自信力也正是显现于此。在此语境下，形成了具有较强传统文化属性的文化类微电影。

一、文化类微电影的发展历程

微电影在发展中，不断与中国传统文化相融合，并采用多元叙事手法形成了微文化。在个性化表达的语境之下，文化类微电影逐渐成为一种独特的作品类型。

1. 碎片化叙事提升文化类微电影的叙事张力

微电影的时长篇幅制约了影视文学叙事结构中的很多手段，却给指向性的展示留出了空间，提升了作品的叙事能力。从某种意义上来看，这些微电影又不是电影，反而更像是有精致剧情环节的"片花"或MV视频作品。结合了中华传统文化的微电影，反而冲破了传统电影模式的束缚，成为一种视频形态。这种结构模糊了电影与视频之间的边界，为中华传统文化意蕴的表达提供了空间。

智能媒体时代的到来，为消费者带来了时空与审美的双重个性化需求，然而随着微电影出现，越来越多的人更倾向于文化性选择。有学者指出，从更加广泛的意义而言，微文化是微电影碎片化的文化基础，而微文化兴起的关键在于其针对碎片化时空的文化填充与文化弥合。个性化时代的个性文化表达与形态各异的微文化题材等，为微电影带来了文化的多样化表达。

---

① 张骐严，曹亚昕.网络微电影与中华传统文化传播创新模式分析[J].电影评介，2020(17)：15-18.

碎片化叙事提升文化类微电影的叙事张力。在微文化语境下，要建构起微文化的叙事表达需要碎片化叙事表达作为强有力支撑。这种碎片化叙事能够最大限度地促进微电影中微文化叙事的张力，同时，这种碎片化叙事表达表现出来的非刻意叙事的灵动性更易展现文化灵动性。在微电影中基于微文化的碎片化叙事，以其多元化、个性化、人文化为整个时代叙事建构着一种基于微文化叙事表达的抽象化象征性，从而为微电影赋予一种形而上的微文化的灵性表达。例如，早期的微电影《十分钟年华老去之百花深处》以一种微文化的碎片化叙事，透过各种文化抽象化的象征性事物，在人物形象的构建与情节的铺陈中，层层递进地表达着对于传统文化逐渐逝去的叹息。这部微电影中的铃铛和中国结，以及幻想中的灯座、条案与花瓶，以及穿着与当时格格不入的男主角冯先生这一人物，形成了一幅以碎片化叙事拼贴而成的文化图景。同时，这幅文化图景亦以其碎片化叙事的高级表达将情感意蕴超脱于画面，从而建构出了一种象征性的微文化的微电影叙事。

2. 打造兴趣点，建构抽象化多元化的叙事表达

对于微电影而言，因作品的时长相对较短，在其创作过程中对于叙事手法要求较高。绝大多数的微电影成败的决定性因素亦恰恰在于其叙事表达的技法处理上。传统的叙事手法层层递进，然而，对于时空有限的微电影而言，过度采取这种手法会使表现时空显得局促。所以，对于微电影而言，反而是平行蒙太奇、对比蒙太奇和联想蒙太奇等叙事手法更易在有限的时空下构建叙事表达。这种不拘一格的蒙太奇叙事表达，亦有利于建构起一种后现代式的叙事节奏，这种叙事节奏能够为微电影进一步强化叙事张力表达。此外，针对传统电影的研究结果显示，传统电影通常存在着15个左右的高潮或小高潮，形成观众的兴趣点。而针对文化类微电影代表作《老男孩》《十分钟年华老去之百花深处》的研究结果显示，微电影与传统电影在叙事结构上有着异曲同工之妙。由此可见，微电影在故事叙事的起因、发展、高潮、结局的构建中，不断打造观众的兴趣点，进行抽象化多元化的叙事。

微时代在智媒体发展之下到来，为整个社会带来了文化、娱乐、审美等个性化需求，微时代的微电影应运而生。后现代微电影的发展，已经进入了一个文化多元的大时代。这一大时代已经成为文化艺术与社会发展的举足轻重的关键时期，在个性化表达的语境之下，文化类微电影已经成为一种独特的作品类型。

二、文化类微电影的表征

经过十余年的发展，文化类微电影形成了"四微"即微放映、微容量、微制作与微平台的特征和微小精致的美学属性。

1. 微放映、微容量、微制作与微平台

文化类微电影的特征概括起来主要是"四微"。

一是微放映。微放映是指微电影的放映时间短。和传统电影的放映时间不同，微电影的放映时长一般在半个小时之内，大多为几分钟到十几分钟之间。其实在 2000 年微电影就已经出现，当时英国的"十分钟年华老去"有限公司邀请戈达尔、陈凯歌、贝尔托鲁奇等 15 位世界知名导演拍摄了系列影片《十分钟年华老去》，影片由 15 个短片构成，这 15 部短片又分为大提琴篇和小号篇。每个小故事为 15 分钟，每个故事分别从不同的层面阐述"年华老去"这一主题，这种影片被业界普遍视作微电影的前身。

二是微容量。由于文化类微电影受时间限制，并不能表现非常复杂的故事内容，所以微电影呈现出来的大多是情节较为简单的精致故事。在编剧看来，文化类微电影显然不能像传统电影那样使用多条线索叙事，人物关系也不能复杂，这就决定了文化类微电影要脱离以往电影表现出的社会文化和历史背景等宏大主题。

三是微制作。因为时间和容量的原因，文化类微电影的制作成本并不高，通常是控制在一定的范围之内，制作经费上百万元已算是大投资。当然，随着当下 5G 拍摄设备的升级，在拍摄制作成本方面的投入也越来越高。微电影也给新生代导演正式拍摄电影提供了一个缓冲期，这个缓冲期也促使导演认识自我和考验自我，如果新导演一开始就拍摄电影长片，那么预算难以支撑整个作品的完成。

四是微平台。传统影视作品必须通过国家新闻出版广电总局相关部门审核之后，经过一系列长周期才能投放传统媒体或院线。但是文化类微电影相对来说审核周期较短，只需制作完成并通过管理方审核就能传至网络平台，通过手机和电脑等终端就可以观看。这种便捷的观看方式也与当前受众快餐化和碎片化的生活节奏相吻合。

2. 微电影微小精致的美学属性

微电影还具有微小精致的美学属性。电影学家安德烈·葛东特曾经说过：

"电影始终通过故事来换取观众的吸引力，电影的故事性让观众们认为电影非常聪明。"可以说，电影的最大美学特征就是其故事性。文化类微电影也是电影影像形态的一种，但是因为时间所限，文化类微电影在选择故事时并不像传统电影那样适合选择宏大的叙事模式，而是采用细小的叙事方式并注重表现个体化的语言和生活化的细节，即文化类微电影把传统电影导演的风格打破，更加关注小细节与文化传承的普通人。

文化类微电影具有短小精致的叙事美学。一是侧重于情感叙事，正如导演贾樟柯在《一个人的电影》中所说的那样："中国电影需要情感，现在的电影也大多从情感出发触动观众的灵魂深处。其中，电影叙事环节、叙事技巧的建构以及叙事话语结构等都需要通过情感释放。"二是侧重于结构叙事，在以往电影中通常为故事缘起、发展、高潮乃至后来的结尾做大量铺垫，但是微电影因为时间受限，通常大篇幅地压缩开端和结尾，直接表现事件的高潮部分。在《老男孩》中，在故事开端，操场上同学们做广播体操用的大喇叭、蓝色的中学校服及游戏机就完成了整个故事背景的铺垫。从中也可以看出，微电影善于通过简单的叙事来吸引观众的注意力和兴趣，只用简短的篇幅来交代故事的背景。①

优美的音乐和文字是文化类微电影的另一特点。无论是传统电影还是微电影都非常重视音乐性。《老男孩》的音乐是贯穿整个微电影故事情节的一条暗线，一开始经典歌曲《小芳》就一下把观众带回20世纪90年代，接着，迈克尔·杰克逊的音乐交代了故事发展的社会背景，最后在结尾处的歌曲《老男孩》则升华了电影的主题情感，触动观众心灵深处。通过电影 MV 式的表达让受众沉浸在有关青春和梦想的主题回忆中，唤起了 70 后、80 后的集体记忆。通过《老男孩》的点击量也可以看出这部微电影受欢迎的程度，音乐和怀旧色调的画面让 70 后和 80 后观众再次重温了青春年少的时光。

三、典型的文化类微电影

随着众多的创作者投入到对文化类微电影的创作中来，越来越多的文化类微电影呈现在大众面前。

1. 以怀旧风为代表的文化类微电影

2010 年左右，我国掀起了一股怀旧风。在社会经济快速发展时期，有些观众开始怀念起 20 世纪的生活。2010 年末，优酷出品的怀旧风微电影《老男孩》

---

① 宿丹华. 微电影的媒介属性与美学属性[J]. 传媒，2014(01)：52-53.

风靡网络,这是优酷视频在 2010 年打造的"11 度青春"系列微电影中的一部,赢得了"开门红"。《老男孩》全片有两条线索,一条明线是肖大宝和王小帅从"男孩期"到"老男孩期"界限分明的人生;一条暗线是迈克尔·杰克逊从辉煌到去世的经历。文化类微电影《老男孩》讲述的是两个中年男子为了年少时的梦想参加选秀节目,结果最后落选的故事。通过男主人公从学校的懵懂到进入社会的痛苦无奈来刻画他们的性格变化。肖大宝从校园老大变成低声下气的婚庆主持,王小帅从风光无限的舞者成为生活所迫的理发师,他们都在成长中逐渐告别年少的梦想,在重拾梦想时又变得像年少时那般快乐。怀旧与梦想是该片最感动人心的主题。

作品以另类的风格打破了中国传统电影一贯的表现手法。《老男孩》上线仅一个星期,浏览量就突破 500 万次;微博、QQ 上对它的各类讨论,微博红人的转发都促进了二次传播。影片的主创人员以及电影音乐均跃居网络最热的搜索关键词,尤其是歌词引起许许多多 70 后和 80 后的共鸣,同时也引发全社会的怀旧。泛黄的怀旧色调,画面中的老式录音机、喇叭裤、同学之间的暗恋、流行歌曲的磁带等,都带领观众一下回到我国的 20 世纪 80 年代。当电影导演们展开大制作大投入,明星们将观众拉向电影院时,这样一部名不见经传的网络作品,却获得广大网民的青睐。影片在当下的网络视频和电影中,用"青春"这一话题博得观众的认可。

怀旧是一种对回忆、对特定文化经验的深层渴望。作品紧紧围绕这一主题展开。社会各界对 20 世纪七八十年代出生的群体一直有着各式各样的评论。虽然这代人所面临的挑战也许并不格外残酷,却同任何一代人一样充满着困惑和挑战。物质条件的极大丰富改善了人们的生活,但经济体制变革所带来的一系列新的社会问题又逐渐出现。肖大宝和王小帅虽然实现少时所愿,最终登上舞台,但他们仍然止步于比赛的五十强。影片结尾,他们还是回到了现实,一个重新拿起理发刀,一个仍然继续做他的婚礼主持,一如既往地在城市钢筋水泥的夹缝中继续艰难地生存着。梦想需要追求,生活还要继续,这是大多数"70 后"、"80 后"生活的常态。因此,这部微电影博得了这些群体的感动。文化类微电影的创作者们大多把自己生活的经验融入作品中,使作品有血有肉。这种新的现实主义精神,与曾经一段时间电影的恢宏巨制与华丽场景的现象形成了鲜明的对比。

2. 以展示中华文化视觉符号为代表的微电影

此外,还有一类以展现中华文化视觉符号为代表的微电影。

文化类微电影《筷子》交替地用筷子来描述关联的几组主题。筷子让婴孩体会初次尝味的启迪,教小女孩使用筷子获得传承;让男孩学会敬老尊老的事理,游子归家用筷子品尝家乡饭的关爱;在过世双亲的灵位前上筷祭仪的思念;增添一双筷子邀请孤儿吃团圆饭的邻居;夫妻为即将出世的孩子准备筷子的守望;祖孙俩筷子互相布菜所体现的感恩。

筷子是中华传统文化的视觉符号之一。作为现代语言学奠基者的索绪尔,他的研究重在剖析语言符号的结构,故其学说被称为符号学。符号学理论涉及电影表达层的词汇、词义、语法、语结构等概念与问题。按照索绪尔的划分,语言现象分为三组对立的概念:历时性与共时性,语言和言语,能指与所指。在索绪尔看来,这三组对立结构涉及的六个概念重要度有明显的区分。[①]

其中,第三组是能指与所指,即表现形式与概念意义。依照索绪尔的划分,在微电影中出现的声画等符号的表层因素即能指,由这些声、画或符号本身对应或指涉的意义、概念则为所指。两者之间的联系是任意的,没有客观的本质上的联系。在文化类微电影《筷子》中频繁出现的视觉符号筷子,在现代中文中叫作筷子,在古代汉语与日文中称为箸,英文是"chopsticks"。这些称谓就是能指,所指为由我国传向世界的代表中华饮食文化的独特餐具。筷子将一个个中国的普通家庭团结在一起,为新生的孩子带去美好祝愿,为远方的游子带去故乡的思念,连接着中国的尊老爱幼、团结、互相帮助等中华传统美德。

3. 以唤醒集体文化记忆为代表的微电影

文化类微电影还唤醒民族共同的文化记忆。

《啥是佩奇》也是文化类微电影的一个类型。作为 2019 年动画大电影《小猪佩奇过大年》的宣发短片,电影还未上映,《啥是佩奇》便迅速占据各大平台的热搜榜。短片通过幽默而荒诞的手法讲述了一个农村老人为孙子寻找佩奇的故事,故事以春节回家过年为大背景,通过片段唤起了受众共同的文化记忆。这里的文化记忆不仅是指一些反复被使用的画面与文字,还有共同身份的社会认同。[②]《啥是佩奇》正是触动了中国人传统观念里"回家过年"的情结,以一个留守老人的故事唤起了人们对春节的期待。

春节是中华文明重要的文化符号,每年春节,在外的游子都放下手中的工作,带上心爱的人回家过年。这种对春节的认同感已经融入每一个中华儿女的基因中,春节已成为文化认同的无形纽带。微电影广告以春节为背景,将中国人所看重的传统价值融入其中,唤醒中国人共同的文化记忆。《啥是佩奇》中

① 李曼,黄莎.微电影《筷子》的符号与文化解析[J].电影文学,2019(02):95-101.

② 李旭.新媒体时代基于受众心理的微电影广告创作分析[J].传媒,2021(02):75-77.

在城市里工作生活的儿子要带孙子回家过年、爷爷给孙子准备过年礼物等都是春节情结的体现。不管是主题创作,还是拍摄手法与隐喻蒙太奇、对比蒙太奇手法的表现,《啥是佩奇》都实现了作品成功,通过浓浓的中国传统文化元素的渗透,唤醒了受众集体的文化记忆,满足了受众的社会认同心理,从而得到了受众的广泛认可。

家是人们心灵的港湾,是中国传统文化里最重要的充满爱的符号。《啥是佩奇》蕴含了受众对家的深深的情怀,而这种情感就是通过一位留守老人、佩奇和孩子来联结的。当镜头里的老人揭开裹布,将一个具有"朋克风"的佩奇展现在观众面前时,无数的观众在这一刻被深深打动。

因此,在中华文化语境下,文化类微电影创作的成熟与繁荣或将成为一种趋势。把微电影这种全新的创作运营模式和民族优秀文化融合起来会产生长久而绵延的生命力,这也是两者之间共同的诉求。中华传统文化需要在互联网媒介中寻找自己的载体,而微电影也需要在中华传统文化根源上寻找自己的归宿。两者之间的关系并不仅仅是简单的内容与形式、题材与手法之间的关系,而更多的是融合在一起并发展传承的一种文化现象。这种现象和从前诸多现象一样,从媒介发展的过程中产生,并随着媒体技术与社会的发展而进一步紧密结合,不断发展成熟。

第三节　文化类微电影的美学构建

文化类微电影的美学构建有如英国诗人布莱克所言,"一花一世界,一叶一天堂;须臾纳无限,视听凝永恒"。在短时间里,文化类微电影能够为观众带来视觉与听觉的享受。如果把电影视为当代视觉文化中的大餐,电视连续剧视作家常菜,那么微电影就是典型的"快餐"。视觉文化的历史进程表明,一种视觉文化现象的出现是特定的社会文化、视觉技术的产物。微电影之所以能在如此短的时间内被大众广泛地接受并快速发展,一定程度上源于当下快餐式消费的视觉文化土壤。[①]

经过十多年来的不断发展,文化类微电影形成了叙事节奏之美、视听符号之美和剪辑拍摄手法之美的独特美学。

---

① 陈少波. 微电影:一次概念先行的视觉文化嬗变[J]. 当代电影,2013(10):198-200.

一、叙事节奏之美

文化类微电影因文化元素丰富和时长短小的特性，在叙事节奏上独具节奏之美。

在美学研究里，节奏是构成形式美的法则之一，是可以带来美感的方式之一。所谓"节奏"，指运动过程中有秩序的连续。构成节奏有两个很重要的关系，一是时间关系，指运动过程；一是力的关系，指强弱的变化。把运动中这种强弱变化有规律地组合起来加以反复便形成节奏。叙事节奏是以客观世界为依据的节奏，指片中事件、情节或者人物情绪发展的强度和速度，它影响着整个微电影的快慢缓急的进展过程。这种强度和速度的变化，使观众的情绪随之紧张或松弛，激动或平静，是隐藏于可感受的外部运动之中的内在运动的节奏因素。内部节奏是一种以客观世界的固有节奏为依据，同时又根据一定的情绪要求而做出足以感染观众的节奏安排。

节奏是文化类微电影讲好故事的关键，微电影的叙事节奏比之于传统电影更起到决定性作用。同样是由于微电影的"微"，以及其以网络为主体的新媒体播放平台的传播特征，微电影的叙事节奏比之于传统电影要更为快速，情节推进更为明显，这也更符合观众在碎片化时代观看的心理特征。文化类微电影叙事节奏的关键在于叙事悬念的设置。微电影打破常规的叙事逻辑，善于设置悬念，不断引发观众兴趣，创造跌宕起伏的情景引人入胜。

节奏决定着作品的有机性和完整性，包括画面节奏和声音节奏两方面。就画面节奏而言，分为摄像的节奏与镜头组接的节奏；从声音上来讲，则包括音乐、解说词、同期声等。同期声可以增加内容的真实性、可信性，在特定的场合，与画外音相比，同期声往往能收到事半功倍的效果。

在一部作品中，内在节奏一直与外在节奏保持一致，不断在打造观众的兴趣点。陈凯歌导演的作品《十分钟年华老去之百花深处》（以下简称《百花深处》）在小包工头带着几个搬家工人假装搬家时，画外音鼓点有节奏地响起，配合着镜头里搬家工人的心不在焉，反而产生一种讽刺的意味。在这个社会，有些人的价值观正如那个包工头所说的，"给钱的活，都干"。他们自以为在表演，搬个不存在的家也能拿到酬劳。随着鼓点越来越密，节奏也越来越急促，突然，"嘭"的一声，想象中的花瓶掉落，此时，声音戛然而止，达到影片的高潮。冯先生整个人都随着古董花瓶被打碎而陷入沮丧，他缓缓蹲下身子查看碎片，节奏随之舒缓了下来。作品情节的发展在这里体现了矛盾冲突，叙事节奏改变。

文化类微电影在画面组接上，对于节奏的把握力求简洁不拖沓。缓慢的节奏能够带给观众宁静、平和的感觉；急速、跳动的镜头以及快节奏的音乐能形成对视觉的冲击。根据文化类微电影的主题灵活运用节奏，或穿插或点缀，可以让镜头组接更加流畅。

文化类微电影《老男孩》随着残酷现实与学生时代的时空切换，节奏也在不断地变化。直到故事的最后才揭示年少时擦肩而过的爱情，以悬念化的叙事节奏环环相扣，引发观众的好奇和关注。

二、视听符号之美

文化类微电影还注重对视觉符号和听觉符号的构建。

苏珊·朗格创造性地提出"艺术是人类情感的符号形式之创造"，将符号与艺术相结合，构建符号美学体系。文化类微电影作为一种新兴艺术文化，强烈显现出符号形式与情感内容的统一，与苏珊·朗格的符号美学有着诸多的契合。[①]

与传统的电影以及电视节目相比较，微电影所具备的认知性更为强烈。观众能否在短短数分钟的时长内正确理解影片的意义，体验到主创人员的表达意图、欣赏影片的形式审美价值，或者是感悟到微电影触发想象的旨趣，都可从影片的镜头、叙事和画面影像所呈现的各种符号中去寻找答案。因而，在微电影中，适时地出现文化符号，能够对观众进行有效的引导，让观众自己去感受创作者的意图。

目前，学界一致认为，现实中的事物与镜头的符号不能简单等同，当影片出现的各种符号倾向于观众真实可感的东西，如历史、传统、文化、意义等，其中所蕴含的复杂性与多样性已然超越它们本身的形象，包含着观众丰富的思想和价值观念。符号学的创始人之一，美国的符号学家查尔斯·S.皮尔斯，将符号界定为一种对象，这种对象对于人们的某个心灵而言，指代着另一种对象。皮尔斯认为，符号所代表的意义并不存在于人的直接感知里，它往往是一种习俗、一种集体心理、一种审美认知或是一种文化沉淀，这些抽象观念是被具有物质属性的符号映射出来，因此它们的实质就是一种符号关系，符号到解释为止才被赋予意义或价值。[②]

---

① 陈卓威.多元文化视阈下民族化微电影的美学特色[J].四川戏剧，2014(02)：55-57.

② 李曼，黄莎.微电影《筷子》的符号与文化解析[J].电影文学，2019(02)：95-101.

1. 视觉之美

传统文化视觉符号的构建体现视觉之美。《百花深处》中，处处体现着视觉冲击力。在微电影的最后，随着冰糖葫芦的叫卖声，3D制作的一个飘着槐花的四合院伫立在观众面前，这种在现代社会久违的象征着地道的老北京的视觉符号，冲击着观众的眼球。百花胡同的老房子随着城市化的建设已经不复存在，而伫立在废墟中映着夕阳的那棵大槐树，依然在静静地守候着这片土地。大槐树就是一个鲜明的视觉符号，陈凯歌导演采用隐喻蒙太奇和对比蒙太奇，告诉观众，无论这些表面的事物如何变化，中华传统文化还在，中华民族的根还在，一如这棵屹立在废墟中的大槐树。

此外，在《百花深处》这部作品中，限于作品时长，陈凯歌导演在细节处体现了视觉之美。例如，小包工头车上挂着的一个中国结多次出现在画面的构图中心，其实是在随时提醒观众关注对中国传统文化的传承。此外，在作品中，冯先生说到的大花瓶、铃铛、铛子和门口的条案、紫檀的衣橱，无不体现了中国的传统文化。

2. 听觉之美

音乐音响在文化类微电影中构建听觉之美。文化类微电影中，音乐音响等能够概括作品主题、刻画人物性格、渲染现场气氛和承上启下转场。在讲述了一对痴迷迈克尔·杰克逊十几年的普通人重新登台找回梦想的微电影《老男孩》中，几段经典的音乐带领观众回到了80年代的中国。

这部微电影播出后，影片的主创人员以及电影音乐均跃居网络最热的搜索关键词，尤其是那歌词"青春如同奔流的江河，一去不回来不及道别"更是引起了许多70后和80后的共鸣，同时也引发全社会的怀旧。影片中除了当年红遍全球的几首迈克尔·杰克逊的歌曲外，还有《十六岁》《对你爱不完》《花仙子》《小芳》《星星点灯》和《水手》等歌曲。这些歌曲或是关于青春的记忆，或是关于年少时的梦想，或是情窦初开的表达。这些，在两个经历了生活的困顿与低谷的中年男人身上，一切都是那么遥远又是那么陌生。虽然两个中年男人经历了梦想的追逐又回到了之前的普通生活状态，但是，当这些音乐响起时，依然能让观众重回到追逐梦想的少年时代。

三、剪辑拍摄手法之美

文化类微电影在剪辑和拍摄手法方面，常常运用空镜头，抒发内在情感；

进行剪辑创新，构建作品的风格；通过影调色调，凸显文化意蕴。

1. 镜头运用，抒发内在情感

在文化类微电影作品中，由于时长的限制，往往叙事紧凑，空镜头的使用则显得尤为重要。空镜头是指不以人物为主体的镜头，这些镜头常常用来转场或者抒发情感，表达导演意图。空镜头的运用能够抒发情感，增加作品的感染力。在很多影片或节目中出现的一钩弯弯的明月，浩瀚翻腾的大海，都是具有表意性的空镜头。

在《百花深处》这部作品中，大槐树不止一次出现，大树粗壮的树干，繁茂的枝叶，挺立在一片废墟之中，当冯先生带着小包工头和工人们来到这片废墟时，正好夕阳西下，夕阳的光线形成暖色调。大槐树与废墟形成了鲜明的对比。这个空镜头看似漫不经心，实则是整个作品的点睛之笔，以张艺谋和陈凯歌等为代表的第五代导演的作品都具有思辨性，经常发出对社会的追问。画面中虽然是一棵树，但却是一个鲜明的视觉符号，是陈凯歌导演对保护与传承中华传统文化的呼唤，是对中华民族的根的探寻。

2. 剪辑创新，构建作品风格

微电影的"四微"特质原则下，文化类微电影的剪辑同时也力求表达导演的思想和个人风格。法国哲学家让·弗朗索瓦·利奥塔认为，"后现代时期的特点是从大叙事到小叙事的转变，这一转变在媒体研究中的回应就是从'广播'到'窄播'的转变"。微电影是"窄播"的典范，在形式取向上强调现代性审美或后现代性审美体验。[①] 剪辑是导演个性与审美意识的体现，如何在短时间内向观众讲述一段情节完整、有头有尾、引人入胜的故事，对导演而言并不难，但影片是否情节紧凑、悬念迭出、制作精良就成为对微电影质量的衡量标准。

后现代表达下的微电影剪辑更倾向于在有限的时空之中采用平行蒙太奇、对比蒙太奇或者是心理蒙太奇，尽可能碎片化地展现更为丰富的内涵。这种碎片化表达需要通过剪辑的熟练技巧加以实现。剪辑时既要避免作品晦涩难懂，又要在情节和节奏悬念上具有特色。在剪辑过程中通过片段式的蒙太奇组接，进行景别的切换、影调色调的变换和镜头的切换等，可以为微电影带来更具冲击力的视觉效果。同时，后现代创新剪辑应实现碎片化和非线性化的形式，以共时空性的创新剪辑，彻底克服微电影剪辑过程中最为关键的时空跨度，进而为微电影带来更多以灵动性表现的创新表达。

---

① 陈卓威.多元文化视阈下民族化微电影的美学特色[J].四川戏剧，2014(02)：55-57.

虽然一部普通的微电影摄制并不困难，但是，微电影的风格化表达则需要一些创意与创新技巧的恰到好处的运用。从创意结构而言，应在微电影的前期策划时充分考量全片的结构、风格与节奏，主要考量如何在层出不穷的微电影作品中脱颖而出。从微电影的剪辑而言，对于一部微电影作品的设计必须充分进行整体化的时空设计与时间空间调度等细节的考量，透过剪辑中的碎片化、非线性化、蒙太奇与长镜头等加以表达。①

3. 影调色调，凸显文化意蕴

在文化类微电影中，合理地运用影调色调，能够凸显文化意蕴。不同的色彩和影调会带给人们不同的感受。例如，明亮的高色调给人的视觉感受为纯洁、明快、清秀、宁静等，低色调则给人以神秘、含蓄、肃穆、庄重、倔强以及力量的视觉感受。暖色调有助于强化热烈、兴奋、欢快、激烈等视觉感受，冷色调有助于强化恬静、安宁、深沉、神秘、寒冷的效果。

《老男孩》的前半段呈微黄色调，给人一种怀旧的感觉。白绿相间的中学校服，让观众仿佛一下子回到了中学时代，忆起了那一段青葱岁月。黑白电视机播放着迈克尔·杰克逊的舞蹈，郭富城式的发型和当年流行的太空步，观众耳边还响起那熟悉的"beat it"的旋律；写着"代数"二字的课本，一道道熟悉的习题，让观众想起埋头苦读的日子；一箱箱黄色的橘子水，嘴边似乎还停留着沁人的口感；一排排整齐排列的教室，还有挂在教学楼外的那个超大喇叭，情景似曾相识。所有的一切，都是属于这个年代的人久远的记忆，只待观众慢慢记起。

当肖大宝和王小帅二人唱着《老男孩》时，王小帅的老婆抛给他一把红扇，王小帅顺势起舞，给音乐增加了更好的效果。红色的扇子不停挥舞，给观众带来强烈的视觉冲击。红色象征着希望和力量，一般而言，红色首先被看成是一种充满刺激性和令人振奋的色彩，看到高纯度的红色，比看到其他的色彩更能让人情绪活跃。红扇系着红绸飞舞，仿佛也带着观众的心重回追逐梦想的岁月，让人久久不能忘怀。影片中红色虽运用不多，但在调动观众情绪、增强影像本身的活力方面起到了画龙点睛的作用。

4. 细节拍摄，体现导演意图

文化类微电影在细节处体现导演意图，传递作品的主旨表达。在陈凯歌的微电影《百花深处》中，一开头就是搬家公司的工人们在搬家的场景。此时，一

---

① 钟大鹏. 微电影风格化创意结构与镜头剪辑创新研究[J]. 电影评介, 2018(01)：79-81.

个小男孩匆匆地跑过，边跑边问："爸爸，我的电脑呢？"这一句话的细节，刻画出如今的时代连小孩子都有自己的电脑了，侧面体现了我国的现代化进程之迅速。细节不只体现在对画面细微事物的捕捉上，也体现在声音的细节处理上。短短几个字，便能窥见宏大的社会发展背景。

一般而言，早期的微电影在拍摄过程中由于预算经费的考虑，不能和传统电影预算相比较，所以微电影和传统电影在摄制器材方面的选择也不尽相同。在传统电影拍摄中常常会投入大制作，但在微电影拍摄中一般都会根据实际预算而选择。大部分文化类微电影在拍摄过程中，多考虑一些便携易用、租赁成本低、性价比相对较高的设备。

文化类微电影在摄影风格上与传统电影的拍摄也存在很多区别。在构图上，因为微电影的播出受到手机、平板电脑等小屏幕终端的影响，所以摄影师一般会选择近景、中景或特写这些景别。从观看体验上说，也需要用更小的景别，才能更好地看清演员的表演和场景的细节。所以，微电影在创作过程中，常会较多使用特写和近景的镜头。其目的是注重细节的传达，使观众能更好地接受和观看影片，这也是文化类微电影的重要的美学特征。

文化类微电影作为随着网络和电影发展而产生的一种视频作品形态，不但具有传统电影的美学共性和叙事方式，而且适应了新的传播媒介和碎片化的观看需求，体现出题材的接近性、叙事策略的创新性、创作倾向现实主义等独特的美学特征。数字化平台为微电影的发展提供了更广阔的创作平台，微电影以其独特的艺术形式、表现手法和播出渠道，对电影语言的创新、电影艺术的发展以及美学观念都有着重大影响。①

微时长、微制作、微投资这三个微电影的特征与传统电影长时长、大制作、大投资形成对比。如何在有限的时间内整合出具有影响的微电影，这需要高度浓缩的时空表现和凝练的叙事逻辑能力，微缩的影像带来微电影的肤浅表达已被学者所批评，因而需要不断丰富微电影的表达内涵。

只要传递的是社会主义核心价值观，无论是文化类微电影的宏大叙事还是微小叙事，无论是更注重细节刻画的美学还是更注重视觉符号的呈现，都能对受众起到潜移默化的作用。文化类微电影应坚持以"真善美"为传播主旨，不断地传递社会正能量，唤醒人们心灵深处向上向善的力量，进而满足广大受众日益提高的审美需求。

---

① 周微璐，杨君武.论微电影的特殊美学特征[J].电影评介，2016(11)：7-9.

第四节　微电影的传统文化传播

由于微电影在数字新媒体空间更为自由和互动的传播特征，电影艺术从曲高和寡回归到了真正具有互动和体验特点的、全民皆可参与的新电影时代。它的低门槛、广泛参与性和互动性贴合了新经济时代人们追求精神自由和互动体验交流的感性诉求。

微电影所具有的新型传播模式，改变了传统电影"电影院—观众"这样一种具有固定空间的传播模式，"电影院内部那种训导式的交流模式受到了人们的冷淡"。① 相比传统的观影方式，观众可以随时随地、随心所欲地观看电影。对于微电影，观众不再仅仅是一个观看者，而是可以参与到电影的策划、拍摄、后期反馈的全部过程中，成为电影的参与者。这种主动参与极大地提高了微电影在新媒体中的认知度和参与性。

微电影对文化的传播从传播价值、传播策略再到传播渠道，都与其他形态的视听节目有所不同。

一、微电影的传播特征

微电影在传播时，由于本身的短时长特点，易于在大众范围内传播，且一般与商业广告捆绑在一起，同时也达到极大的商业利益，因而，微电影具有微时性、普及性和商业性。

1. 微电影传播的微时性

在数字化技术手段发展日新月异的时期，人们极少有耐心能够慢慢欣赏长时间的影视作品。人们现阶段更乐于接受短小精悍的作品，也就使得微电影有了较大的发展空间。以"微时性"为核心特征的微电影生产时间相对较短，且制作周期也比通常电影的制作周期短，投资规模相对较小，这也就使得其制作相对简单。同时现阶段人们工作压力较大，微电影时长较短的特点使其可以充分抓住受众闲散的"微时间"，使得他们在碎片时间观看。②

---

① 王广飞.论新媒体视域下的微电影传播特征[J].当代电影，2013(05)：169-172.

② 司席席.融媒体视域下微电影内容生产及发展困境[J].采写编，2022(09)：171-173.

2. 微电影传播的普及性

微电影的传播越来越普及。随着社会的不断发展，许多拍摄创作设备更加普及化和轻便化。微电影的创作不再仅是影视界导演的权利，其拍摄只需要运用简单的拍摄设备即可，每一个人都能够成为导演以及编剧，并且所有人都能够实现自己的演员梦。正是这种简单性以及开放性，使得越来越多的非专业人士参与到了微电影的拍摄中。微电影作为一种全新的视听作品形式，导演以及演员用自己的方式表现他们对世界的认知和对情感的诠释，并通过对社会生活的各个细节进行展示，使得人们对于生活的认识更加全面。

3. 微电影传播的商业性

微电影的传播往往具有一定的商业性。大企业往往会以微电影广告的形式向观众推广他们的品牌，而不会引起观众的反感。微电影可以通过展现相应故事的形式来吸引受众，这也就使得其能够把企业品牌与相应产品诉求结合到同一个故事之中，进而使得故事的主题能够作为相应品牌核心概念而存在。例如，微电影广告是微电影的一种常见类型，与传统影视作品相比较，在微电影之中融入相应广告元素，可以使其创作建立在广告元素基础之上，从而使得作品之中广告的植入自然贴合。例如在《一触即发》这一微电影之中，就对微电影和商业广告充分进行了结合，这也就使得其商业产品以及微电影都能够受到更多关注。

二、微电影的传播策略

微电影的传播策略与传统电影的传播策略不同，微电影的草根性决定了在传播时应该充分地回归到全社会的参与，适应时代发展的需求。因而，微电影传播时，常常采用全民参与、裂变式和迅速聚焦的传播策略。

1. 全民参与的传播策略

自媒体时代微电影常采用全民参与的传播策略。微电影让传统的电影艺术从"高处不胜寒"回归到全社会参与、全民互动的时代，微电影的低成本、草根制作、全民参与的特点迎合了人们对于追求精神自由和互动体验交流的感性诉求。摄像设备的广泛应用以及视听作品的广泛制作，使得微电影的创作被越来越多的非专业化的影视创作者所掌握。更多有创作电影梦想的人们通过制作微电影来实现自己的理想。在进行传播时，也充分发动大家的参与性，让更多的个人加入微电影的传播。由于微电影制作时间短,它可以更快速地关注社会热点,制造更大的话题性,形成"蝴蝶效应"达到广泛传播以及全民参与,扩大传播的影响范围。

微电影传播不同于以往传统电影的影院式传播推广,微电影的受众群体利用电脑、视频网站和移动终端不仅可以选择自己喜欢或者感兴趣的微电影,还可以在观看时与其他网民进行互动,发表自己的看法,同时可以转载到自己的空间,并进行分享让身边的朋友进行关注。这种二次传播成为微电影传播的一部分,增加点击率和扩大影响力,有的微电影甚至可以达到日点击量上万次。

2. 裂变式的传播策略

裂变式的传播能够提升微电影的文化传播效果。微电影的传播效果依赖原发与转发,其中,原发的传播方式较易受到内容特点、版权等限制,从而影响传播效果。与之相比较,转发不仅有丰富的传播途径,而且传播效果与影响更为显著。[1]

互联网的开放性使微电影的传播途径、方式与策略呈现出显著的开放性特点。微电影不仅能在微信、微博、QQ、视频网站等不同媒介之间传播,还能保证用户在不同媒介发表评论与分享体会,或通过链接、转发等方式在不同媒介之间互动传播,这种互动性极大地增强了传播效果。网络用户在视频网站上观看了一个微电影作品后选择转发,该部作品可能被二次或多次转发,甚至与之相关的点评也一并被多次转发。这使微电影所传递的信息在二次和多次传播中得到迅速扩散。如果将微电影转发视为一个节点,那么,作品的传播节点越多,微电影的网络价值越高。换言之,转发微电影作品的人数越多,微电影的传播效应与效果越显著。

3. 迅速聚焦的传播策略

迅速聚焦能够促进微电影的传播。数字时代,受众的关注点容易受到舆论热点影响,在传播过程中,微电影也可转变为新的舆论热点,在全社会实现传播信息的扩散与聚集。[2] 部分微电影播出后,能获得超过百万次甚至千万次的点击量,充分体现了微电影迅速聚焦的传播特点。同时,微电影涉及的冠名品牌等商业信息,亦得到人们的广泛关注。

---

① 贾安民.微电影传播特点及优化策略分析[J].出版广角,2019(17):71-73.

② 贾安民.微电影传播特点及优化策略分析[J].出版广角,2019(17):71-73.

三、微电影的传播渠道

微电影的传播渠道较广，互联网平台是其主要的传播渠道，此外，移动客户端也为微电影的传播提供了长尾效应，为网络院线提供了新的渠道。

1. 互联网平台成为主要传播渠道

互联网是微电影传播依托的原始平台，也是微电影流行和传播的基础，早在我国网络 Web1.0 之际，短片和动画的播出大多是免费的模式。但随着社会的发展和人们版权意识的增强，商业化的运作在微电影早期也有所体现，微电影《一触即发》开始凸显微电影的广告内蕴。传统的网络短片、广告短片等都通过互联网这个通道，进行了网络化的分发，并同网络紧密结合，培育了微电影这种艺术形态。对微电影而言，互联网这一传播渠道也就逐渐形成了其传播与互动的主要传播渠道。[①]

2. 移动客户端提供长尾传播

移动客户端如手机、平板电脑等，为微电影提供长尾传播。移动客户端的流行，使得人们的文化生活和消费越来越适应加快的生活节奏。各种零碎的时间都开始被人们重视并被利用起来。在如今的碎片化时代，快节奏的生活方式给人们带来了一定的生活压力，短暂的时间都会被人们充分利用，并尽可能享受更多的便利，但是这导致生活中人们浮躁的心理越来越明显。微电影形式简单，时长较短，正填补了人们的碎片化时间，使人们的消费心理得到了满足。

移动客户端既是一个文化消费的终端，同时也是一个聚集微时代的各种需求的终端，包括微信、微博、微电影、微广告、微媒体、微支付和微生活等。微电影的观看与消费都可以随时随地进行，影像接触的空间地域不再受限制。移动客户端能够创造一种情境，并会反馈回微电影的生产制作者。制作者会根据移动客户端的基本特征，进行用户画像，根据他们碎片时间的长短，制作出不同主题、不同内容、不同表现形式的微电影。[②] 移动客户端能够通过算法和大数据与受众保持密切的互动状态，并实现长尾播出。

---

① 冯丹阳. 媒介融合背景下微电影传播渠道探析[J]. 当代电影, 2015(07)：192-195.
② 冯丹阳. 媒介融合背景下微电影传播渠道探析[J]. 当代电影, 2015(07)：192-195.

3. 网络院线提供新的渠道

新兴的网络院线能为微电影提供新的渠道。虽然网络院线提供的是付费的影片，但是近年来网络院线的成熟发展为微电影的传播及盈利的模式提供了可能性。网络院线的出现为微电影的传播提供了一种新的渠道。目前，成熟的网络院线盈利模式已经出现。从商业机制来看，早在 2011 年便已经出现了培养用户付费观看网络视频习惯的电影网络院线发行联盟，如腾讯网等主流视频网站。当前在互联网上众多的网络电影院中已经出现了微电影的点击专栏，比如在北京奇虎科技有限公司的网络电影院中，电影点击栏下设有微电影单元，在具体的设置中详细地将微电影划分出"微剧情""微青春""微动画"等不同主题的子栏目，网络电影院中微电影栏目的出现为微电影的传播提供了巨大的播出平台，为进一步打造多元的传播渠道打下了坚实的基础。

对于微电影发展而言，可充分借鉴网络院线，尤其是传统电影院线的电影融入网络院线的经验，积极探索并打造适合微电影的网络院线平台。

四、微电影的中国传统文化传播

微电影对于中国文化的传播不像纪录片那样典型，更多的是一种草根文化。但在传播文化的过程中具有即时性的优势，并能够体现出中国传统美学的含义。

1. 微电影的即时性具有传统文化传播的优势

微电影传播的即时性具有传播学层面的策略优势。微电影相对于电影或纪录片而言，生产周期相对较短，不论是中国传统文化还是社会主义核心价值体系，最有效的传播方式是将其融入人们的日常生活，微电影对中国传统文化的传播正是遵循了"日用而不觉"的传播规律。它的影响形式是处于一种即时状态中的，产生的效果也是即时的。随着人们日常生活的审美程度进一步提升，这种效果会愈加明显。它会在潜移默化中改变一代人的文化消费习惯，也能在无形中改变一代人的思维方式。加快中国传统文化与微电影的融合，将有助于中国传统文化的传播。[①]

---

① 张骐严，曹亚昕.网络微电影与中华传统文化传播创新模式分析[J].电影评介，2020(17)：15-18.

2. 微电影的"留白"提供传统文化传播的空间

微电影在传播过程中能够体现出中国传统美学的含义。微电影在与中华传统文化相结合的过程中，能够成功地体现出中华传统文化中所特有的美学含义。

微电影创作手法上的"微型"，在某种程度上与中华传统文化碰撞而产生一种"留白"的效果，在我国影视领域中，试图将中华传统文化"意蕴性"的审美情感融入视听语言中的尝试有很多，但往往效果不佳。根本性原因在于视听语言叙事的核心源自西方的文学叙事结构，它要求节奏性大于展示性。而东方文化的"意蕴"实际上更加突出展示性，在很多情况下是类似绘画技法中"留白"的使用，是一种指向无限空间或无限时间的展示。微电影的时长篇幅制约了影视文学叙事结构中的很多手段，却给指向性的展示留出了空间。结合了中华传统文化的微电影，冲破了传统电影模式的束缚，成为一种视频结构。[1] 这种结构模糊了电影与视频之间的边界，却融合了传统电影融合不了的，为中华传统文化"意蕴"表达提供了平台。

五、微电影在文化传播时要注意的问题

数字技术的进步促进了新型媒体的发展，也直接推动了微电影的迅猛发展，但同时对微电影在网络和自媒体终端传播的监管需要不断加强。网络强大的下载功能使得网络视频上传成为举手之劳，微电影的质量参差不齐，一些内容不健康的视频利用网络平台的漏洞开始出现在网络。尽管 2013 年国家新闻出版广电总局出台了《关于进一步加强网络剧、微电影等网络视听节目管理的通知》，一再强调未取得许可证的视频不能在网络上播出，但是仍然有一些博取流量的微电影在网络上流传，甚至在移动终端转发。2014 年，国家相关部门加大了网络监督力度，打击网络上的不良现象，并针对网络其他低俗视频进行了严格监控。微电影应更多地反映人民群众的生活状态，传播正能量与中国传统文化，成为受众喜闻乐见的一种节目形态。

---

[1] 张骐严，曹亚昕.网络微电影与中华传统文化传播创新模式分析[J].电影评介，2020(17)：15-18.

第五章 文化类短视频的发展

第一节 短视频的现状与发展

短视频是继文字、图片、传统视频之后一种新兴的互联网内容传播形式。短视频在互联网发展早期就以 UGC 等形式广泛出现。随着互联网的发展、大数据以及智能技术、人脸识别等新技术加速应用，短视频这一内容形态以相对较低的技术门槛以及非常便捷的创作和分享方式迅速获得普通用户的关注。尤其在不断有资本注入的情况下，短视频的平台数量不断增长，用户在线时长已经超越传统媒体的收看时长，成为仅次于即时通信的互联网第二大应用类型。学界专家谭天教授认为，短视频是一种结构性力量，它对互联网时代的传播形态、媒介生态和传媒业态起到结构性的作用。[①]

5G 技术为传统电视媒体的全媒体发展和融合创新赋能，同时也在不断推动短视频的发展。2018 年 12 月 28 日，中央广播电视总台联合中国电信、中国移动、中国联通三大运营商和华为公司，合作建设了我国第一个国家级 5G 新媒体平台。平台以大数据、人工智能技术为新媒体传播赋能，形成"5G+4K+AI"的视听传播战略布局。5G 技术正在推动短视频行业的快速发展，使短视频平台成为主流新兴媒体平台，使短视频领域成为众多媒体角逐的战场。短视频等新媒体已成为视听节目发展的一个重要形态。

一、短视频的发展历程

在我国，短视频已经成为新兴的社交形式。技术环境的日益成熟和用户需求的日趋多样催生了短视频应用的快速发展。一方面，移动智能手机普及广泛，大屏幕、高像素使得成像效果日臻完美，移动 5G、Wi-Fi 普及又使"随手

---

① 严小芳.移动短视频的传播特性和媒体机遇[J].东南传播，2016，138(02)：90-92.

拍"视频被迅速上传网络成为可能；另一方面，网民使用社交媒体已经成为习惯，从文字表达，到图片的记录到视频的拍摄，用户自我表达的形式要求越来越高，制作、上传和分享的门槛则越来越低，短视频应运而生并且迅速发展。①

1. 短视频的国外发展与现状

短视频最早出现在美国，最早的短视频分享应用 Viddy（一种摄影录像软件）可拍摄 15 秒视频，Viddy 于 2011 年 4 月 11 日正式发布移动短视频社交应用产品，并与 Facebook（脸书）、Twitter（推特）和 YouTube（油管）等社交平台实时对接，前用户数量已超过 5000 万。这一短小产品为用户提供了及时摄取、快速编辑、同步分享等功能，做到了视频交互的精细化和小巧化。后来因没能找到自身准确定位，用户数增长停滞等因素，被全球最大视频网站 YouTube（油管）的大内容提供商 Fullscreen（直译为"全屏幕"，此处为内容提供商）收购。Twitter 于 2013 年 1 月推出 Vine（一种社交软件），用户可拍摄 6 秒视频，并实现同步分享。Vine IOS 版本的最大亮点在于它可以把几条连续拍摄的视频片段自动拼接成一个完整的视频，即时拍摄，即时转发，从而为网友建立了用影像进行即时对话的平台，每天有 4000 万视频上传。2013 年 6 月，Facebook 旗下传统图片社交应用 Instagram（一种社交网络）新增 15 秒短视频分享功能。作为全球重要的社交网络之一，Instagram 用户数量高达数亿，逐渐成为全球重要的社交网络之一。② 凭借庞大的用户基础，Instagram 的短视频应用迅速拓展开来。在各国，也陆续出现本国的短视频应用，加拿大的短视频拍摄分享应用小程序是 Keek（窥视），日本推出的即时通信应用 Line 的"微片"在年轻受众中受到欢迎，后者允许用户拍摄 4~10 秒的视频。此外，Givit（大胆）、Threadlife（线程生命）、Keek（窥视）等短视频应用也占据了一定市场份额。③

2014 年 8 月，Instagram 发布了一种延时摄影功能的视频编辑应用 Hyperlapse，用户可以通过这项应用将长时间拍摄的视频压缩成很短的视频，从而实现了专业级别的"延时"效果，也就是说，普通人也可以自己拍出云卷云舒、花落花开和车来车往，可以用几秒时间就展现自然界一个漫长的过程。这一技术的重要意义在于它提供了普通人看世界和展示世界的另一种方式，使人们不再只是专注于自我秀，而是更关注周遭世界的变化，在现在的短视频创作中也一直应用广泛。

---

① 王晓红，包圆圆，吕强. 移动短视频的发展现状及趋势观察［J］. 中国编辑，2015（03）：7-12.

② 王晓红，包圆圆，吕强. 移动短视频的发展现状及趋势观察［J］. 中国编辑，2015（03）：7-12.

③ 严小芳. 移动短视频的传播特性和媒体机遇［J］. 东南传播，2016（02）：90-92.

随着社交网络迅速发展，短视频用户量增长明显。皮尤研究中心 2013 年报告显示，46% 的美国网络用户热衷于将自己的原创视频和图片发布到网上，41% 的用户乐于将搞笑视频和图片分享到专门的视频图像社交平台，这对 Vine、Instagram 等短视频应用的发展提供了良好的市场环境。① 这种"随手拍"的短视频，满足了人们自娱自乐的专业感觉，满足了人们乐于分享美和分享心情的诉求。同时，它的随时随地自动编辑成片使得随手可拍的短视频优势得到凸显，从而显现出更丰富的传播张力。

2. 短视频的国内发展与现状

根据第 48 次《中国互联网络发展状况统计报告》显示，"截至 2021 年 6 月，我国短视频用户规模达 8.88 亿，较 2020 年 12 月增长 1440 万，占网民整体的 87.8%"。② 我国从 2011 年"GIF 快手"短视频萌芽开始，短视频如雨后春笋般在传媒行业迅速发展起来。2011 年到 2021 年的十年发展期，短视频行业经历了从早期"从无到有"到现在"从多到优"的转变。

与国外相比，国内短视频社交应用的发展尚处于探索期，在内容生产、用户使用习惯培养等方面还不够成熟，但随着腾讯、新浪、美图等公司的手机应用开发商的不断探索，短视频社交已经展露出强大的发展潜力。

随着国内 QQ、微博、微信、陌陌等移动社交应用的快速普及，群体交往需求在不断提升，并逐步培养起碎片化的普通民众信息消费习惯，互联网社交生态日益成熟。

（1）奠定用户基础的第一代。

2013 年，随着 4G 通信技术及智能移动终端的逐渐普及，移动互联社交格局开始成形，第一个基于 Web3.0 移动互联技术的移动短视频应用问世，2013 年普遍被业界认为是我国移动短视频元年。

首先，奠定用户基础的第一代。秒拍、小咖秀及美拍等应用代表了第一代以短视频为核心的应用，随着各个平台的迅速扩张，用户对短视频传播形态的接纳度有所提升，这为短视频后期的井喷式爆发奠定了前期用户基础。

2013 年 10 月，短视频应用秒拍面世。为了推广平台知名度，除了邀请诸多明星、意见领袖加盟外，秒拍还与拥有巨大用户流量的微博展开合作，利用微博流量分发传播平台中的小视频内容。由于不会受到流量等技术门槛的限制，以 10 秒为单位的小视频能够迅速被用户在碎片时间内消化，因而引起了广

---

① 王晓红，包圆圆，吕强. 移动短视频的发展现状及趋势观察[J]. 中国编辑，2015(03)：7-12.
② 黄楚新. 融合背景下的短视频发展状况及趋势[J]. 人民论坛·学术前沿，2017(23)：40-47，85.

泛的用户上传与转发行为。仅仅一年时间的发展，秒拍平台上的部分明星用户短视频单日点击量便突破四百万次。①

以美图秀秀的美颜技术为依托的短视频平台美拍，能够在视频拍摄功能中添加滤镜、配乐以及添加多种剪辑效果，受到了一部分年轻女性用户的喜爱。2014年上线后9个月内，美拍用户量立刻突破1亿。在功能上不断新增创新的美拍，陆续推出百变背景、10秒海报等功能满足用户需求。随着直播平台崛起，美拍还增设了直播打赏功能，为配合"短视频+电商"的发展，美拍还推出了边看边买功能，紧随风口变换，力图维持头部的位置。

由腾讯开发的"微视"短视频应用，是移动短视频应用类别的始创者。2013年8月28日，腾讯掌门人马化腾注册微视账号"Pony"，上传了一条8秒短视频，标志着基于Web3.0移动互联技术的短视频应用诞生。直到当年12月5日，该账号粉丝数达到12.3万，账号共上传了4条短视频，内容包括"全民玩节奏大师""腾讯广州新办公室滑梯""腾讯大厦俯瞰"等，其中一条有72万次播放量。马化腾亲自为微视短视频代言宣传的行为，直接影响了微视短视频应用的传播模式。

微视虽然能够利用明星效应，并能打通QQ、微信、腾讯微博等社交平台，在一段时间连续数日下载量保持在App Store前五位，日活跃用户达4500万，但缺少以用户为中心的引导，投入明星的资金成本太高，而且微视短视频内容质量参差不齐，与受众黏性不强，运营后续乏力。从2016年开始，微视被腾讯战略逐渐放弃，并在此后两年的时间里没有推广。从2018年开始，受宿华的快手和张一鸣的抖音影响，腾讯又启动了对微视的战略推广，但此时的微视已错过了短视频应用的野蛮生长期，不再具备头部优势。②

（2）巨头加盟迅速崛起的第二代。

2015年被业界认为是巨头加盟迅速崛起的第二代。早在2013年，一款原名为"GIF快手"的应用软件正式转型为以短视频为核心传播内容的社交平台，用户以三四线城市以及农村的用户为主。随着短视频的传播，在公众对这一反映三四线城市生态的应用产生兴趣时，快手已在各大类似的App排行榜中占据靠前位置。2015年至2016年期间，快手用户基数从1亿激增到3亿。2017年，腾讯领投的3.5亿美元的D轮融资注入快手。根据快手的官方数据，两年后的2017年，平台的累计用户达到4亿，日活跃用户数超过5000万，用户日均使用

---

① 黄楚新.融合背景下的短视频发展状况及趋势[J].人民论坛·学术前沿，2017(23)：40-47，85.

② 周浩.移动社交时代短视频的网络传播价值[J].出版广角，2019(01)：70-72.

时长超过 50 分钟。[①]

与微视的爆红后迅速被大家遗忘不同，秒拍、美拍的用户增长和使用度更为平稳。秒拍在 2014 年问世初期，曾效仿微视启用明星效应的策略，依托新浪微博大打明星牌。2014 年 8 月，慈善活动冰桶挑战进入国内，众多明星和社会知名人士在微博上接力，72 小时内，就有 122 个明星使用秒拍发布冰桶浇身的视频，最后共计超过 2000 名的明星参与，日活跃用户数迅速达到 200 万。[②] 但秒拍没有陷入明星代言的局限，而是借助新浪微博的草根性，培养民间各具特色的网红，通过网红的话题度、自身风格、话题营造、持续营销和关系连接，不断吸引普通网民深度参与其中。

短视频初代网红 Papi 酱的出现，可以看作是秒拍传播模式的一个经典案例。2015 年 8 月起，Papi 酱连续发布了台湾腔+东北话、嘴对嘴小咖秀等一系列秒拍视频。其中，她发布的短视频"男性生存法则第一弹"在微博上获得 3 万多次点赞和 2 万多次转发。之后她又推出了吐槽男女关系、日本马桶盖、烂片点评等系列短视频，受到了大量网民的欢迎。受益于网红模式培养的还有美拍。美拍由于视频特效、人像特效等技术优势，更利于培养并吸引网红。从第一代网红 Dodolook 开始，美拍网红的吸粉能力不断加强，上线 9 个月后，用户量就已突破 1 亿，上线一年的日活跃用户数达到 1431 万。[③]

与移动短视频 1.0 阶段的微视相比，处于移动短视频 2.0 阶段的秒拍与美拍，传播模式不再是以明星发布的内容为视频内容主导，而是通过培养民间网红，吸引网民实现自下而上的深度参与，增加与用户的黏性与平台口碑。这也使秒拍与美拍成功度过了创业初期，进入到移动短视频应用的第一梯队。

（3）全面开启垂直细分模式的第三代。

2016 年，第三代全面开启垂直细分模式的时期。当用户逐渐养成每天看短视频的习惯，各大巨头纷纷入局后，野蛮生长和抢夺初期平台红利的时期已经过去，短视频的内容创作与平台渠道开始成为各大平台聚焦的重点。根据以下科技与秒拍发布的《2016 短视频内容生态白皮书》，秒拍的原创作者榜单中，2015 年排名前列的大多为泛娱乐类、搞笑内容的博主，此类内容极易短时期内获得流量，吸引用户注意，但由于内容同质化问题严重，变现能力整体较弱。

2016 年垂直领域的划分逐渐明晰。秒拍作者原创榜单中，短视频创作者排序重新洗牌，前 50 名创作者中，七成拥有清晰的垂直领域划分，包括美食、美

① 黄楚新.融合背景下的短视频发展状况及趋势[J].人民论坛·学术前沿，2017(23)：40-47，85.

② 周浩.移动社交时代短视频的网络传播价值[J].出版广角，2019(01)：70-72.

③ 周浩.移动社交时代短视频的网络传播价值[J].出版广角，2019(01)：70-72.

妆、汽车等细分领域。短视频领域内容垂直细分化的发展趋势也可通过对比历年榜单数据得到证实，创作者逐渐细化、明晰自身定位，向某一专业垂直领域过渡，变现能力也随之增强。① 以短视频生产平台二更为例，二更主要的变现方式包括硬广告及软广告植入、企业或商家定制的内容发布、搭建新媒体平台发展商业策划及发行营销等业务。另一家短视频生产平台一条，则通过短视频内容精准吸引用户，并以持续发展短视频与电商相结合的模式迅速积累了数十万的买家。

相比以秒拍与美拍为代表的短视频 2.0 阶段，以快手与抖音为代表的短视频 3.0 阶段最大的进步在于内容的生产和消费从顶端向多元化延伸，主导短视频流量的不再是处于顶端的意见领袖，而是用户。他们既是粉丝经济的主力军，又是生产和消费与自身相关内容的产销者，并通过弱社交关系的链接，扩大使用基数，增强使用黏性，获得了短视频应用在用户数和日活跃用户数上的双丰收。

比起秒拍与美拍，快手与抖音只能算后起者，但它们却真正决定了短视频的媒体属性和去中心化的社交属性。

快手早在 2011 年就问世，但最初其只是用来制作和分享 GIF 图片，是与小影等类似的工具类网络应用，用户的使用黏性一般。直到掌门人宿华引入个性化推荐算法，针对每个用户不同喜好推荐内容，强调用户社区的运营，快手才实现了向移动短视频应用的真正转型。加之宿华以喊麦、各种猎奇等泛娱乐化内容为手段，以面向三、四线城市为营销策略，收获了大量底层用户流量。

作为 2017 年兴起的短视频 App 抖音，最初以音乐类定位进入应用市场，其题材列表中有一半以上也是基于音乐风格的分类，如说唱、中国风、民谣、影视原声等，但是真正对抖音起到决定性作用的是其出色的话题制造和引领能力。在抖音 App 中的首页和发现页中，都存在着大量的话题引领性栏目，例如"手势舞""炫球技""中枪舞"等，这些大都由 App 内部的用户发起。简单易懂、易于参与模仿是抖音关注度较高的原因。这种话题引领的题材挖掘模式不仅实现了对用户创造力的集中，更能够通过话题参与模仿吸引更多的新用户。

抖音融合了几大应用的优点，将秒拍、美拍等应用创造网红和快手个性化推荐及用户社区运营的经验融合，将低门槛化的短视频交往特性、泛娱乐化的媒体属性和去中心化的大数据算法全部变现。

在这款应用上，用户既可以看到明星跟普通人一样的日常，也可以看到地域性和个性化爱好的热门推荐，还可以看到具有共同属性的用户社群。2017

① 黄楚新. 融合背景下的短视频发展状况及趋势[J]. 人民论坛·学术前沿, 2017(23)：40-47, 85.

年，当快手日活跃用户数达到 4000 万时，抖音还只有几十万，但到了 2018 年，快手和抖音已难分上下，后者还有超越前者之势。2019 年，在短视频领域，能够突破 1 亿日活跃用户数水平并保持持续增长的只有抖音和快手。[①] 不断提升的移动短视频的技术特性和社交属性使它们能够一直保持与用户的黏性，直播功能使网红对粉丝的吸引力度进一步加大，用户黏性和口碑持续提升。在一段时期内，这两款应用仍将是短视频领域的头部产品。

从类型看，目前市场上短视频平台可分为三类。第一类是满足个人制作短视频需求的工具类，例如小咖秀、小电影等，它们能通过提供手机录制、逐帧剪辑、电影滤镜、字幕配音等功能，让非专业用户也能在手机上剪辑出类专业的短视频作品。第二类是满足发现新鲜事物需求的资讯类，例如今日头条旗下的西瓜视频、与微博绑定的秒拍等，这些产品通常依托社交或资讯平台并为其提供短视频播放功能。第三类是满足用户社交需求的社群类产品，这类产品以快手、抖音、美拍等为代表，能够营造浓郁的社交氛围，并通过互动创作分享，吸引高黏性的用户。[②] 当前的短视频各类产品中，以社群类短视频的市场占有量最高，引流能力最为明显。

二、短视频的特点

随着数字时代产生发展的短视频，既具有传统媒体的属性，又具有数字时代的碎片化媒体属性。

1. 技术门槛较低，即时化碎片化分享

短视频的技术门槛较低，即拍即分享，成为新的社交生态。以往的社交网络都是通过"文字"或"文字+图片"的形式进行分享。随着技术条件发展，声音和影像作为社交网络交流方式的条件愈加成熟，短视频完成了这一突破。其应用基本符合社交网络的属性功能，可以转发、评论、分享、点赞，较之传统的社交网络，短视频承载了更多的信息量，是对社交语言的一次革新。短视频可以被嵌入到开放的关系链中的任何一部分，既是视频自媒体生产和消费的新平台，又可以连接微博和微信，极大丰富了社交表达的语态。

短视频开门见山，适合碎片化的信息传播。最早短视频的长度限定在 6～

---

① 周浩. 移动社交时代短视频的网络传播价值[J]. 出版广角, 2019(01)：70-72.

② 冷凇, 张丽平. 崇高降陨与日常再造：从生活美学看短视频的审美进路[J]. 现代传播(中国传媒大学学报), 2021(02)：101-105.

15秒，这与140字的微博字数限定相似，都是为了便于更便捷快速地传播。短视频可以在规定时长内，自动完成多个镜头的组接，只需要抓住观众的兴趣点，并不一定要严格遵循传统语境的叙事逻辑和形式框架。短视频一般呈现一个场景、表达一种情绪、记录一次生活体验，甚至只是一段碎碎念自拍，这样随机随性的方式，开门见山，适应了碎片时间内的个体表达与用户的观看需求。

短视频技术简化，个性化影像表达更加丰富。传统的影视作品拍摄，往往需要长期的前期构思和专业的摄像设备，甚至需要一个包括摄像、编辑、导演和后期包装的多人团队才能创作完成。而短视频的拍摄制作只需要一部手机或者一个平板电脑就能完成。随着滤镜、特效等各种功能庞大的后期制作软件，只要一键选择某个模板，就能达到专业的视听效果。马赛克、油画效果、多格效果、动感影集等这些以前对用户而言高大上的影视特效，开始走入了寻常百姓家，极大增加了用户体验的乐趣和自豪感，个性化的创意也随之得到最大空间的发挥。尽管移动短视频也有严格的审核把关，但总体而言，创作的自由度高于传统媒体节目。它不仅带来了视频创作与分享的乐趣，更重要的是，相对于少数专业精英主导的短视频内容生产来说，可以汇聚起更丰富、更多元的资讯。

2. 凸显美学意象，展现人性美民俗美

短视频能够凸显美学意象，展现人性美和民俗美。自古以来"美在意象"是中国美学强调的观点。中国传统美学否定实体化的、外化于人的形式美，同时否定纯粹主观的美，认为美是在现实世界的基础上铸成另一个超现实的意象世界。

而大多数的短视频内容，着眼于对现实生活的直接描写，没有时间与空间来追求具有美感的意象构建。因此，观者在接收短视频时，无法跳脱出实际内容，只能依赖于短视频的场景实体，达成陌生或熟悉的内容刺激。短视频向美感提升，需要对创化意象上提前做好足够的理论构建和实践探索，更需要对受众的审美诉求进行充分的考察，与受众建立起精神连接，才能融合场景、内容、音乐等视听元素，促成意象的形成。日常生活的内容与大众最为亲近，也是人们重要的精神家园。短视频在日常生活中构建与人的精神连接，更能引起观者内心的感悟与共鸣。如引发观众田园梦想的李子柒，她的短视频内容虽然是农家的烧柴、做饭、采笋、摘果等农活，但这些生活片段的记录加上悠远的山村意境，春赏花，夏摘荷，秋看月，冬踏雪，契合当下钢筋水泥的城市重压下人们对归园田居的生活向往。

此外，短视频的内容发布者来自各地不同的文化背景，这种多元的内容其实还包含着民俗风情的美。俗话说："十里不同风，百里不同俗"。在短视频

中，能够在短短数秒内，就让人们穿越到千里之外，感受不同的民俗风情。

3. 嵌入式微传播，拓展延伸话语空间

短视频还能够进行微传播，拓展延伸话语空间，能让每一个普通人非常便捷地记录新闻事件现场，以视觉的方式在公共平台上呈现观点。它在冲击传统媒体的同时，也给传统媒体带来了希望，主动应用移动短视频无疑为传统媒体尤其是平面媒体带来了更为丰富的表现手段，同时，嵌入微博、微信的传播，延伸了媒体的话语空间，提高了传播的时效性。

在我国，各大主流媒体也越来越重视短视频领域的发展。以新浪微博这一强大社会意见集散地为依托，央视新闻、《人民日报》、新华社、《广州日报》等主流媒体纷纷入驻秒拍。移动短视频社区对于传统媒体而言，不仅是电视节目片段的发布区，而且是视频互动的征集台。例如，央视新闻首创了"秒拍记者会"的报道形式，与秒拍合作推出"假如回到童年"短视频推广活动与广大用户互动，征集到了大量或励志或搞笑的视频素材。对于传统的纸媒，移动短视频更是突破了文字和图片的约束，成立专门的短视频团队，实现全媒体报道的最便捷方式，全力打造原创新闻、生活资讯等视频内容。

三、我国短视频的现状

在行业整体发展呈现新格局和新生态的背景下，我国短视频成为现在媒体深度融合的重要传播形态，政务、电商、在线教育、游戏等多维场景共同推进"短视频+"，实现跨界融合，短视频在逐步完善的过程中日趋多样化。

1. 媒体融合为短视频发展提供了主战场

短视频平台以新型的传播形态和丰富的视频内容为依托，凭借庞大的用户群体和流量优势，吸引主流媒体入驻和各类内容生产主体加入，为媒体深度融合的供给侧改革注入了活力。2020 年，主流媒体对短视频新闻的创作力度空前提升，据 2021 年 4 月国家信息中心发布的《2020 中国网络媒体发展报告》显示，2020 年光明网、澎湃新闻、新华网日均短视频发布数量分别高达 71 次、64次、47 次，短、快、密集的全时态及流动的全息态成为吸引新网民和黏着老网民的传播利器。[①]

---

① 国家信息中心. 2020 中国网络媒体发展报告：新表现·新生态·新责任［EB/OL］. http：//www. sic. gov. cn/archiver/SIC/UpFile/Files/Default/20210423103739187253. pdf，2023-03-25.

媒体融合进程中，主流媒体和网络媒体积极布局短视频，通过短视频的形态创新推动小屏化、竖屏化及大小屏融合。2021年，中央广播电视总台新媒体平台"央视频"以奥运会为契机，开展赛事直播、长短视频、大小屏跨屏互动，奥运期间总播放量达25.8亿。① 同时，央视推出年轻态的网络综艺系列IP"央young"系列《央young之夏》和《冬日暖央young》，通过"直播+短视频"的形式进行融合传播，以国风热潮和冬奥热点作为传播主题，实现了融媒体传播的主流价值引领。在2021年全国两会报道中，主流媒体的短视频传播灵活多样，中央广播电视总台"央视新闻"在抖音平台推出的短视频节目《一禹道两会》，短视频节目《两会你我他——王冰冰带你走街串巷看两会》在哔哩哔哩视频网站播放量超80万次。短视频表现出以下特征：一是主流媒体入驻短视频平台；二是主流媒体自建短视频平台；三是主流媒体与短视频平台融合互动；四是短视频新闻、微视频、Vlog新闻等成为主流媒体新闻创新的常态模式。

2.5G技术的发展为短视频发展提供机遇

在5G时代，虚拟现实技术与5G网络通信技术的融合为短视频的快速发展提供了机遇。5G更具有高效传播的特点，虚拟现实技术、5G网络通信技术正在赋能短视频制作，通过打造高清虚拟现实视频为用户提供分享、上传和直播短视频。5G时代，运用虚拟现实技术的短视频正成为重要的传播形态，提升短视频的创作品质。

5G网络通信技术与物联网技术相融合，有助于实现物联网与短视频的合作双赢，如短视频平台与智能家居、移动医疗等行业合作，可以推动新型短视频模式与物联网应用的同时发展。物联网技术在进入新媒体领域之后，万物互联，能够带来新的融媒体机遇和社交机遇，改变传媒生态中的生产要素与链条，起到优化短视频的盈利模式、广告模式和内容制作等方面。

5G技术不但直接或间接地影响信息传播，还影响到了大众所在的传媒生态和社会空间。短视频已经迎来了行业的大爆发，短视频的用户关注度与内容质量成正比，主流化、价值化已成行业共识。各大短视频平台正经历一轮关于内容品质和价值内涵的革命。

安迪·沃霍尔曾说："每个人都可能在15分钟内出名。"② 虽然在传统媒体时代，这还存在一定的理想主义色彩，但在数字时代，这已然成为现实。随着网络技术从Web2.0向Web3.0演进，短视频更加交互的社交属性、垂直化的

---

① 黄楚新. 我国移动短视频发展现状及趋势[J]. 人民论坛·学术前沿, 2022(05)：91-101.

② 周浩. 移动社交时代短视频的网络传播价值[J]. 出版广角, 2019(01)：70-72.

传播渠道及泛娱乐化的内容,使普通人出名的门槛进一步降低。

3. 数字场景的融入助推短视频跨界

数字时代下,数字场景的融入助推短视频的发展。

用户群体对短视频的场景、互动等需求越来越多样,因而进一步催生了短视频多维场景融入用户生活和社会发展各个领域,政务服务、线上办公、在线教育、休闲游戏等成为短视频场景拓展、垂直细分的热点。

当前,短视频平台与政务机构、政务媒体合作更加紧密,"短视频+政务"模式迅速发展。据第 47 次《中国互联网络发展状况统计报告》显示,截至 2020 年 12 月,我国各级政府共开通政务抖音号 26098 个,31 个省(区、市)均开通了政务抖音号。据抖音公开数据显示,截至 2021 年 6 月,政务抖音号的相关视频播放量已经超过 16 亿。[①] 据央视索福瑞的用户调查显示,32.1%的用户看过政务类短视频,其中,官方权威解读、内容主体重大、社会公信力强等均是其受欢迎原因的构成要素。在创新社会治理、在线履职等方面,政务短视频未来将成为政府机构政务服务功能拓展的重要渠道,政务服务的权威性与短视频表达的底层化相结合,将正在推进社会治理在政府、媒体、民众与社会的多元互动。

4. 乡村振兴成为当下的创作重要命题

乡村形象的表达也伴随着短视频等新媒体平台的用户下沉展现了新面貌,"短视频+乡村"在助推乡村振兴、推进城乡融合方面发挥着积极作用。从抖音与快手的差异化特征看,快手的内容表达与用户群体更倾向于三四线城市及农村地区。针对乡村青年短视频使用情况的相关研究发现,快手中针对乡村题材的短视频对农民形象和乡村生活有着显著的重塑作用,在一定程度上促进了城乡协同发展。顺应乡村振兴的政策导向,涉农类短视频发展势头强劲,众多涉农类短视频跻身平台头部内容,抖音、快手等头部短视频平台针对"三农"题材多次推出相应的扶持计划。在涉农类短视频内容类型上,乡村风景、农家饮食、日常生活记录、民风民俗、农业新科技、农产品电商卖货等均成为用户感兴趣的重点内容。《2021 抖音数据报告(完整版)》显示,抖音获赞最多的十大职业中,"农民"排名第三,乡村相关的短视频获赞超 24 亿。[②] 值得关注的是,

---

① 黄楚新.我国移动短视频发展现状及趋势[J].人民论坛·学术前沿,2022(05):91-101.

② 黄楚新.我国移动短视频发展现状及趋势[J].人民论坛·学术前沿,2022(05):91-101.

2021年以"张同学"为代表的众多农村草根网红以拍摄农村场景短视频为主，逐渐成为传播乡村文化的重要力量。

四、短视频发展时要注意的问题

短视频受众广泛、形态多元、创新活跃、发展迅速等特点都决定其在发展的同时不可避免会存在一些问题，在关注短视频发展所带来的优势之外，人们更应关注与反思短视频行业背后的群体心理、流行文化、社会情境与时代症候。只有对技术创新和社会需求驱动下的数字媒体行业发展保持足够深刻的洞察和思考，才能促使其发挥应有的潜力和价值。

一方面，加强主流价值观的引导。目前，我国短视频普遍存在的一个现象是泛娱乐化的内容偏多，知识类内容偏少；同质化的短视频偏多，个性类的短视频偏少。在国外类似的短视频中，医学、财经、母婴等专业知识类短视频垂直内容也拥有一定的受众群体。我国可借鉴国外的相关经验，创造并推荐知识类网红，引导用户定制、观看进而生产知识性内容，从而提升知识性内容的市场占比。短视频还可利用个性化推荐算法，使知识性内容形成播放总量和定制偏好的良性循环。

另一方面，严格审核短视频的内容。一些短视频的创作者为了吸引流量，以低俗、涉黄、暴力等负面的生活状态满足人们的猎奇心理，不乏炫富和炫技的炒作接连出现。个别视频平台未在许可证规定的业务范围内开展业务、未按有关规定履行相应的审核程序。这些违规平台也直接引发短视频侵权行为出现。无论是未经许可改编他人的视频内容、擅自转发，还是直接删剪拼接现有影视作品，都会对原创者的版权权益造成损害，也对网络视听内容生态造成危害，必须对短视频内容进行严格审核。

此外，避免同质化的内容创作。一些短视频内容传递错误的价值观，对公众尤其是青少年群体造成一定的信息误导。平台推崇的热门内容在短时间内立刻被模仿，这样的同质化内容，既缺乏内涵也缺乏专业性，无法生产出真正的短视频精品。还有一部分为了吸引眼球渴望成为网红的用户，将庸俗、低俗或媚俗化的内容上传到平台上，使三俗内容的危害进一步加剧。在推荐引导短视频时，应用平台应规范积极向上的价值观而不是单纯以流量作为标准，且应认真审核短视频的创作内容，避免同质化。

再者，预防数据依赖和信息沉迷。大数据时代，短视频内容以大数据为基础进行智能推送，诚然会提高传播的有效性，如今日头条短视频有效播放率高达到 85%，但其背后隐含的是"用户偏好高于一切"的价值逻辑。[①] 长此以往，用户会远离社会的一些实事信息，不但会导致推送的信息同质化，而且也会筑起信息屏障，局限用户的兴趣和思维，甚至让用户沉迷上瘾。2019 年 4 月，抖音、快手、火山小视频等短视频平台试点上线青少年防沉迷系统，并于当年 6 月在全国主要短视频平台全面推广，保护青少年的技术防火墙正在不断完善。无论是传统媒体还是社交新媒体，都应引导短视频突出正面功能，推动移动社交的正向发展。

第二节　文化类短视频的现状与发展

短视频是有别于电视、传统互联网视频的类型，短视频的拍摄、编辑、发布传播都可以通过智能手机这一移动终端迅速实现。短视频的短、平、快与视听化的特点，与当今受众时间碎片化、阅读视频化的信息接收和消费习惯十分契合，与具备摄录、编辑和传输功能的智能媒体终端相匹配，特别是随着 5G 通信技术发展，移动网络传输带宽提升和流量资费下降为短视频解除了传输束缚，短视频在新媒体平台大量生产并迅速传播，快速发展为当下主流媒介形式。

中国传统文化的传承与传播需要依托大众媒体而得以实现，短视频的社交便利性，给传播中国传统文化开辟了新的传播渠道，更多的用户可以通过短视频来传播中国传统文化。

中国传统文化充分利用短视频的优势，赋予现代化的传播形式，以激活传统文化资源的生命力，扩大其社会影响力。[②] 我国目前的短视频类型多样，在本章节中，着重对具有传统文化元素的这类文化类短视频统一展开探讨。

一、文化类短视频的现状与发展

习近平总书记在主持第十八届中央政治局第十三次集体学习时指出，弘扬中华优秀传统文化，"要处理好继承和创造性发展的关系，重点做好创造性转化和创新性发展"。两个"创造"是新时代中国传统文化传播的核心。例如，中央电视台制作的 100 集微纪录片《如果国宝会说话》与抖音短视频进行了联合

---

① 董潇潇. 短视频行业发展的新情况与新特点[J]. 传媒，2019(09)：48-50.

② 赵玉霞，王冰. 优秀传统文化短视频的网络传播[J]. 青年记者，2019(29)：4-5.

推广，一起发起了"给我5分钟，展现全新国宝，向世界打招呼"的线上活动，受到广大观众的好评。

除了近年来的国宝热，我国的其他传统文化节目内容丰富多彩，博大精深。其中既有民俗风情、地方美食、传统美德和唐诗宋词等，也有音乐、舞蹈、戏曲等，包含了听、说、读、写等各个方面。随着网络新媒体的发展，使用短视频传播中国传统文化，逐渐成为中国传统文化传播的主要形式之一。①

这些文化类短视频在传播中国传统文化时，视频的内容比较符合受众的认知特点，常以受众所能接受的话语表达形式出现。这是文化类短视频传播中国传统文化的主要优势之一。

部分短视频的创作者来自各行各业，他们根据自身的经历进行短视频创作。有农民创作的富有现代乡村气息的短视频，有医务工作者进行医学常识科普的短视频，还有教师分享学校中与学生一起校园生活的短视频。部分短视频的创作内容来自基层，这些都是熟知的普通大众的认知。在传播形式上，短视频的作者通过或幽默或发人深省的形式，在日常生活的记录中以润物无声的形式向受众传播中国传统文化。② 短视频的时长一般在10分钟以内，在人们的生活节奏较快、压力较大的当下，这种形式能让受众只要花费少许的时间，便可获得相应的信息，舒缓工作生活上的压力，符合现代人获取信息的规律，并且成本低，具有较高的时间性价比。

1. 文化类短视频实现了小众传播

中国传统文化的短视频传播可以实现小众化传播。曾经有一段时间，中国传统文化面临边缘化的风险，受众的日渐小众化制约了中国传统文化的传播和弘扬。近年来随着国家的政策引导，中国传统文化慢慢地被大家所重视。而短视频拥有数量庞大、不断增长的受众，在传统媒体流失受众的同时，抖音等短视频平台还能不断吸引受众。从短视频受众结构上看，用户年轻化和区域均衡化特征明显。短视频用户集中在90后、00后等青年群体，短视频平台为争夺市场不断下沉，年轻群体观看中国传统文化短视频的人数不断增加，中国传统文化与短视频平台的融合不仅为中国传统文化传播提供了数量可观的潜在受众，而且在很大程度上实现了受众群体的优化。③

---

① 张牧.短视频传播传统文化的特点[J].青年记者，2020(14)：95-96.

② 沈先陈.优秀传统文化的短视频传播策略探析[J].新闻知识，2020(01)：72-75.

③ 赵玉霞，王冰.优秀传统文化短视频的网络传播[J].青年记者，2019(29)：4-5.

2. 文化类短视频降低内容生产门槛

文化类短视频降低了内容生产的门槛和成本。传统的文化生产一直具有"精英化"的特征，历史上主要由少数知识精英以著书立说的方式进行。在传统媒体时代，文化内容生产的技术门槛依然很高，如电视节目的生产制作需要专业的摄录、剪辑和播出等设备，技术专业性强、流程环节多、制作成本高，没有充足的人、财、物支撑很难涉足。而随着传媒技术的普及与传播，短视频制作的大众化特征明显，只需要在智能手机上安装相应的 App，利用 App 应用中简单易学的视频编辑功能以及丰富的滤镜和特效即可完成内容制作和发布。短视频的出现降低了文化类视频节目制作的门槛，极大降低了节目制作成本，普通受众也可以成为短视频的开发者。短视频与中国传统文化的融合可以丰富内容生产主体，行业专家、学者、教师以及学生等群体都可以参与到文化类短视频内容的生产和开发中，有效地扩大了中国传统文化的视听节目内容供给。[①]

相对于传统媒体的节目而言，文化类短视频的制作相对简单。各短视频平台的视频制作流程较为一致，对传播者的教育背景要求不高。在制作短视频时，传播者只需要将拍摄好的视频提交平台审核后，便可上传到网络空间，即可把视频与他人分享。在视频上传后，观众或用户还可以借助短视频平台，及时通过评论区与短视频发布者进行沟通和交流，互动性强。短视频平台还提供了直播的功能，传播者和受众可以通过直播的形式，进行实时互动。这种方式能够让受众及时获得最新的中国传统文化信息，尤其是通过对共同感兴趣的中国传统文化话题的探讨，了解中国传统文化发展的前沿。

文化类短视频较强的娱乐性与精准定位，也使得用户的普及度非常高。短视频平台将用户群体细分，辐射到各年龄层的用户，扩大了受众。例如，抖音短视频平台上有关中国传统戏剧的内容，表演者来自各个年龄段，既有年过花甲的老人也有初出茅庐的儿童，扩大了传统戏曲文化的传播范围。再者，新媒体短视频平台还营造了名家与"草根"同台的效应。无论是琴棋书画还是戏曲音乐，都有不少艺术名家担当文化的传播领袖。他们在业界的权威性与专业性给中国传统文化的传播树立了标杆。

此外，文化类短视频不同于以往的制作方式，它的设备简单，一般而言不需要大型的创作团队。一部智能手机、一套便携式的拍摄辅助设备加上后期剪辑和作品上传就构成全部的短视频制作生产流程。这些设备的投入较低，这就让更多愿意进行中国传统文化短视频创作的爱好者或专业人士，可以从事这一

---

① 赵玉霞，王冰.优秀传统文化短视频的网络传播[J].青年记者，2019(29)：4-5.

行业。此外，不同的短视频平台相互融合，传播者可以将相同的短视频上传到不同的平台，以此让更多的受众接触到中国传统文化，提高传播效率。

3. 文化类短视频更契合受众观看习惯

一直以来，"曲高和寡"是中国传统文化传播面临困境的重要内在原因。比如，文献典藏是我国古代传统文化传播最主要的载体之一，但这种传统文化具有结构体系化和语言晦涩的特点，对受众的知识水平、理解能力、阅读时长和精力集中程度有很高要求，很难引起现代受众的兴趣。传统文化要融入当下社会，就必须将形态转化为现代社会喜闻乐见的形式，与新媒体文化传播相适应。以文化类短视频形式开发传统文化资源，能够将晦涩的文字和生僻的文献转化为直观生动、通俗易懂的视频形式，将传统文化通俗化、实物化、情景化和可视化，满足轻量化和碎片化的用户阅读习惯，降低知识吸收的门槛，提升用户内化能力，让传统文化真正成为大众文化。①

4. 文化类短视频扩大时空传播范围

文化类短视频的灵活性能够扩大时空传播范围。文化类短视频既可以独立成作品，又能够集结成系列，能够打破传播方式的局限性，打破传播的时空限制。传统媒体的大众传播方式是一种单方向、直线式的传播，信息被受众接收后传播活动难以形成长尾效应。但在文化类短视频的传播中，受众不再是被动的接收者，可以选择性地点对点进行传播，可以作为传播网络的节点能动地进行转发、分享，实现信息的二次发布，形成信息传播的长尾效应。在传统媒体时代，受众个体因生活方式、个人爱好、媒体偏好、时间限制等原因而选择相对固定的信息接收方式，接受方式相对单一。但在新媒体时代，一条短视频可以迅速做到跨平台、全时段、"病毒式"的传播。我国的传统文化虽然有其承载实体，但作为一种价值观和思维方式，在传播和传承中讲求耳濡目染和潜移默化。短视频寓教于乐、润物无声的传播方式可以悄然无声、轻松自然地将中国传统文化带入人们的日常生活，唤醒人们的集体文化记忆，使中国传统文化回归大众的日常生活。

中国传统文化内容的丰富与多样性在一定程度上更扩大了时空传播范围。例如，戏曲主要以戏台表演和演唱进行传承，通过现场拍摄与录音进行传播推广。观众无法通过文字和图片体会到戏曲的精髓，这就需要以视频为载体，配合视听功能给用户直观感受。其次，视频的动态信息传递丰富了传播形式、增

---

① 赵玉霞，王冰. 优秀传统文化短视频的网络传播[J]. 青年记者，2019(29)：4-5.

加了趣味性、提高了用户接收信息的效率。① 例如，传统美德、唐诗宋词大多以书籍报刊为载体，传播形式非常单一。短视频可以在十几秒内通过虚拟现实与动画阐述内容精髓，大大提高了传统文化的传播效率。又如，名人字画通过图片展示无法达到教学传播的目的，短视频可以将书写绘画的过程记录下来，观众只需反复观看就可在短时间内掌握技巧。

二、文化类短视频的传统文化创作策略

文化类短视频进行中国传统文化的创作时，应注意打造共情触点、弘扬民族精神和构建艺术与生活的关联。

1. 打造共情触点

在工业化、城市化、商业化、网络化的快节奏时代，我们的社会发展需要挖掘观众能深切感受的、能共同理解的情感，并以特有的东方气韵和诗意气质表达中国故事，激发情感共鸣。在传播过程中，使观看者欣赏文化内涵，认同文化形式和内容，促进对中国传统文化的传承和发展。例如李子柒制作美食的短视频，传递了中国的乡村之美和中国的传统手工艺之美，如同网络传播时代的中国"田园诗"。② 这类作品能够打造共情触点，形成观众的文化记忆。

2. 弘扬民族精神

文化类短视频的创作还大力弘扬民族精神。在 2022 年北京冬奥会期间，国内各大网络平台都在播放冰雪题材动漫影视作品宣传片《中国冰雪大扩列》，在视频中，民族经典动画角色如孙悟空、雪孩子、哪吒、葫芦娃等，化身冬奥会赛事项目的运动员，在雪地里滑行和飞跃。这类短视频为民族动画角色赋予了新时代文化使者的形象，增添了中国传统文化的厚重感与高度感，丰富了中国传统文化的内涵。

3. 联结艺术与生活

此外，文化类短视频在创作时构建艺术与生活的关联。"艺术来源于生活，又高于生活"。文化的魅力在于精练了生活的细节，提升了对生活的理解，而

① 张牧. 短视频传播传统文化的特点[J]. 青年记者, 2020(14)：95-96.

② 周伟琳. "中华优秀传统文化+短视频"的传播优势及策略[J]. 桂林师范高等专科学校学报, 2022
  (04)：47-51.

文化最终要反哺生活，为生活中的问题和困惑提供思考的方向。中国传统文化的精髓，反映了中国先人数千年来的生活实践与哲学思考，蕴含着诸如尊老爱幼、见义勇为、修己慎独、勤俭廉正、笃实宽厚等一脉相承的民族性格与价值观念。因此，在传播中国传统文化艺术的过程中可以产生潜移默化、春风化雨般润物无声的效果，能够让现代忙碌的人们得到启发。

三、文化类短视频发展时要注意的问题

目前在各大自媒体平台，以中国传统文化元素为题材的短视频虽然不少，但围绕语言、食物、建筑、文学等表层文化进行宣传展示的较多，而挖掘到传统文化中优秀的价值观念、审美观念、社会心态等核心层面的仍较少。因此，作品不仅要在表达内容、语态风格、讲述视角、切入点等方面另辟蹊径，更要在文化内涵、思想引导上下功夫。在进行短视频创作与传播时，可注意以下几个方面。

1. 深入挖掘优质文化资源

文化类短视频应深入挖掘中国传统文化资源。优质文化资源是优质内容生产的原料和前提，近几年，故宫文创产品的爆红证明了中国传统文化具有巨大价值和潜力。可邀请各地博物馆和档案馆、各级非遗传承人、传统文化专家学者入驻短视频平台，作为资源优质、专业权威的内容生产主体，坚守中国传统文化价值，保证文化内容质量，打造短视频精品节目，让深藏宫中的文物、束之高阁的典籍以亲近友好、富有趣味的现代表达与受众平等对话，实现文化内容的高质量供给。同时，这些权威机构和个人可以作为平台内的意见领袖，对用户做好价值引导，汲取文化精髓，对内容做好品质把关，屏蔽低俗庸俗内容，促进中国传统文化短视频健康持续发展。

2. 系统性开发文化资源

文化类短视频应对文化资源进行系统性开发。中国传统文化的具体承载形式丰富多样，有些文化产品的形态短小精悍，如古诗词、人物典故、书法美术等，这些比较适合短视频的碎片化生产。但相当一部分文化作品，如文学名著、历史史书等，复杂庞大，短视频很难完整呈现。因此，在中国传统文化资源开发过程中，应做好系统、连续的开发，一方面让短视频以更为浓缩、凝练的形式呈现更多内容；另一方面与电视节目融合，"大屏"加"小屏"，形成较为完整系统的知识体系。

3.规范平台的媒介生态

文化类短视频在发展中，必须不断规范短视频平台的媒介生态。我国在媒体融合领域不断在进行行业规范，已经在互联网领域建立了较为完善的著作权立法保护。2019年4月，我国首例广告使用短视频侵害著作权案以原作者胜诉告终，表明视频的长短并不影响对著作权的保护，著作权保护同样适用于短视频领域。但目前短视频版权保护仍存在维权周期长、违法成本低等问题。为此，在维持短视频侵权法律高压态势的同时，短视频平台自我监管也应及时跟进。应进一步完善网络视频平台的审核机制，建立并完善投诉渠道、缩短维权周期、实施跨平台追究，一旦明确侵权问题，立即采取内容下架等措施，并为法律诉讼提供平台官方证据，对于侵权的账号进行警告或封号，严重的进行销号处理，营造清朗的短视频传播环境，构建健康有序的行业发展空间。

第三节　文化类短视频的美学构建

克罗齐的《美学原理》中提到，"任何人把艺术理解成什么，艺术就是什么"。随着社会的不断进步，科学技术和理论的飞速发展，产生的艺术内容和形式也愈发丰富多样。新的艺术规律不断产生与发展的同时也颠覆了过去的艺术规律，打破了长久以来古典艺术的创作规则和创作范式，艺术的呈现形式愈加多样化、反传统化。[①] 当前，随着新媒体应运而生的短视频也打破了传统的影像作品的创作模式。许多创作者没有遵循影视作品创作中的蒙太奇手法与视听语言的规律，以内容为核心，在形式上独具一格，反而获得了大量的粉丝和受众的点击量。

文化类短视频在传播中国传统文化的过程中，构建了独特的美学，包括传统生活之美、生态文化之美、科技之美、画面之美和节奏之美的美学张力。在此之前，首先需要了解一下短视频的审美主体。

一、短视频的审美主体

短视频的使用者被称为短视频的审美主体，他们也是短视频的消费主体，伴随移动互联网的普及，UGC 模式成为当代全新的商业模式，传统的电视剧、

---

① 魏侨.浅析新媒体短视频的美学特征[J].大众文艺，2020(06)：157-158.

电影的观众逐渐变成短视频的生产者和消费者，甚至有些人是短视频的创作者和传播者，大多数用户可以在视频软件上根据自己的需求方便快捷地制作短视频，记录美好的瞬间，并且可以通过各种社交媒体传播这些短视频。消费者不再受时间和空间的局限，能够随时观看视频，同时可以按照自己的喜好从网络中选择自己喜爱的视频，并且可以随时通过媒体创作短视频。

审美主体主要通过自己的感官感受世界万物，并与世间其他事物产生直接联系。当审美主体在观看短视频时，视觉和听觉是审美主体进行审美的主要途径，大多数短视频都是通过声音、图片等形式来给观众带来感官上的刺激，并让审美主体通过感官对视频有一个直接认识，因为感官对于人类来说是最直接的，也是最有效的，不需要花费过多时间来接受。① 因此，短视频的首要任务就是让观众在感官上获得视觉和听觉上的享受，只有获取审美主体第一步的认可之后，才会有下一步的情感认知和精神认知。

当观众使用自有的感官接触到短视频后，就会通过情感和想象来感悟短视频中的美妙，进而得到情感认知，从内心获得审美的享受与愉悦。短视频虽然时间较短，但里面可以包含很多内容，每一帧都可以体现个人对艺术生活的追求，同时会获得情感的体验，其中包括情感的愉悦和伤感。短视频的意义之一在于传播正能量，引领新思想，触发新浪潮。短视频的出现让传统美学更加开放，受众范围更加广泛，让视频中的美感体验进一步扩大，使观众体验到前所未有的趣味和舒适，从而让更多观众获得心灵的解放和认同。

一般而言，审美主体在精神上感到震撼往往会迟于感官认知和情感认知，精神认知是审美的最高级别，但精神认知要因人而异，短视频要获得观众精神上的认可，必须重视与观众在观念上达到共鸣。在当下，短视频可以经过新生语言和网络信息获得观众的短暂认可，可是，要想满足观众长期的精神需求，必须努力为观众提供与其审美需求相符的短视频产品。

二、文化类短视频的美学构建

20世纪后期以来，美学作为一门学科逐渐渗透到各个领域，尤其是被忽略的日常生活领域，车尔尼雪夫斯基提出的"美是生活""生活就是美的本质"再次被业界所重视，杜威的"美学与日常生活之间的连续性"思想更是启发了美学研究者对日常生活的关注。21世纪以来，生活美学正式成为美学的分支而备受瞩目。仪平策提出，生活美学是"将美的始源、存在、本质、意义、价值等直

---

① 刘栎瑗. 论原创短视频的美学特征[J]. 西部广播电视，2017(13)：89-90.

接安放于人类感性、具体、生动的日常生活世界之中的美学"。①

我国学界一直在展开对生活美学的研究,在一定程度上遵循着西方美学研究的路径,在日常生活的审美中也受到西方观念的影响,如品油画雕塑之美、品建筑艺术之美和品极限体验之美,等等。从某种程度上而言,传统的东方生活美学特性往往被大家所忽略,舒斯特曼曾指出:"中国有悠久的美学传统,但是并没有被很好地运用和改善当下人们的日常生活质量,当代人行为中没有体现出受到了中国传统美学的影响。"②但文化类短视频却将生活美学和其他美学的张力凸显出来,并受到了大量用户的喜爱。

1. 传统生活之美

短视频立足大众生活,构建传统生活之美。现实生活是艺术创作涓涓不息的泉流,物质和精神极大发展的现代社会更是充满了丰富多彩的元素。短视频立足于大众生活,便要挖掘生活之美,体现新时代中国人民追求美好生活的生活美学观。在短视频平台上,运动、养生、健康、美食成为人们普遍关注的话题,旅行、萌宠、读书、知识等话题,成为人们业余生活中分享的热门。从繁华都市到山村乡野、从传统艺术到饮食文化、从科技飞跃到行业发展,短视频如同一面镜子,映射出现代人不仅拥有物质生活的富足,更有多彩的精神生活追求。

实际上,日常生活审美化并不只是新世纪以来全球的美学新潮,更是中国传统美学的原生形态。短视频中的很多内容凸显了日常生活的美学。它们不仅受到西方日常生活审美化的影响,还受到中国传统生活美学的直接影响。蔡元培就以审美和宗教的情感类通性,提出通过"静观""坐忘""空灵"等审美途径"原天地之美而达万物之理",达到天人合一的境界。

文化类短视频中,既有民俗风情地域之美,也有传统民族服饰之美,既有青山绿水天高云淡之美,也有小桥流水曲径通幽之美,既有现代都市高楼大厦之美,也有国宝玉器诗词字画之美。中国传统生活美学观念的发展跟中国本土的哲学思想密不可分,儒家的"浩、雅、中、正",老庄的"妙、神、清、逸",佛家的"静、空、悟、能"都从不同层面影响到中国日常生活的审美观念。③ 中国传统生活的审美并不以某种目的为满足,而是贯穿到全部的生活过程之中,看

---

① 黄瑛.短视频传播与东方生活美学的回归——以李子柒为例[J].传媒,2020(17):44-46.

② 黄瑛.短视频传播与东方生活美学的回归——以李子柒为例[J].传媒,2020(17):44-46.

③ 江志全,范蕊."走向日常生活美学"——社交短视频的时代审美特征[J].文艺争鸣,2020(08):98-103.

重的是人与自然、人与人、人与物的全方位自然和谐关系。

在李子柒的系列短视频中,有春天一袭红袍欣赏桃花杏花之美,有夏天采摘山间野菜的美,有秋天分享果实之美,有冬天如仙境般的雪景之美,这些传统生活之美构成了李子柒的田园文化的短视频特色,在众多短视频作品中,仿佛一阵清风扑面而来。这种与天地近距离的接触,让身处城市的人们突然眼前一亮,不由得向往这种陶渊明笔下的归园田居般的生活。

2. 生态文化之美

文化类短视频还能充分展现生态文化之美。在中国传统文化中,"自然""万物"从来都是重要的审美对象,"迟日江山丽,春风花草香""开荒南野际,守拙归园田",山水田园、世外桃源是代代中国人刻骨铭心的文化记忆。进入21世纪以来,生态美学在美学领域渐被提起,成为我国和西方美学研究共同关注的重要议题。但我国自古便已形成了鲜明的生态美学观和顺应天时、不违农时的天人合一生态观,并惠泽涵养了中华大地几千年。进入新时代,以习近平同志为核心的党中央提出了生态文明的思想理念,绿水青山就是金山银山的理念,尊重自然、顺应自然、保护自然的理念,绿色发展、循环发展、低碳发展的理念。这些生态理念面向历史,汲取了古老的中国智慧;立足现实,丰富了美好生活的完整内涵;面向未来,开启了久久为功、泽被子孙的扎实实践。

随着短视频的发展,全国各地的生态之美正在逐一展现。2020年,四川省甘孜藏族自治州理塘县依靠短视频出圈,空旷纯净的自然美景、独具地域特色的民族风情,让大众窥见了大美中国的一隅。依托旅行打卡和乡村叙事,各地的美丽景观纷纷被记录呈现,线上的美丽中国正由民间个体、专业人士和政府机构,以多角度、多手法进行多线并行、立体多元的描摹。一些专门以传播美丽中国为主题的短视频在各大平台展现,很多城乡美景也成为直播表现的主题。民俗村落、文化遗迹、山野风光、城市景色皆被置入大众的生活里,为人们营造空间美、文化美和生态美的审美体验。①

3. 画面清新之美

文化类短视频的画面清新之美对观众更具有吸引力。2020年,"理塘丁真"这个来自草原的藏族男孩的短视频,带着孩童般的稚嫩野性和天真,他的一个笑容让已经产生审美疲劳的观众眼前一亮。短视频巧妙地利用色彩意象,由白雪皑皑的格聂雪山、一碧万顷的毛垭大草原、红墙黄瓦的理塘寺庙等综合

---

① 张丽平. 短视频对新时代中国美学精神的建构与传播[J]. 当代电视, 2022(09): 72-75.

艺术色彩组成的神圣、纯净、独特而又神秘的高原天堂般的生活场景，向人们展现出一幅幅广袤静逸的高原风景画，令无数人为之神往。

此外，景别的运用能够突出作品主体的风格。由于时长短，观众观看远景和全景等大景别时难以获取足够的信息量。而在文化类短视频中，运用特写和近景能够在极短时间内打造观众的兴趣点。特写常常用来表现被摄主体的细节，具有一定的强调作用，而近景能够体现被摄主体的内在气质，具有一定的感染力。藏族男孩丁真，他的透着红色的皮肤，淳朴的笑容，在蓝天的映衬下显得格外的单纯天真。当下很多青年追求的都是千篇一律的流量明星的风格，而丁真的原生态的笑容，能够让观众感到放松与平静。此外，在李子柒系列作品中，特写镜头同样能够带给观众一股清新田园风。在《谷雨茶》短视频中，一个个嫩绿的小叶带着雨水从茶树上冒出来，特写镜头下，绿色为主的色调，一片清新嫩绿的茶叶，仿佛如春天的雨水冲刷着观众尘封已久的心灵。在李子柒的视频中，很多镜头都是李子柒的侧面特写和近景，让观众感叹于李子柒做美食时的专注神态。在如此喧嚣的时代，快餐食品已经成了很多上班族的选择，但偏有这么一位年轻的女孩，还能如此恬静地沉浸在中国传统美食的制作中，仿佛周遭的世界与她无关。

再次，竖屏短视频的画面与观众更具接近性。随着自媒体的发展，越来越多的竖屏短视频出现在大众的视野中，以抖音和快手为代表，自媒体人加入竖屏影像的创作与传播中，各移动平台也纷纷引入竖屏内容。

传统的电影电视通过横屏已经建立了完善的镜头美学，受智能手机宽高比例限制，竖屏短视频的播放与构图和传统影视行业的标准不相符，但在竖屏美学框架下，其构图方式依然可以从传统绘画和摄影中找到适合的原则。竖屏和肖像画的构图方式有着异曲同工之妙，人物面部朝向往往留有空间，半身人像则可以直接占满画幅，无须对多余空间进行思考处理。通过摄影构图中的形式美法则，如中心构图、井字构图、上下构图或三分法构图原则安排竖屏画面也比较常见。竖屏适合表现上下空间，两个人物如果同时以中景方式左右出现在景框内，则会显得非常拥挤。所以在人物走位设计中应特别注重利用画面上下分布的方式布置空间内容。张艺谋的竖屏短视频《遇见你》就是利用剧情空间的固有线条，作为辅助框架，结合俯拍方式，通过画面的纵深感刻画表意内容。2010 年受众观看竖屏内容占比仅 5%，2015 年，5 年间上涨到 29%。[①] 竖屏短视频的出现符合碎片化信息时代受众的操作习惯，符合其随时随地获取信息以及基于孤独感的陪伴需求，为移动终端作品的创作提供了新的思路。

---

① 刘耀玉.移动时代短视频的竖屏美学表达[J].美与时代（上），2021（04）：19-21.

4. 数字科技美学

数字时代短视频对科技美学展开了充分的运用。在短视频拍摄过程中，科技效果十分重要，数字技术的运用会给观众带来不一样的感官体验，让观众具有别样的错觉。所有的视听影像作品都需要经过数字技术的后期制作才能真正完成。相比传统的电影、电视等影像作品，基于互联网和新媒体产生的短视频，其本身就是数字技术的产物，因此短视频作品中的科技美学就显得更加重要。同时由于短视频摆脱了传统视听语言的束缚，所以对数字技术的应用就更加的丰富和广泛。拍摄和后期制作中，创作者通过数字技术加入更多的元素和效果，实现更加丰富的艺术表现，带给观众不一样的视听体验。

此外，文化类短视频还可利用强大的数字特效。短视频的调色功能非常强大，怀旧意蕴的画面打造浓浓的复古风，偏绿色系的画面打造小清新风，还有暖色调构建温暖的治愈系风格。此外，字幕和花字等短视频的制作功能也越发强大。琳琅满目的花字字体和形式多样的出屏方式，能够表达出创作者想要表达的各种心情。还有影视特技、动画、转场、弹幕等，都可以作为表达主题的元素加入短视频。这些全新的表达方式增加了画面的表现力，更灵活有趣，使人耳目一新。

5. 叙事节奏之美

文化类短视频因其小体量，因而呈现出不一样的节奏之美。节奏的核心特征是"速度"。人们注意到，当下的短视频通常呈现出"快"美学的特质。连续不断的剪切变换，令人眼花缭乱的特效，快速甚至是跳跃的叙事节奏，出其不意的情节陡转，不求合情合理、只求一笑了之，常常成为短视频生产者吸取流量的有效手段。这类影像生产的成本并不算高，创作者有段子手的幽默和脑筋急转弯的机智，再加上手机智能编辑软件的加持，他们完全可以大踏步地实现短视频流水线式的批发生产。而文化类短视频无论是对于器物的雕琢、对于美食的制作还是对于书法国画等，无论从叙事安排、服装设计、色彩搭配、镜头调度、光影造型、音乐音响、镜头组接等哪个方面来看，都有一种精雕细刻的工匠精神，这些文化类短视频让观众抚今而追昔，流连而忘返，呈现出与电影、电视剧、纪录片等其他传统影像形式完全不一样的美学特质。

三、文化类短视频美学构建时要注意的问题

文化类短视频在进行美学构建时，应注重"我视角"的代入感。在叙事方式

上，文化类短视频应实现第一人称视角、对话式的第二人称视角和记录式的第三人称视角三者之间的相互转换，因此，在故事叙事上能够更具有张力和灵活性。一般而言，文化类短视频呈现出"我"叙事的人格化表达，更能够强调在场的真实感与故事性。

文化类短视频还可构建场景化的美学。中国传媒大学王晓红教授指出，"对于人们来说，那些'貌似缺乏内容价值'的视频，不在于它表达了什么内容，而在于它为人们营造了具有通感意义的传播情境。在整个意义上，在网络视频表达上，情境高于信息。"①移动互联网可以根据用户的位置、年龄、性别、消费习惯等提供个性化的场景服务。正是在媒介发展的过程中，文化类短视频创作生产的思维方式发生了变革，逐渐形成独特的美学趋向。

第四节 文化类短视频的传统文化传播

用短视频来传播传统文化与传统媒体传播相比，不仅创作与传播主体从专业、权威人士扩大到了普通大众，其优势还在于传播速度更快，传播范围广，且短视频技术平权降低了视频创作门槛、简化了流程，使得人人皆能在短视频平台发布、传播传统文化视频。

一、短视频的中国传统文化传播渠道

我国短视频对中国传统文化的传播始于网络视频平台，随着短视频的不断发展，传播维度包括政府部门的推广传播、以传统媒体机构为主体的传播和互联网视频平台的传播。

1. 政府传播

我国政府部门是中国传统文化的主要推动者，积极引导和鼓励其他传播主体进行中国传统文化短视频的整合传播。传统媒体机构和短视频投资机构、短视频制作平台等建立合作关系，建立激励机制，聚集大量的中国传统文化短视频资源，拓展中国传统文化短视频传播渠道，同时鼓励这些媒体机构在聚合中国传统文化短视频的基础上，对碎片化的、具有中国传统文化内容的短视频进行深加工，以更加专业的方式、更高水平呈现出来，满足民众对中国传统文化

---

① 王晓红.论网络视频话语的日常化[J].现代传播(中国传媒大学学报),2013(02):133-136.

的需求。①

2. 传统媒体机构

以中央电视台、省级电视台等为代表的主流媒体机构也是传播中国传统文化的重要主体。这些传统主流媒体机构在转型过程中，也把短视频传播纳入了自己的业务范畴。中国传统文化与短视频形式的结合已经成为传统媒体机构发展的一个良好切入点。传统媒体一如既往地秉承"内容为王"的原则，利用自己人力、物力优势，打造一些具有中国传统文化内涵的短视频产品。在传播渠道整合方面，传统媒体机构与社交平台合作，将中国传统文化短视频分发到多元化的社交平台，通过联合发布，转发共享，弥合单一平台传播的不足，拓展影响力，形成联动效应。

3. 视频传播平台

新浪、搜狐、网易、腾讯、百度在内的互联网传播网站与平台，以及一条、二更、B站等短视频平台是中国传统文化短视频生产和传播的主力军。它们依据商业规则把中国传统文化与其他内容结合起来，进行跨界融合传播。这些互联网平台利用自身平台的资源优势，积极倡导、拓展中国传统文化短视频的采集和传播渠道，积极整合、优化、提升来自民众上传的中国传统文化短视频资源，更好地运用市场运营规律传播中国优秀传统文化。

二、短视频传播中国传统文化的方式

短视频在进行中国传统文化的传播方式时，可进行数字化动态传播、生活化"沉浸"传播和伴随式社交传播。

1. 数字化动态传播

数字时代的文化传播能够将中国传统文化中此前不易于呈现的、静态的部分，以AR（增强现实技术）、VR（虚拟现实技术）、MR（混合现实技术）等可视化的方式展示出来。例如若要体验徽派建筑风格，人们此前只能通过实地走访和搜集文字、图片、纪录片资料等方式进行了解，而现在利用短视频，人们可以通过全景式拍摄、虚拟现实、重点介绍、实时社交互动等方式，更直观和全面地领略马头墙、小青瓦、石雕、木雕、砖雕的自然之美和人文之美。此外，短

---

① 宁海林."中华优秀传统文化+短视频"整合传播研究[J].现代传播, 2018(06)：135-138.

视频的内容重点并不只在于结果的展示，更在于艺术生产的动态过程，例如一幅牡丹国画的绘制过程、油纸伞的制作过程等。

数字化传播所具有的融合性使中国传统文化传播实现了立体化的审美效果。在短视频中，图像、影像、动画、音效、音乐、场景等艺术表达的形式边界和舞蹈、戏剧、声乐等内容边界逐渐模糊，多种内容和形式元素往往集中在一起。

在短视频平台上，用户可以运用多种中国传统文化的动态特效，进行装扮和变脸，还可以通过视频剪辑和画面拼贴等方式实现穿梭于不同时空的动态审美体验。以戏曲中变脸特效为例，特效结合动态脚本技术，在原有基于人脸识别的美妆面具基础上，准确判断和识别状态的切换时刻，通过动态脚本实现变脸效果。从前，传统戏曲的表演体验存在很高门槛，而如今，短视频平台让大众轻松体验中国传统文化已成为现实。

2. 生活化"沉浸"传播

当重现传统依赖于特定场景的线上呈现，文化类短视频应着力推动传统文化融入大众生活，营造"在场"感，唤起共同记忆，引起情感共鸣。例如系列短视频节目《此画怎讲》试图在画作情境中，通过角色扮演，以画中人物口吻和现代对话方式，畅聊职场生态等人们日常生活中极为关注的热门议题，同时普及文人画、仕女图等不同类型画作的艺术知识，真正地让"古画"活起来。

塑造符合传统语境的生活化情境，符号学叙事在传统文化的短视频生活化情境建构中常见。从实践创作方面来看，如何构筑生活化的情境体验，需要运用到符号学的研究方法。人对文化的识别是通过符号来进行的。选取中国传统文化的文化符号置于短视频中，将有助于塑造符合传统语境的生活化情境。利用索绪尔的符号学理论对李子柒短视频进行解读不难发现，短视频中李子柒的田中劳作、种菜、拔草、摘笋、烧火做饭、染布做衣，山中生活的每一处场景都是一种视觉符号。李子柒以一品一物、一蔬一饭构筑生活情境，以做菜、酿酒、造纸、养蚕、木工和竹艺等传统生活手艺向用户展示着远离城市喧嚣的田园之乐。中国传统美学以人们的淳朴生活为本源，消解了生活与艺术的"人为"边界，在本质上体现为中国审美意识的回归和文化规约的演变。将传统文化的美植根于人的最淳朴最简单的一日三餐里，将艺术融入生活并与他人分享。①

---

① 张师迅.短视频对于优秀传统文化的呈现方式与传播策略[J].中国电视，2021(01)：70—73.

3. 伴随式社交传播

文化类短视频通过议题设置进行社交传播。在短视频中，传统艺术本身和参与者、观看者是多向传感互动的关系，各方通过展示、围观、点赞、评论、分享等隔屏互动行为，使审美在全时段伴随式的社会互动中完成，实现中国传统文化生产传播的社会化。

此外，文化类短视频通过议题设置，还能引导用户深度参与其中，提升普通用户的认知体验。例如2019年抖音推出的短视频"非遗合伙人计划"，将戏曲、国画、国乐、敦煌艺术、皮影戏、诗词、舞蹈和传统工艺等各种传统文化形态进行现代化的表达，融入互联网的现代化语境，使得传统与现代融合，实现了独具特色的传播创新。当中国传统文化的审美主体从精英走向大众，传统文化媒介化内容在让用户获取有价值的内容的同时，也充分展现了网络社交属性，使短视频的即时性审美和中国传统文化的恒久性审美能够同时存在。

三、文化类短视频对于中国传统文化的传播策略

目前，各大视频平台每天不断产生海量的短视频，短视频的同质化现象也比较严重。在优质内容的生产中，短视频应该尽量挖掘中国传统文化元素，增进中国传统文化与现代语境的契合度，多样化地呈现中国传统文化，截取和淬炼中国传统文化精华，深度开掘中国传统文化的精神内涵，通过数字手段重新演绎视频作品。

1. 雅俗共赏，增进中国传统文化与现代语境的契合程度

首先因短视频的特殊属性，在文化类短视频对中国传统文化的传播过程中，平台和创作者须认识到创作中国传统文化内容的重要性。短视频难以承载起中国传统文化宏大的价值体系，但可以引导受众关注中国传统文化的美与内涵、培养受众的爱好兴趣与营造传统文化的氛围。传统文化生产者可以将短视频作为一种广告宣传，通过打造兴趣点，利用文化类短视频培养粉丝群体，然后为粉丝提供更丰富、更专业的文化产品和服务，实现中国传统文化的传播和传承。①

其次，文化类短视频对于中国传统文化，应做到雅俗共取共赏。一般而言，雅文化从精英阶层中产生，内容较为生涩和抽象，如何让雅文化通过影像

---

① 赵玉霞，王冰. 优秀传统文化短视频的网络传播[J]. 青年记者，2019(29)：4-5.

来"接地气"是值得研究的问题。无论是高大精深的博物馆和展览馆，还是远离都市的田间村落，应摒弃固有的思维模式，依托文化展示、个人体验、创意设计等表达内容，运用舞蹈、音乐、视觉特效等构建视听艺术表达空间，带领受众进入一些普通大众也许不熟知的领域，例如带领观众走入各民族各地域的田园山村，让远离乡村的人们，尤其是青年人了解乡村的传统文化。

再次，文化类短视频要与现代语境融合来消解传统文化的神秘与陌生。随着人们生活质量的不断提升，插花、挂画、点茶、焚香在生活中悄然流行起来。以我国的茶文化为例，关于茶艺和茶文化的相关短视频数不胜数：有探讨茶具工艺的短视频，从魏晋的陶瓷到唐代的南青北白，再到宋代五大名窑、元明花色陶瓷等；有探讨茶的起源和各地茶习俗的短视频；有探讨泡茶工艺的短视频，如唐煎茶、宋点茶、冷泡茶等，不同的茶文化短视频都体现着各地的茶风、茶俗和茶艺的生活化人文景观，短视频也带领观众了解茶背后的茶人所付出的艰辛和对待人生如茶一样的生活态度。

2. 打造兴趣点，截取和凝练中国传统文化精华

短视频因时长较短，方便用户能够随时在碎片化时间内点击观看。也正因为时长短的原因，就要求创作者在短时间内打造观众的兴趣点。中国传统文化体系庞大复杂，从美食、服饰，到各地节庆、民族习俗，再到戏曲、文学、艺术的发展，短视频要以小体量来平衡文化的系统性与碎片化表达，这也就意味着短视频作品必须要抓住中国传统文化中最核心、最经典、最重要的细节之处，加以精简、截取、凝练，并打造最能引起观众关注的兴趣点。

例如，李子柒的视频能够用十几秒的时间，就将一粒种子从发芽到长成果实所历经的春夏秋冬展示出来，也能用5分钟左右的时间，展示出从上山摘笋到剥笋壳，到包笋壳粽，到做出关于春笋的各种传统美食的过程。文化类短视频针对海量的视频素材进行粗编和精编到最后形成成品，意味着每条短视频的传统文化元素着力点和兴趣点都需要被精心提炼。

3. 深入创新，深度开掘中国传统文化的精神内涵

文化类短视频还应不断创新，发掘中国传统文化的精神内涵。新媒体语境下，中国传统文化通过短视频这种传播形式实现了内容的严肃化与形式的娱乐化的统一，通过对中国传统文化进行创新传播，拉近了和受众的距离，取得一定的传播效果。但目前来看，为了过度追求点击率，难以避免会出现"娱乐至上"的倾向，缺乏营养的内容只是为博取眼球或者纯粹为了博得用户一笑。加之短视频准入门槛相对较低、信息裂变式传播速度快等特点，使得短视频的传

播内容出现了良莠不齐、内容混杂的现象，这在一定程度上增加了受众认识、理解中国传统文化的难度。①

从视听经验上来说，人物的塑造、场景的展现、情节的铺垫、故事的起承转合往往最吸引人，因此此类短视频创新的路径之一，就是把叙事的概念融入生产传播之中，让各集短视频既能独立成"篇"，又具有连续性和整体性，增加用户黏性。

文化类短视频发展到今天，围绕语言、食物、建筑、文学等表层文化进行传播的较多，而多数未挖掘到中国传统文化中优秀的价值观念、审美观念、社会心态等核心层面。因此，短视频作品不仅要在表达内容、语态风格、叙事视角和切入点等方面进行创新，更应在文化内涵方面寻找突破点。②

4. 数字融合，通过数字手段重新演绎视频作品

数字时代，短视频应通过数字手段重新演绎作品。短视频是一种影视视频转化而来的艺术，这一新媒体艺术通过数字手段在受众、创作者、作品三者之间实现沟通和对话，并不断进化新的技术成果和艺术观念，表达创作者、受众的艺术感悟以及对作品的重新理解。这种创造包括与用户发生联结互动，实现"隔屏互动，自我表达，万人演绎"。各类用户在这一过程中可以随时下载、编辑和上传二度创作的影像，在原作品上添加弹幕、表情包和特效，不仅可以表现出各自接收作品时的主观审美态度，也会在互动中触发作品潜在蕴含的多种可能性，这些可能性往往超出创作者的预期，出现全新的影像、艺术关系、新思维与经验。

随着5G技术的应用，5G在与虚拟现实技术、人工智能技术和物联网技术相结合后，正在为短视频的发展提供更大维度的平台。

首先，文化类短视频融合虚拟现实技术发展。在5G时代，虚拟现实技术与5G网络通信技术的融合，为短视频的快速发展提供了机遇。未来的5G更具有高效传播的特点，短视频制作方可以通过应用虚拟现实技术、5G技术打造高清虚拟现实的文化类短视频。基于5G技术的未来，运用虚拟现实技术的文化类短视频将成为重要形态。

其次，文化类短视频融合人工智能技术发展。近年来，我国针对人工智能技术的应用发布了多项政策，且将人工智能技术的发展提升至战略层面。随着算法与大数据技术等方面的日益成熟，人工智能技术的应用得到突破。5G在

---

① 李飞雪，范朝慧.视听意象：中华优秀传统文化的短视频传播[J].中国电视，2021(08)：63-68.
② 张师迅.短视频对于优秀传统文化的呈现方式与传播策略[J].中国电视，2021(01)：70-73.

短视频领域的应用,与人工智能技术相结合,正在形成新型的产业。通过与人工智能技术进行融合,用户能够更清楚地了解到文化类短视频的传播对象、背景和内容等,为用户之间的分享和互动提供平台。在5G时代,文化类短视频的生产将更加容易,文化类短视频的制作成本也会更低。高颜值的人工智能主播可高效播报内容,并将播报内容发布于短视频平台,扩大播报内容的影响范围。

数字科技的迅速发展为传播提供了无限可能,短视频传播中国传统文化的空间令人难以想象。2015年9月,搜狐新闻移动工坊运用现代科技手段绘制的高清《清明上河图》以短视频形式在网络上传播,获得很大成功。这个短视频不但以精致的画面吸引受众,而且在画面上设计了100个细节的讲解,观者可以随意点开查看,实现了观者与中国传统文化之间的深度互动。在虚拟、算法推荐、5G+8K等技术的加持下,虚拟主播、AR合拍和AI成像等创意将更加广泛地运用于文化类短视频的生产传播中。

5.“大屏拆条,小屏原创”

文化类短视频还可通过“大屏拆条,小屏原创”扩大传播范围。“大屏”,是指电视节目,“小屏”,是指新媒体平台的短视频。可根据用户的喜好,利用抖音、今日头条等平台,将传统的大型精彩的文化类综艺节目或文化类纪录片等根据用户的喜好,重新进行短视频的编辑和后期包装制作,再次分发到各短视频平台。在传播中,用户可以有选择性地选取他们想看的内容。一方面,短视频的传播,能够吸引用户再次进行完整的电视节目的观看,另一方面,经过二次编辑的短视频,短时间内能够多次进行传播。现在,很多大型传统文化类节目进行一个节目多个版本的包装,例如,有专门制作节目花絮的短视频,满足一些观众的深度需求,还有节目的先导片预热短视频,满足用户对节目的期待。“大屏拆条,小屏原创”,利用节目的相关热点话题吸引用户和观众,与用户产生互动,达到扩大传播范围的效果。

四、文化类短视频传播中国传统文化时应注意的问题

随着5G时代的到来,短视频的内容逻辑已经发生巨大变化。《2020—2025年中国短视频行业市场竞争格局与发展前景预测报告》显示,按照其内容功能,短视频可分为六大类,分别是:社交媒体类、资讯媒体类、BBS类(论坛,bulletin board system)、SNS类(社交网络服务,social networking services)、电商

类和工具类。①

从短视频目前的发展来看，持续性内容将限制短视频发展，容易使用户产生审美疲劳，导致缺乏用户黏性。因而，在进行传播时，应注意传播内容主流化，表现形式多元化。

1. 传播内容主流化

文化类短视频内容应注重主流引领、价值导向，不断优化视听内容，传播主流舆论、传承非遗文化、推动知识普及、带动文化传播，展现出表达主流价值和思想、传递知识和观念的文化传播属性。

短视频内容不再只是浅表性娱乐，更重要的是承担传播中国传统文化的重任，成为文化传播的载体。短视频平台只有将中国传统文化的展示、传播与相关文创产品的推广融为一体，才能实现中国传统文化从静态美学到动态美学的转变，起到传播传统文化的作用，吸引用户对中国传统文化了解和学习的兴趣，助力中国传统文化的文化价值和市场价值的开发。

2. 表现形式多元化

文化类短视频还要注意表现形式的多元化。一直以来，表现形式单一是文化类短视频传播上遇阻的原因之一。现在的青少年更加依赖网络和自媒体，广播、电视等传统媒体正在逐渐淡出人们的生活，需要更多形式的文化类短视频满足受众的诉求。现代社会的人们倾向于接受给自己带来趣味的事物，短视频以娱乐化为主要特征，因此中国传统文化可以适应短视频这种特性，采取灵活多样的表现形式。② 央视的《经典咏流传》节目就是将中国传统文化与娱乐元素很好结合起来的案例。《经典咏流传》播出后，节目中的一些经典咏唱被二次编辑为短视频，通过微信等社交平台被多次传播，使人们感受到中国传统文化的深厚底蕴。

近年来，文化类短视频正在飞速发展，国家和政府层面与传统媒体机构，都在大力推进文化类短视频的制作与推广。头条、快手、秒拍等短视频平台也需要大量的优质文化类短视频内容。文化类短视频能够弘扬社会的正能量，宣传社会主旋律，启迪和帮助广大人民群众的学习和生活。中国传统文化作为优

① 吴锋，宋帅华.井喷增长、场景多元、分层传播：2020年短视频行业发展特征及趋势前瞻[J].编辑之友，2021(02)：53-58.

② 宁海林."中华优秀传统文化+短视频"整合传播研究[J].现代传播(中国传媒大学学报)，2018 (06)：135-138.

质内容，也成为各传播主体重点关注的对象，因此应在众多类型的传播主体之间形成良性互动。文化类短视频在整合传播时应做好顶层设计，找准突破点，发挥各方传播平台的优势，更好促进中国传统文化的传播。

第六章　传统文化公益广告的现状与发展

第一节　广告的现状与发展

一、广告的发展

我国电视广告发展史大致分为以下几个阶段：第一阶段是初创期，在计划经济条件下的艰难起步；第二阶段是探索期，由计划经济到商品经济条件下的积极转变；第三阶段是成长期，市场经济条件下的全新发展。不同时期的电视广告有不同的特点，但无一不显示着那个时代的特色，电视广告的出现与发展，推动着我国的经济发展，同时我国的经济发展与科技水平也在电视广告的发展历程中有所体现。

1. 第一个电视广告

中国第一个电视广告出现在 1979 年。1979 年 1 月 28 日，上海电视台播出中国第一条电视广告《参桂养荣酒》。[①] 1979 年之前，我国电视台不接受办理广告业务。《参桂养荣酒》广告长约 1 分 35 秒，由 3~5 个插片画面组成，没有使用任何运动镜头，形式上像电视新闻片。该广告在上海电视台播出 8 次，标志着我国内地电视广告媒体的开始，这一天也成为中国电视广告媒体的创办日。自 1979 年初我国第一条电视广告播出后，我国的电视广告便有了开端，随之，也紧跟时代的脚步快速发展起来。我国第一条央视广告是"国产幸福可乐"，宣传标语为"清爽可口，芬芳提神"，改革开放恢复商业广告后，不少外国企业也看到了中国市场的巨大机会，其产品频繁出现在我国大众媒体上。1979 年 3 月，来自瑞士的雷达表成为改革开放后第一个在中国市场做广告的外国品牌。

---

① 许新国.卡通形象应用于电视广告中的艺术表现[D].中国美术学院，2011.

2. 迎来黄金年代

20 世纪 80 年代一系列的广告语中，广告歌是主要流行因素，令人印象最深的或许是"燕舞，燕舞，一曲歌来一片情"的"燕舞"牌收录机。随着电视的普及，卡西欧公司出品的 TV 版动画片《铁臂阿童木》出现在大众视野中，广告创新的方式又进一步得到升华。1988 年，北京广播学院成立了广告学专业，主要研究广告发展、品牌策略等相关内容。由此，我国媒介机构广告开始走向大众化时代，但广告形式相对还比较单一，多是产品的介绍、联系电话和购买方式等。

20 世纪 90 年代是广告的黄金年代，政府出台了《关于加快广告发展的规划纲要》，进一步明确中国广告业在竞价社会中发展的重要地位。而这个时期，央视广告进入招标黄金期，从 1993 年的 5.6 亿营收飙升到 1998 年的 48 亿，孕育出一系列让人耳熟能详的广告作品。1994 年，北京广告学院成立我国国内第一个广告学系，1995 年，《中华人民共和国广告法》正式实施。

3. 网络广告的诞生

到了 21 世纪，经济全球化步伐加快，互联网、网络技术成了广告新的代言词，越来越多的广告企业进入中国市场。我国第一个商业性的网络广告出现在 1997 年 3 月。Intel 和 IBM 是国内最早在互联网上投放的广告主，传播网站是 Chinabyte，广告表现形式为 468×640 像素的动画旗帜广告，IBM 为 AS400 网络支付广告费用 3000 美元。[①] 学术研究结果表明，我国网络广告实现历史性突破是在 1997 至 1999 年。

2004 年后，新的理念引领中国媒体发展，比如 Web2.0、博客、富媒体等，对我国的网络媒体发展产生了很大的影响。艾媒市场咨询报告显示，2005 年网络广告规模超过杂志广告市场，除去电视媒体、纸媒、广播，网络成为第四大广告媒体。[②]

二、网络广告的发展现状与挑战

2020 年，我国网络广告经营受新冠肺炎疫情影响而发展缓慢，网络广告平

---

① 方腾. 国内搜索引擎广告现状探析[J]，北京电力高等专科学校学报(自然科学版)，2010(5)：252-253.

② 郭泽德. 中国网络广告发展历程研究[D]，兰州大学，2009.

台化格局基本成形，整体发展呈现智能化态势，电商广告构建新发展格局大势，搜索广告形成内卷化形势，视频广告社交化与电商化构建产业链，品牌走向生态化经营的发展趋势。

1. 现状与趋势

（1）经过多年发展，我国网络广告平台发展格局基本成形。经过 20 多年的发展，电商、视频、搜索、新闻资讯与社交媒体成为我国网络广告的主要载体与收入来源，门户、搜索、社交、电商等平台主导我国网络广告的发展方向、市场规模与传播技术。社交媒体的即时性、直播化与短视频化等发展趋势，一直推动社交广告的发展。2020 年对于传统媒体广告来说亦是残酷的一年，新冠肺炎疫情影响之下，广告投放飞速向线上偏移。

（2）人工智能等数字技术的广泛应用，催生了我国数字广告新模式。我国各大网络平台的电商广告系统、广告文案系统、广告算法推荐系统、广告区块链系统等取得较大成绩，数字广告智能化成为我国网络广告业发展的主流趋势。阿里电商广告平台是服务商平台，提供应用程序编程接口（API）、需求方平台（DSP）或软件开发工具包（SDK），基于广告交易平台、移动广告交易平台与数据管理平台服务客户与广告主，加强品牌营销。广告主可以根据需要随时随地自主投放广告，将电商平台可以提供的各种广告数据及其投放方案作为参考，选择适合自己投放的广告形式与投放方案，实现自身广告利益最大化与市场营销效果最优化。阿里有"鹿班"电商广告文案系统，京东有"莎士比亚"电商广告文案系统。基于自然语言（NLG）与语言模型，基于用户搜索大数据、交易数据与商品标签特性，根据不同用户需求与句法分析形成智能文案。

（3）电商广告形成龙头地位，构建了我国电商广告新业态与发展新生态。我国电商平台各领风骚，形成了我国网络零售发展新格局，构建我国电商广告发展新生态。直播电商快速发展，个体带货营销成为热潮。品牌带货主播、网红达人、明星艺人、主持人等群体纷纷加入电商直播大潮，以直播、短视频、新闻与图文等传播业态，或内容带货，或社交带货，形成"从群众中来、到群众中去"的传播新景观与全员电商的广告发展新模式。

2. 问题与挑战

（1）逆全球化与政治化等因素冲击我国网络广告全球化发展。新冠肺炎疫情暴发，全球经济受到冲击，人们的生活节奏被打乱，互联网生态受到较为严重影响，我国广告业全球化的区域经营、发展路径与市场经营遇到一定的发展阈限。2020 年全球广告支出较 2019 年下降 11%，海外广告市场发展面临挑战。

（2）我国网络平台的数字广告系统在全球博弈中仍处于赶超阶段。美国以苹果、安卓两大操作系统，以及谷歌、脸书、推特等数字霸主，垄断全球广告市场，主导全球传播，参与全球事务。在市场博弈、技术博弈、规则博弈与话语权博弈上，我国与美国数字巨头的广告系统仍有较大差距。

（3）寡头垄断、用户隐私等安全隐患易引发舆情事件与社会问题。数字寡头凭借垄断优势，滥用市场支配地位，对中小创新企业进行"数据剥削"，试图通过网络广告等方式快速变现，不利于产业生态与广告发展的动态平衡。近年来，互联网巨头滥用数据、用户流量、排除市场竞争的反垄断案件及争议层出不穷；数据隐私泄露已逐渐形成产业价值链、广告传播场与网络生态圈。

三、数字广告的发展

广告是一个周期性行业，它受技术平台变迁的趋势性影响。印刷品、广播和电视曾是广告的主战场，但辉煌不再。互联网技术本身也不断变迁，从早期的门户广告，到搜索广告、社交广告，再到短视频广告、电商广告。广告哺育了数字产业，也深深改造了商业世界的营销模式。从最传统的网页条幅广告，到搜索引擎的核心商业模式——竞价排名广告，从程序化购买广告到信息流广告，特别是个性化广告技术的发展，大大提升了广告触达效率，数字广告在广告市场上形成独有的竞争优势。

2021 年，字节跳动公布全年总收入为 3692 亿元，其中广告收入 2800 亿元，占比 70%。而国家新闻出版广电总局统计的 2020 年全国广电行业广告总收入是 1940 亿元。由此看来，字节跳动一家公司 70% 的收入超过了全国广播电视广告的总收入。美国零售联合会最新调查显示，34% 的消费者因疫情而选择网上购物，这种转变进一步推动了数字广告行业的增长。随着互联网技术的快速发展，各大行业正面临数字化转型，数字广告产业的繁荣正是数字时代的受益者，数字广告发展已成为一种世界性趋势，我国的数字广告发展也呈现爆发性增长。

1. 数字广告起源和发展

（1）互联网广告。

第一个数字广告诞生在美国，1994 年，AT&T 公司在一家杂志网页上发布了一个横幅广告。由于当时没有数字广告的概念，所有出现在互联网上的广告被统称为互联网广告。互联网广告分成门户网站广告和搜索引擎广告两类，其中门户网站广告的表现形式为横幅广告、文字接广告、网页弹窗广告、电子邮件广告等。搜索引擎广告的表现形式为关键词广告、竞价排名广告、地址栏搜索广告、网站登录广告等。

横幅广告和网页弹窗广告最大的缺陷是给网络用户带来干扰。互联网广告作为数字广告的早期形态，与传统观念广告相比，效果更加强大，拥有更快的传播速度和传播范围。之后，由于互联网产业的高速发展，相继出现了门户网站广告和搜索广告。

（2）社交媒体广告。

2004 年以后，随着智能手机的兴起，适合于手机屏幕的社交媒体广告开始取代互联网广告，成为数字广告的主要形态。社交媒体广告种类繁多，形式丰富。社交媒体广告分为信息流广告和非信息流广告。信息流广告是其中的代表，主要表现形式为推文广告、短视频广告、小程序广告、HTML5 广告等。信息流广告隐藏于社交媒体庞大的信息流之下，用户在浏览微博、朋友圈、短视频等社交媒体的过程中，潜移默化受到广告影响。非信息广告的表现形式为直播带货、开屏广告、插屏广告、激励视频广告等。

（3）户外数字广告。

早期户外广告主要是运用 LED 和 LCD 电子显示屏。而当前的户外数字广告的表现形式则更加丰富多样，不仅与网络连接，还能实现与用户互动等。户外数字广告分成传统内容形式和新型内容形式。传统内容形式主要是指数字户外屏广告、数字楼宇广告、车载数字广告等；新型内容形式有户外装置广告、AR/VR 广告、裸眼 3D 广告等。

历经 20 余年的发展，数字广告已成为当前广告产业发展中的中流砥柱，并逐步覆盖互联网广告、社交媒体广告和户外数字广告，不断衍生出新形态的数字广告，如二维码广告、电商平台广告、互联网植入广告、品牌虚拟人、数字藏品等，这些都属于数字广告形态。

2. 数字广告概念

数字广告发展迅速，且深入各行各业，因此，它的概念也可以从不同角度来理解。

（1）传播学角度下的数字广告。

目前，学界、商界等从传播角度进行了界定，数字广告是通过数字媒体发布和传播的广告。韩国学者 Lee, Heejun 和 Cho, Chang-Hoan 等认为数字广告是广告主通过数字媒体向消费者传达的说服信息。美国学者 M. Fan 和 A. Whinston 等提出数字广告是以数字格式存在，然后通过互联网传播的付费促销信息。整体来看，学界对于数字广告的概念研究主要是基于传播学的理论框架,传播者是广告主,传播渠道是数字媒介,传播内容是说服性的信息,传播对象是消费者,传播效果是使消费者产生认知、情感或行为的改变。

(2)广告渠道角度下的数字广告。

数字媒介作为数字广告的传播渠道,主要包括基于传统互联网技术的网络媒体,基于移动通信技术的社交媒体、电商平台和基于线下数字技术的户外数字媒体。国内学者对数字广告的研究趋向于一种新媒体技术的视角,对新媒体的形态、效果及商业模式均有所关注。上海市广告协会发布的《数字广告标准》中,数字广告被定义为建立在计算机技术和网络技术的基础上,将广告信息由计算机二进制编码存储和表现,通过数字信号传输,可实现精准推送、实时交互通信和反馈的广告形式。

(3)内容载体角度下的数字广告。

数字广告的内容载体呈现多元化趋势,包括图文、视频、直播、HTML5、裸眼 3D、数字户外屏、线下交互装置等多种数字内容形式;NFT(non-fungible token)非同质化代币等内容载体的融合跨界、多元化趋势也使数字广告的形态种类愈发丰富。[①]

综上所述,数字广告是在数字技术背景下,基于 5G、大数据、人工智能、云计算等技术,以多样化的数字内容形式为载体,通过社交媒体、搜索引擎、网站和其他任何可以数字化访问的程序等在线平台进行产品宣传,以实现全链路营销为目的,能够进行智能化投放与效果实时监测的广告模式。

3. 数字广告的特征

广告的数字化技术进程呈现出三个特征。

(1)数字广告"数字化"。

数字化广告"数字化"依托的是信息技术支撑,如 5G/6G、云计算和边缘计算技术,覆盖了广告运作、客户管理、用户洞察、策划创意、广告投放、效果评估、用户互动等广告运作流程,实现营销服务全流程的数字化升级。

(2)数字广告"程序化"。

数字广告"程序化"的核心是大数据分析技术和人工智能技术,这两种技术共同支撑数字广告程序化交易和程序化生产。在进行程序化交易时,广告需求方基于对用户触媒习惯、浏览记录、兴趣偏好、设备位置等多维度的标签分组,进行自动化的窄群投放,以实时竞价的方式完成广告资源的程序化购买。

(3)数字广告"平台化"。

---

① 王静,邢饶佳,张猛.数字广告:概念、特征与未来[J].中国广告,2022(10):68-73.

随着物联网技术和人工智能交互技术打通线上线下信息连接，数字广告运作模式、业务流程和商业应用呈现出平台化的趋势。基于人和内容历史上的交互数据建立模型，利用大数据分析和算法技术，从而为短视频广告、开屏广告等提供相应的用户数据，实现广告的精准投放。

从其内容和传播特征来看，数字化广告主要有以下三个特征：

首先，形式更新颖。随着视频、VR/AR走向主流，5G大幅度提升了VR和AR设备在传输高分辨率图像时的通信能力，使其数据传输、画面显示的能力得到有效提升，使用户能获得身临其境的体验。而在此之前，广告基本上都是二维平面的形态，并受到展示空间的限制。5G不仅支持数字广告语音和视觉交互，还增加了更多的场景式互动，随着5G技术的成熟和商用，数字广告还有可能给人们带来一些新的感官层面的互动方式。

其次，受众更精准。数字广告能够使用目标定位选项，通过关键词进行定位，以此接触到那些搜索与企业业务相关服务的关键词的消费者，通过兴趣、位置、行为等定位，对用户实现个性化推送，从而确保广告集中于对产品感兴趣且能够激发购买欲望、满足需求的潜在消费者。建立在数据模型与算法之上的用户预测能力，是对广告效果进行把握的利器，从而实现广告的个性化、定制化服务，使广告创意与商品推荐千人千面。

再次，结果可测量。相比于传统广告的效果不可预估，数字广告则是能够跟踪和监控效果。如谷歌数字广告的投放，可登录账户查看数据实时跟踪广告表现，然后导出到报表工具进行深入分析和回顾，就能够评估广告数据效果。企业可通过科学的数据挖掘、计算与分析，及时发现数据中的关联与价值，提升广告的效率和效果。

因此，数字广告的最大特征就是实现广告、商品、用户和情境的精准匹配，而数据和算法构成了数字广告智能化发展的两大要素，推动数字广告朝着精细化传播、个性化定制、智能化决策方向前进。

4.数字广告的发展

数字广告通过基于互联网的广告工具来研究、管理、跟踪、分析和改进在线广告活动。数字营销在网站上的用户体验，以一种自然和非侵入性的方式引导她们回到企业网站和业务上来。在数字广告中，可以使用先进的定位筛选方法来找到更精确的目标受众。

（1）数字广告与科技携手同行。

广告是纸媒、广播和电视的主要收入来源，也是数字平台最重要的盈利模式之一。2021年，全球五大科技公司平均有40%的收入来自广告。调查结果显示，2020年腾讯、阿里巴巴、美团、拼多多、京东五大互联网平台公司平均有34.2%的收入来自广告。没有广告，就没有科技巨头，广告成为每一家数字平台的必选项和必答题。

广告是数字平台之母，科技是数字平台之父。广告业务是数字经济发展的基石，为高科技提供了丰富应用场景，是5G、人工智能、区块链、虚拟现实和半导体等技术的变现途径，为创新业务的发展提供了物质保障。要突破关键核心技术，掌握数字科技发展的主动权，同样离不开广告业务的支撑。

（2）数字广告与用户隐私的关联。

数字广告对个性化与效率的追求，建立在个人信息的收集与处理之上。随着全球个人信息立法保护升级，数字产业逐步提升个人信息处理活动的透明性。直接触达用户的数字服务，如在线购物、社交、出行、教育、医疗等，需要通过隐私政策、服务协议，且通过用户个人信息处理取得用户的知情同意。但相比之下，数字广告在这场获取用户同意的合规运动中遭遇尴尬。广告不是用户刚需，但它又无处不在。

第二节　传统文化公益广告的现状与发展

西方简称公益广告为 public service advertising，即公共服务广告。

国内学者对公益广告的定义各有不同，如高萍、潘泽宏、张明新等对其进行了研究，认为公益广告是一种为公共服务的广告，也有学者将公益广告总结为：是指所有组织或者个人围绕社会公益事业展开的，以宣传维护公共道德、时政理念、公共利益为内容，通过大众媒介向公众传播思想观念的公益传播行动。[1]

随着公益广告的不断发展，它的地位和作用也越来越重要。公益广告通过传播正确价值观来引导受众，规范受众行为，促进社会进步发展。[2] 公益广告不仅能够传播精神文明，也具有价值导向功能，能够宣扬正确的审美观，对提高社会公众的道德素质、激发人们美好的品质等方面具有重要作用。

---

[1] 王秀芬.中央电视台公益广告转型研究[D].吉林大学，2022：6.

[2] 李思萌.国内网络公益广告主题变迁（2001—2021）[D].武汉纺织大学，2022：5.

一、我国公益广告的发展现状

我国公益广告的发展大致可分为公益广告的起步阶段、公益广告的探索阶段和公益广告的成长稳定阶段。

1. 起步阶段

（1）公益广告的早期发展。

20世纪40年代，人类历史上出现了第一支公益广告。1986年中国贵阳电视台播出的《节约用水》，标志着中国诞生了第一支公益广告。这则公益广告将"节约用水"的主题和生动形象的电视画面结合在一起，河水流泻，浪花飞溅，屏幕中出现"水"字的特写，用一组日常生活和工作急需用水的镜头以此唤醒观众的节约意识。久旱缺水的贵州在广告播出后，当年第四季度仅贵阳市的自来水消耗量，就比上半年同期减少了47万吨。这则电视广告在第二届全国优秀电视广告作品中荣获一等奖，极具开创意义。积极的成效让我国公益广告的现代史拉开序幕。

1987年，中央电视台在黄金时段第一次推出我国公益广告史上的首个电视公益栏目《广而告之》，各大电视台开始模仿中央电视台陆续推出了公益广告栏目，如河南电视台《兴利除弊》。据学者的统计结果显示，《广而告之》的主题主要分为行为规范、社会伦理和价值取向三大类。这与当时的经济环境密切相关。其中《啊，真对不起》《希望工程·救助篇》《反腐倡廉》等作品获得业界的殊荣。这也标志着我国电视公益广告的兴起。

（2）早期公益广告的创作特征。

在这个阶段，电视公益广告的内容与创作出现了创作主体单一化和广告主题社会化两个特征。

创作主体单一化。这个阶段的创作主体多数是中央或者省级电视台。1986年至1992年间，制作和发布公益广告的主体以政府单位为主，企业和个人几乎很少见。换而言之，公益广告的兴起几乎完全依托于政府的重视。政府提供强有力的人力和财力支持，进行制作和发布。

广告主题社会化。这个阶段的公益广告主题大多是与当时公民的生活息息相关的，不仅贴近生活，也真实感人。公益广告制作以生活周边小事为创作基础，聚焦于社会中真实存在的现实问题，经过提炼、加工之后呈现于公益广告中，引导公众形成正确客观的认识。

2. 探索阶段

（1）早期公益广告的发展。

1992年，我国正式确立"社会主义市场经济体制"。电视公益广告在这股改革开放的浪潮之下，"传媒经济"开始流行。从20世纪90年代到2000年，全国广告收入达到712亿元，其中电视广告收入168亿元。由于虚假商业广告占一定比重，公益广告则成了挽救广告公信度、塑造广告业自身形象的一种有效手段，也促进了我国公益广告良好有序的发展。

《广而告之》栏目引发"蝴蝶效应"公益广告遍地开花，1994年北京电视台的《广角镜》制作了600多条公益广告，主题范围包括环境保护、文明礼貌和交通安全等。截至1995年，全国已有27家省级电视台拥有了公益广告栏目，电视公益广告的数量也越来越多。之后，企业也开始参与电视公益广告的投资和制作。

（2）公益广告主题活动月。

1996年，由我国政府主管部门主导，举行了"公益广告月"，这是第一次从"优秀传统文化"角度出发，积极引导各大企业和电视台参与公益广告创作，旨在弘扬中华民族的优秀美德。在随后的几年中，不同主题的公益广告月成为国内广告届展示创意、制作水平的一大契机。

"中华好风尚"主题公益广告月。1996年国家工商行政管理局发布《关于开展"中华好风尚"主题公益广告月活动的通知》，明确提出"中华好风尚"是中华民族的传统美德和优秀品质的体现，号召企业、个体和电视台积极宣传，并建立了奖励机制，同时还列举了关心、爱护老人、妇女、儿童、尊师重教的参考主题；重视社会公德、职业道德和家庭问题；发扬艰苦创业、勤俭节约的优良传统主题和提倡民族自信心、自豪感等相关主题。本次活动评选出了上海奥美广告有限公司的《心声》、金鹏国际广告有限公司《石头记》、梅州电视台《奉献爱心、托起希望》等优秀公益广告作品。

"自强创辉煌"主题公益广告活动月。1997年国家工商行政管理局发布《关于开展"自强创辉煌"主题公益广告月活动的通知》，旨在赞扬中华民族在中国共产党领导下经过长期艰苦奋斗所取得的成就，弘扬自信、自尊、自强、艰苦奋斗、励精图治的民族精神。这次活动评选出福建省广视创意制作公司的《报得三春晖》、中央电视台的《四海漂泊，根在中国》、北京开元国际广告公司的《自尊、自立、自强》等优秀公益广告作品。[①]

① 张弛. 论社会变迁与中国电视公益广告的发展（1978—2012）[D]. 湖南师范大学，2014.

2001 年，国家工商总局发布《关于 1999—2000 年公益广告活动获奖情况的通报》，提出"要加强领导，采取有效措施，改变公益广告优秀作品少、质量不高的现状，创作主题鲜明、创意独特、内涵深刻的公益广告"。整体而言，我国电视公益广告取得有效发展，尤其是在栏目数量、制作数量、运营机制等方面，取得不错的成绩。但从公益广告内容本身发展来看，依然存在创意不足和多方管理等问题。

一方面，公益广告的创意不足。从这个阶段的公益广告来看，数量不少但质量参差不齐。有些公益广告讲的是一堆人尽皆知的大道理。如果讲深刻，如何既讲明白，又讲得别出心裁，打动观众，这是摆在很多公益广告创作者面前的一道难题。不但在内容上缺乏创新，视听表现手法也是单一古板。

另一方面，公益广告多方管理。由多方参与的公益广告创作，由于彼此认知、想法各不相同，在创作时各执一词，容易耽误时间进度，最后也因无法达成一致而导致创意搁浅。同时也会面临监管不到位的局面，公益广告出现千篇一律的创意，创作手法单一。

3. 成长稳定阶段

2001 年开始，我国电视公益广告事业进入稳定发展时期，2002 年中央文明办主办了"CCTV 电视公益广告大赛"，2003 年国家环保局主办了"全国环境保护公益广告大赛"。2007 年，国家新闻出版广电总局等多部门联合举办"迎奥运、讲文明、树新风"公益广告大赛。2008 年中央电视台 14 个频道播出该系列电视公益广告累计时长超过 295 万秒。

这一时期的公益广告发展开始进入稳定期，且呈现出模式基本成形和企业参与的自觉意识增强的特征。

一方面，公益广告发展模式基本成形。从 2001 年开始，我国公益广告作品的数量和质量持续上升，逐渐形成由政府倡导、媒体公司执行、社会参与的电视公益广告发展模式。政府也相继下发了《关于做好公益广告宣传的通知》《广播电视广告播放管理暂行办法》，同时借鉴国际成熟制作经验，于 2009 年制定并颁发了《广播电视广告播出管理办法》，对公益广告播出的数量和时长做出了规定，以此确保公益广告影响力。

另一方面，企业参与的自觉意识增强。在公益广告发展的前面两个阶段，参与公益广告制作的主要是广告公司，媒介单位和企业参与不多。但在之后举办的系列公益广告活动中，企业出现的身影不断增加。随着市场经济的繁荣，企业也想通过公益广告来树立企业形象和理念。公益广告成了企业主体的营销理念中的"装饰品"，预示着公益广告公益诉求的转变。

二、我国公益广告中的中国传统文化观念

中华优秀传统文化为中华民族的生生不息、发展壮大提供了丰厚滋养，是中华民族的文化基因和精神家园，更是中华民族的"根"和"魂"。

1. 传统价值观

从价值观角度而言，对公益广告产生重大影响的主要是儒、释、道、墨、法、名、阴阳、纵横、杂、农的诸家等"九流"。这些哲学流派蕴含的价值观对中华民族文化的影响深远。

儒家传统价值观。儒家以"仁"为核心思想，其对公益广告的影响是提供了一套道德伦理的传统价值观，在孔子看来，"仁"的极致是"克己复礼"，做一个有德之人，同时爱人爱己，"仁者生生之德"，做到无所不爱，"仁者以天地万物为一体"。孟子也认为仁是"为天下得人者谓之仁""老吾老以及人之老，幼吾幼以及人之幼"，实现一种由己达人的广博的大爱。儒家学说讲究"道"，即"尊道""于道为最高"。所谓"道"，"道不同不相为谋""君子忧道不忧贫"，具体指的是事理、道理。"道"涵盖了儒家的核心思想，在后世的传承与发扬下，已逐渐形成"仁、义、礼、孝、悌"等传统价值观。

道家传统价值观。道家学说同儒家学说一样，传统价值观自成体系，且内容广博，其核心思想是"返璞归真、顺应自然"的思想观念。"道"是生命的源泉和根本，一种自然状态，恒久不变。道家学说对公益广告创作产生重大影响的观点当属"万物莫不尊道而贵德，道之尊，德之贵，夫莫之命而常自然"，意思是指自然属于善，环境属于恶，假如你想要将恶变成善，那么必须要返璞归真，因此要崇尚自然，顺应自然。

佛教禅宗传统价值观。佛教已成为中国传统文化的重要组成部分，其核心思想是"禅"。所谓"禅"，本意指"思想修""静虑"，即日常修行方法，全身心投入生活，从而发挥人性的智慧，之后发展成"禅学""悟禅"等。而"悟禅"又主张"不立文字"，主张用比喻、肢体动作、扬眉瞬间等表达生活体验和内心感受。而公益广告的创作也应借用禅学意境思想，让作品更具情感、哲理的意境追求，从而符合当下观众的审美需求。

2. 传统理想人格

儒家圣贤人格。所谓"圣贤"，大多指的是某一方面出类拔萃的人。"圣

193

贤"文化历经孔子、孟子、荀子等人在理论方面的丰富和发展，逐渐形成了"内圣外王"之道。所谓"内圣外王"，指人通过内在修养，达到圣贤境界，即"格物、致知、诚意、正心、修身、齐家、治国、平天下"。儒家把精神上的充实、快乐称为"孔颜乐处"。只有精神上的快乐，才能称之为人生大乐。因此，"圣贤"提倡把"道"和"义"当作人生的最高追求，势必要自强不息，奋斗不止，用精神的力量赋予人生意义。即"天行健，君子以自强不息"。

道家逍遥人格。道教的"逍遥"人格主张唯有虚静恬淡，顺其自然，才能成为天下之大美。这种人格主要是用于处理人世纷争，保持心灵安静。其中的代表性观点是"无为而治"，主张顺应自然，保持浑然天成、率性而为的本性。庄子推崇"言以虚静推于天地，通于万物，此之谓天乐"，与天同乐，不涉及世俗纷争，自由自在无拘无束地生活，超脱于功名利禄。

墨家侠士人格。墨子推崇兼爱非攻，"故天下兼相爱而治，相恶则乱"。墨子一生慷慨好义，吃苦修行。"强必贵，不强必贱……强必饱，不强必饥"，个人的生死荣辱，完全取决于"力"。所谓"力"，即个人的主观力量，自强不息、自力更生才是安身立命的法宝，也成了墨家理想人格的核心。同时，墨子又提出"万事莫贵于义"，其中"义"指的是侠义，提倡舍己为人的自我牺牲精神。"赖力仗义"，以己之力救他人之危，从而构成了墨家侠士人格的全部精神。

三、当前发展要注意的问题

2022 年以来，公益广告宣传紧紧聚焦迎接宣传贯彻党的二十大，深入组织开展"我们的新时代"等主题公益广告创作展播活动。18 个央视频道、44 个地方卫视频道累计播出 3217 条、1592267 条次的公益广告，播出率、收视率全面提升。

1. 要抓好宣传融入，强化统筹推进

做好主题主线公益广告宣传工作，着力强化主力军主阵地作用。全国各级广电媒体在总体宣传工作部署中，尤其是重大主题和重要活动宣传，要高度重视公益广告宣传的作用，切实把公益广告作为重要的宣传载体和创新广电宣传的重要方面抓实抓好。严格履行公益广告作品的审查把关职责，确保所有公益广告始终坚持正确的政治方向、舆论导向和价值取向。

2. 要突出创新创意，多出优秀精品

创意是公益广告的生命，要着力发挥公益广告自身的特点和优势，始终坚

持创新为要，在语言形象创意、故事创意和表达方式等创新方面多下功夫，制播更多融思想性与艺术性于一体的公益广告精品佳作。针对公益广告数量多但整体质量参差不齐、优秀精品尚偏少的现状，不断加快推进实施质量提升工程。公益广告篇幅小、时间短且传播快，要注重其在新媒体特别是移动智能终端的传播，进一步推动公益广告融合传播，增强全媒体传播效果。

3. 要强化政策引领，营造良好生态

要在加强资金扶持、公益广告创作培训、公益广告作品库建设、优秀公益广告作品推荐播出、播出机构播放公益广告监管与考核评价等方面进一步发力，特别是要不断强化属地管理、监管和督察的职责，确保各平台机构完成规定的播放量，形成优秀公益广告家喻户晓的氛围。要切实加大对公益广告宣传的投入，配备专门力量负责公益广告宣传工作。要着力调动各方面的积极性，进一步健全激励政策，调动社会力量广泛参与公益广告事业，进一步激发其发展活力。同时，各级广电部门要积极加强与相关党政职能部门、行业主管部门的合作，充分利用好公益广告进行宣传。

第三节　公益广告的美学构建

电视公益广告是传播社会文明、弘扬道德风尚、维护大众和社会公共利益的广告形式。有研究者认为，电视公益广告是审美精神与价值精神交织的混合体，审美价值是现代公益广告所追求的至高境界。[①] 因公益广告具有更加鲜明的文化特色，因而，在本章节，采用电视公益广告为典型代表来分析电视广告中的传统文化的美学构建。

在我国的公益广告发展中，东西方文化元素中形与意的碰撞激荡出具有新时代特征的中国公益广告。20世纪90年代以后，我国公益广告以一种短小便捷的形式出现，引起了公众的关注。从此，这种抓人眼球的表现手法开始了飞速发展。公益广告是我国文化建设的重要力量，在传承与弘扬中华优秀传统文化、坚定文化自信中发挥着重要作用。公益广告在创作实践中，注重从民族文化的土壤中吸取养分，创作出了一系列具有鲜明中国特色、中国气派和中国美学风格的优秀公益广告作品。

---

① 屈雅利.当代电视公益广告的传播美学审视[J].当代传播，2019(03)：102-105.

一、我国公益广告中的传统文化元素

公益广告对中国传统文化元素的提炼概括巧妙地体现了人与自然、人与社会的关系，增强了人们的集体意识和社会责任感。主要表现在家国情怀之美、孝道文化之美和诚信文化之美。

1. 家国情怀

爱国主义精神是中华民族的精神基因。国家的繁荣发展离不开爱国主义思想。例如，我国古代儒家思想在《礼记》中的《礼运》中体现的是大同世界，百姓丰衣足食、安居乐业的理想社会，这种社会理想无疑是致力于民族统一和国家发展的一种体现。[①] 如公益广告《同升一面旗，共爱一个家》，该广告中，在升旗仪式现场，来自不同行业、不同年龄的人都注视着五星红旗，整部公益广告让观众感受到了祖国的伟大，彰显爱国情怀。另一则公益广告《家国梦篇》拍摄了祖国的大好河山，其中，有我国西南的梯田风光，大西北的丝绸之路，江南的蜿蜒水乡，海边的鱼儿满舱，东北平原的辽阔无际，祖国的自然人文风光尽收眼底，彰显了祖国的地大物博。公益广告的旁白，传达了"每个人都有自己的梦想和追求"，表达出劳动创造美好生活的主题。仅仅一分钟的公益广告，却让观众直接、深刻地感受到人民的幸福生活和祖国的国泰民安。

2. 孝道文化

讲究孝道是我国自古以来的传统文化。家庭是社会的细胞，一个个家庭组成了社会。家庭和谐有利于社会和谐，家是我们的生命之所，家庭以爱为根，生活以和为贵。如何创造和谐的家庭环境，是我们每个人值得深思的问题，只有每个人用心去经营，用智慧来解决生活中遇到的困难，才能更好地构建和谐家庭、和谐社会。

让观众记忆深刻的央视公益广告《妈妈洗脚》中，小男孩看到妈妈给奶奶洗脚后，也端了一盆水给妈妈洗脚，并配画外音"其实父母是孩子最好的老师"。这一公益广告旨在宣传尊老爱幼、百善孝为先的传统美德，通过父母的言行使孝文化代代相传。古语云："百善孝为先。""孝"是儒家所阐释的家庭文化的核

---

① 陆方，黎梦云，刘洪帅. 中国传统文化元素在公益广告中的运用研究［J］. 文化月刊，2023（02）：119-121.

心内容，是中华民族自古以来都非常重视的传统美德。即便是在现代中国，"孝"仍是家庭生活中首先要遵循的伦理道德，渗透在中国老百姓家庭生活的各个方面。

传统文化是公益广告中的一个重要主题。在中国传统家庭文化中，孝和悌是核心，孝为重中之重。孝是感情基石和道德之基。例如，公益广告《爸爸的谎言》，其中通过对"爸爸的谎言，你能听出来吗"这一提问，引发观众的深思。老父亲和外出工作的女儿打电话，面带笑容地说起和老伴的"惬意"生活，希望儿女安心工作，在外不要担心他们。但与现实生活截然相反的是，妈妈生病了，老父亲独自照顾住院的老伴，父亲承担了家庭中的许多工作。这则公益广告，通过朴素而富有真情的人物表现，呼吁子女关爱空巢老人，常回家看看。这则公益广告将社会现象通过艺术化语言呈现，融入中国传统文化元素，有效地让观众产生情感上的共鸣。

3. 诚信文化

在传统的儒家思想中，诚信是道德之本、行为之源，是中华民族的传统美德。以诚信为主题的公益广告作品有很多。如公益广告《窍门篇》，描述了一个年轻人的哄骗领导、停车费不缴、旅游逃门票等一系列不诚信行为，告诫人们要诚实守信。公益广告《楼长》中，邻居出门将钥匙交予热心善良、以诚待人的楼长曲婶，而后者也用行动履行了自己的诺言。这则广告彰显了诚信在社会实践中对人的作用，体现了中华民族的传统美德。

二、我国公益广告中的中国传统文化之美

我国的公益广告中一直传递着中国传统文化之美。当前，我国公益广告中所包含的中国传统文化的美学主要集中在传统节日、传统艺术、传统建筑和传统礼仪等几方面。

1. 传统节日的美学构建

中国传统节日形式多样，内容丰富，是中华民族悠久历史文化的重要组成部分。从远古先民时期发展而来的中华传统节日，不仅清晰地记录着中华民族先民丰富多彩的社会生活文化内容，也积淀着博大精深的历史文化内涵。在公益广告中融入中国传统节日，不仅可以加深人们对传统节日的了解，而且能呼吁人们传承传统节日的相关习俗。央视公益广告《我们的节日》由一个身穿中

国传统服装、留着传统发型、打着红灯笼的小男孩吟唱中国传统节日的风俗习惯，同时呈现了不同节日的特色。除了这个公益广告外，还有许多其他的有关中国传统节日的公益广告，如《我们的节日我们的故事》《我们的节日：端午》等。

"把握时代主题、紧跟时代脚步是广告得以发展的依托，也是公益广告创作内容的亮点。"①2021年的公益广告《就地过年　平安幸福》讲述的是因新冠肺炎疫情原因，国家号召所在外工作的人们能够就地过年。这一广告与当时的现实背景紧密融合，将春节的风俗习惯与人们对亲人的思念完美呈现出来，同时起到了倡导作用。

2. 传统艺术的美学构建

中华民族的传统艺术包括书法、绘画、雕塑、戏曲、民族音乐和楹联等。传统艺术门类众多，品种齐全，动静兼具，雅俗共存，构成一个庞大的艺术体系。在数千年的历史发展和演变中，中国艺术形成了自己独特的民族风格、传统和精神，成为世界艺术宝库中最珍贵的遗产之一。

（1）剪纸和书法艺术非常广泛地应用在公益广告的创作中。社会主义核心价值观公益广告《传统艺术篇》通过老人篆刻、青年人剪纸和少年写书法将"富强、民主、文明、和谐，自由、平等、公正、法治，爱国、敬业、诚信、友善"呈现出来，不仅对剪纸、书法和篆刻这三种传统艺术进行了综合展示，而且倡导人们传承传统艺术。剪纸不仅是我国古老的民间传统文化之一，而且是很多中国人庆祝节日的一种重要方式，老人和孩童都能够参与。书法是以汉字的方形结构和线条变化为基础的，是中国汉字特有的一门传统艺术，是中国及深受中国文化影响的周边国家和地区特有的一种文字美的艺术表现形式，有着悠久的历史和丰富的文化内涵。剪纸和书法也是受到诸多外国人欢迎的中华传统艺术。公益广告《从小写好中国字　长大做好中国人》通过书法倡导正直做人的美德。

（2）在公益广告中，水墨画的应用也比较多见。"中国的传统水墨画，形式简洁，黑白相生，特征朴素，但内涵深刻。尤其是现代水墨，在传统文化的积淀下，形成了文化的良性循环，并且结合了特定的现代文化语境，其与民族文

---

① 魏艳伶，石兴慧.中国传统文化在公益广告中的应用[J].开封文化艺术职业学院学报，2021（12）：145-147.

化共同展现着美好的民族气节。"①公益广告《清正廉洁》（水墨版）采用水墨画与书法两种传统艺术相结合的方式呈现了"清：注之以源头活水；正：养之以浩然正气；廉：举之以清风之政；洁：成之以公廉之风"的理念。

（3）皮影戏的应用也是颇受观众喜爱的类型。中国皮影戏是一种以兽皮或纸板做成的人物剪影来表演故事的民间戏剧形式。表演时，艺人们在白色幕布后面，一边操纵影人，一边用当地流行的曲调讲述故事，同时配以打击乐和弦乐，具有浓厚的乡土气息。其流行范围极为广泛，并因各地所演声腔的不同而形成了多种类别的皮影戏。央视公益广告《文明中国礼》（皮影篇）通过皮影的艺术形式向人们呈现了个人礼仪、社交礼仪、行为礼仪等不同礼仪，童声的朗读与中国传统打击乐器演奏的背景乐相配合，不仅起到了广而告之的作用，而且让人们感受到了皮影戏的艺术魅力。

此外，一些公益广告中还展现了其他传统艺术形式，如反腐倡廉公益广告《脸谱篇》《章以力为美　人以廉为尊》等分别采用了脸谱、泥塑和印章等传统艺术形式来进行宣传。

3. 传统建筑的美学构建

传统建筑之美是公益广告中常常出现的元素。中国自古地大物博，传统的建筑艺术源远流长。不同地域和民族的建筑艺术风格等各有差异，但其传统建筑的组群布局、空间、结构、建筑材料及装饰艺术等方面虽各有特色却有着共同的特点，区别于西方，享誉全球。中国传统建筑正是中国历史悠久的传统文化和民族特色的最精彩、最直观的传承载体和表现形式。

建筑的设计和建造能体现一个民族的历史特点、审美意识和文化传统，属于住的物质文化的范畴。央视公益广告《保护遗留古迹　守护传统文化》展示了斗拱、院落式建筑群、飞檐、古城墙等建筑形式，不仅体现了中国工匠在进行建筑时所花费的心血和精力，更展现了中国传统建筑的造型之美和结构之美。但是，作为物质文化的传统建筑会因为自然或人为原因被破坏。因此，这一广告最后出现了"江照庵、夜雨寺、丁卯桥、赵氏宗祠、陶家花园、唐代洛阳桥、北大营遗址、宋元粮仓遗址、丁石孙祖房、民国李同记大院"等多个被毁坏的古建筑遗迹的名字，给观众带来了较大的视觉冲击，让人们为失去它们而遗憾，进而增强人们保护传统建筑的信念。

---

① 黄美林.传统文化元素在公益广告中的新路径［J］.美术界，2016（12）：79.

4.传统礼仪的美学构建

中国是"礼仪之邦",传统礼仪是公益广告必不可少的表现内容。礼仪,作为全人类宝贵的精神财富,不仅是人类文明的延续,更是中国传统文化不可缺少的一部分。我国的礼仪包含的范围极其广泛,包括典章制度、法律、宗教及伦理风范、生活方式等各个方面。我国传统礼仪在不断地发展和完善,并随着时代的发展被赋予了新的内涵。"新时代的礼仪文化不仅表现为外在的行为方式,如礼貌、礼节、礼宾等,还具有深层的精神内涵,即高尚的思想道德及优秀的品格修养。新时期的礼仪不仅仅是一种形式,而且是一个人、一个集体乃至一个国家精神文明的象征。"①

央视公益广告《文明中国礼》是一则有关中国传统礼仪的公益广告宣传片,广告分为"文明中国礼,仪容仪表要得体""遇到尊长先问好""守时还需守秩序""相见及待人,真诚而友善"四个部分。这则广告通过四个生动的问候、排队、让座、指路的生活片段呈现出来,同时呈现了注重个人的仪容仪表、遵守时间和纪律、尊老爱幼及助人为乐等中华民族的相关传统礼仪。这些传统礼仪渗透在人们日常生活的每个细节中,并继续传承给下一代。

三、我国公益广告的美学特点

我国传统文化公益广告的美学特点包括用现代视角展现文化底蕴、用国风美学营造美感氛围和用数字影像镌刻文化记忆。

1.现代视角:展现文化底蕴

我国公益广告采用现代视角来展示传统文化的底蕴。央视二十四节气公益广告采取传统叙事与现代叙事相结合的多元叙事视角,赋予传统文化新的意义与价值,将传统节气文化融入农业生产、健体养生和文化旅游等现代社会实践。如2017年《小满篇》,以宋代欧阳修的《五律·小满》开篇,"小满天逐热,温风沐麦圆。园中桑树壮,棚里菜瓜甜。雨下雷声震,莺歌情语传。旱灾能缓

---

① 魏艳伶,石兴慧.中国传统文化在公益广告中的应用[J].开封文化艺术职业学院学报,2021(12):145-147.

解，百姓盼丰年"，将观众带入到传统文化的情境与氛围中。① 接着以谚语"小满三日望麦黄"点明小满节气对农事的意义，表达出丰收在望、期盼收获的心情。根据节令，小满意味着暑热即将到来，需要防暑防病，广告结尾向观众传达出节令时序应注重的健康养生观念，给出"未病先防，增强机体，吃出健康"的友情提示。作品叙事层次分明、层层递进，以现代视角诠释了传统节气的文化内涵。

2. 国风美学：营造美感氛围

我国公益广告用国风美学营造美感氛围。"国风"原指《诗经》中周初至春秋间各诸侯国的民间诗歌。在当前的文化语境中，"国风"主要是指一种与传统文化关联的文化样态，它是以华夏大地上被广泛认可的民间风俗和文化元素为载体，通过创作产出的具有强烈本土文化特色的新兴文化生态，是广泛意义上对文化和习俗的传承和延续。② 央视二十四节气公益广告将国风美学融入作品创作，带给观众以意境美、风雅美、韵律美的审美享受，营造出二十四节气独特的美感氛围。

在 2022 年《立春篇》中，主持人尼格买提身着一袭白色国潮风格衣衫出镜，置身于古典风格庭院，或在长廊间信步，或漫步在湖心桥赏景，充满书卷气。主持人在自然美景中徜徉，也引领观众进入风雅之境，室内条案上的文房四宝、舒展开来的宣纸，挂在墙上的山水画，营造出古典风雅的意境。主持人俯下身来，在宣纸上钤出一枚刻有"春"字的方印，广告以"天地有节，风雅中华"点题，让观众观后久久回味。央视二十四节气公益广告视觉呈现与艺术表达的"风雅之美"，蕴含了传统节气的文化与唯美的审美特征。

3. 数字影像：镌刻文化记忆

我国公益广告还采用数字影像来镌刻文化记忆。技术美学是目前在数字时代影视作品创作时应用广泛的一种技术呈现。央视二十四节气公益广告的影像叙事主要采取了传统实景拍摄与现代 CG 特效制作两种影像技术手段。2022 年《天地有节 风雅中华》系列与 2017 年《天地灵气二十四节气》系列采用传统实

---

① 张龙. 国风美学、影像叙事与文化建构——总台二十四节气公益广告的创新传播[J]. 电视研究，
　2023(01)：63-66.

② 张龙. 国风美学、影像叙事与文化建构——总台二十四节气公益广告的创新传播[J]. 电视研究，
　2023(01)：63-66.

景拍摄手法，将主持人置于自然或人文的环境中，通过光影的变化、色调的营造和中国传统式构图等镜头语言再现春夏秋冬季节轮替中节气时序的变化，通过主持人的语言，传达节气独特的文化内涵。2016 年《赏二十四节气　品五千年文明》系列广告宣传，则通过 CG 特效制作等现代影像技术营造出古典美的氛围，广告作品打破了物理空间感，影像技术赋予作品梦幻、空灵、生动的艺术美感，在影像的虚实变幻中，为观众呈现出技术美学的视觉盛宴。

我国公益广告拥有着深厚的人文底蕴，与民族文化紧紧相连，是一个国家文化传播的窗口，也是每个国民了解本国文化的重要途径。只有将公益广告与传统文化结合起来，形成具有文化气息的公益广告，才能使我国公益广告走得远、走得快、走得稳。我国的公益广告创作者可以创作更多具有中国美学特色的公益广告，借助公益广告这一文化载体，将中国传统文化发扬光大，使中国传统文化得到全方位、多维度的发展。

第四节　公益广告的传统文化传播

中国传统文化博大精深，传统元素内涵丰富，给予了广告创作者更多的灵感和素材资源。中国传统元素是具有中国特质的文化符号，凝结着中国传统文化，既是一种象征物，也是一种载体。公益广告蕴含中国传统文化元素，这些中国传统文化元素既能增强广告作品的文化底蕴，又能发挥广告的文化负载功能，承担起弘扬和传承中国传统文化的责任。

公益广告以丰富的视听感受给人留下深刻的印象和记忆，在其制作过程中，中国传统元素常常作为视觉要素融入广告信息中，直观影响受众感受。自2013 年开始，央视开始插播春节公益广告，随着以传统文化为符号载体的公益广告的持续播出，这一作品形式受到越来越多人的关注和研究，逐渐形成独特的文化现象。公益广告通过信息的传达，呼吁关注社会性问题，以合乎社会公益的准则去规范自己的行为，支持或倡导某种社会事业和社会风尚。

公益广告以影像的形式影响着人们的社会态度和意识形态，潜移默化地呼吁、唤醒、培育人们的价值观念。公益广告以鲜明的创作主题、短小轻便的表现形式，通过图像、声音和文字等元素直接表征优秀的中国传统文化符号，让受众在观看的同时，深刻领悟中国传统文化的博大精深，传递和引导人们建立正确的道德观、价值观、世界观，倡导真善美、团结与合作，促进个人、国家、民族之间的情感交流和价值认同。

公益广告涉及的中国传统文化元素包含传统节庆、戏曲小说、礼仪风俗、衣冠服饰、饮食烹饪等众多类别，在数字化的传播时代，这些传统文化元素与广告形式更加完美地结合，对大众产生了广泛的影响。

一、我国公益广告的传统文化传播策略

我国的公益广告在传播过程中，逐渐形成了以小见大体现文化内涵、引发共鸣推进叙事内容和视听语言带动受众情感的传播策略。

1. 以小见大体现文化内涵

我国公益广告以小见大，体现中国传统文化的内涵。再空泛的道理，只要选好切入点，也能起到教育作用。公益广告常常能够在生活琐事中抓住被人们遗忘的种种。在"春晚"公益广告《筷子篇》中，通过八个使用筷子的场景，表达启迪、传承、明礼、关爱、思念、睦邻、守望、感恩八个主题，展示了中华传统文化的精髓；又通过不同的乡音，呼唤受众的思乡之情。筷子不仅是中国人用餐的工具，还承载了中国数千年的文化与情感。筷子是最普通的生活元素，却在导演的镜头下成为纽带，联结起不同的家庭与他们共同的情感。

2. 引发共鸣推进故事叙事

公益广告通过引发观众共鸣推进故事的叙事。公益广告的创意核心在于故事性。用电影的叙事手法，铺陈一个感染力十足的故事，故事本身让人记忆犹新，其中寓意又能够令人深思，从找到共鸣到产生思考，受众在观看广告片的过程中，经历了一个从情感代入到间离出戏的过程。[①]

故事要让人们有一种熟悉而又陌生之感，有悬念才会有新奇感，才能抓住受众并产生触动。在《爸爸的谎言》中，旁白是父亲给儿子打电话的声音，表达的是自己生活美好不用孩子操心，而观众看到的画面却是空洞压抑的场景、老人落寞的身影。广告以声画对位的方式创造出一种强烈的疏离感，通过强烈的反差对比，突出父亲的孤单、无助，提醒子女勿忘家中的老人。最后结尾处字幕出现，揭示"多回家看看"的主题。结尾画龙点睛，潜移默化地完成中国传统文化的传播。

---

① 张步中，许天伦.央视近年来公益广告传播探析[J].中国电视，2014(09)：68-72，1.

3. 视听语言带动受众情感

我国公益广告还运用视听语言带动受众情感。背景音乐、旁白、广告语等是所有优秀公益广告不能忽视的视听元素。很多时候，人们首先是被音乐感动的。公益广告音乐的主要功能在于渲染气氛，配合不同的情景，音乐能够带动受众的情感起伏。对于短篇公益广告，旁白可以起到辅助叙事、加深记忆的作用，但在时间稍长、故事性较强的公益广告中，恰当的背景音乐，能够让受众自己去感受个中意味。公益广告《迟来的新衣》中，以单和弦钢琴交替表现一种时间的紧迫感，随着旅途的开始，环境声渐大，弦乐加入，主题旋律反复，情感上骤起波澜，多声部交响奏鸣至结尾，强有力地抓住了受众。最后的广告语是公益广告的点睛之笔。好的广告语不仅能够很好地揭示题旨，而且会让人过耳不忘、记忆犹新。如"他忘了很多事情，但他从未忘记爱你""上天对他按下了静音键，但他依然能发出最美的声音"等。

二、我国公益广告的传统文化传播价值

我国公益广告在传播过程中，推动中国传统文化的传承与传播，并不断弘扬中国特色社会主义核心价值观。

公益广告的实质是通过宣传某种公益观念，潜移默化地影响人们的人生观、价值观，提高人们的思想道德水平，促进社会主义精神文明建设。公益广告具有鲜明的大众传播性，大多是社会和民生题材，与生活最为贴切，易于被民众接受，其主题内容往往具有深厚的社会基础和群众基础，因此更易引起大众共鸣。另外，公益广告受众广泛，面向社会大众进行信息传播，覆盖面广、普及率高。公益广告又带有一定的"强制性"，因而穿透力强，到达率高。近年来，公益广告把握时代脉搏开始了创新发展的探索，在策划和影像视觉创意表现中巧妙地融入了中国传统文化元素，通过深度挖掘中国传统文化丰富的内涵，进行意象表达，使其与受众的民族文化情感及社会主义核心价值观进行融合互动，大大强化了传播实效。

1. 推动中国传统文化的传承与传播

公益广告的传播能够推动中国传统文化的传承与传播。文化是一个国家或民族的精神和灵魂，它承载着民族生存发展的血脉，是构筑民族精神的基石。文化兴则中国兴，文化强则中国强。中国传统文化元素是中华民族的生命记忆

和文化基因，它代表着中华民族悠久历史文化取得的伟大成就。以新的传播方式继承和发展中国传统文化是保证中华文化薪火延续的重要举措，新形势下我国公益广告正在快速发展，很多内容也已融入中国传统文化元素且通俗易懂，画面既有历史感又具时尚性，传播跨越受众年龄、思维、文化和阅历差异的限制，通过这样的传承创新，有效推动了中国传统文化的传播。

把中国传统文化元素运用在公益广告中，能够最大限度地推动了传统文化与现代文明的融合，不仅推进了中国特色社会主义的文化建设，还能增进国民的民族自豪感和民族自信心。

2. 弘扬中国特色社会主义核心价值观

我国公益广告的传播能够弘扬中国特色社会主义核心价值观。"任何一个国人，内心深处都有着受中国传统文化熏陶而形成的共同的价值观，这是在任何时候都无法改变和抹去的。"①公益广告中对传统文化艺术的运用能够表达和凸显国人共同的价值观。

中国剪纸艺术是常见的被我国公益广告所运用的传统文化艺术之一。剪纸艺术所传承的"以象寓意""以意构象"，都蕴含了丰富的中国传统文化历史信息，表达出广大人民的社会认知、思想道德、生活愿景等，具有认知、教化、表意、抒情等多重社会价值。公益广告《勤俭，让你的生活升值》就运用中国传统文化中的剪纸元素来倡导勤俭节约的高尚美德。在此广告创意中，大红颜色的剪纸动画让人眼前一亮，一把小剪刀灵活转动，跃然纸上，随着纸片碎落，一张漂亮的"耕耘"纹样图案"破茧成蝶"，接着又把剪剩下的碎纸收集起来仔细地拼出一张同样漂亮的"耕耘"纹样图案，两个纹样图案一阴一阳，相映成趣。勤"剪"让你的生活升"纸"，借用同音不同字来传播"勤俭""升值"的文化艺术内涵。"勤俭，让你的生活升值"这一句话，因为配以浓墨重彩的中国红剪纸画面视觉，让人过目不忘。

优秀传统文化具有潜移默化的教育性与引导力，公益广告融入中国传统文化元素，可以更快、更广地使国民深入理解中国传统文化的内涵底蕴，接纳和认可优秀传统文化的价值内蕴，牢固树立中华民族的文化自信和民族自信，树立新一代年轻人的世界观、价值观、人生观。

---

① 卢强.中华优秀传统文化元素在电视公益广告中的表达[J].传媒，2022(03)：75-77.

3. 增强文化自信,激发爱国情怀

公益广告还能够增强文化自信,激发爱国情怀。中国传统文化植根于中华大地,是在中华沃土中培育出的民族文化,它所表现出的文化内涵和深层价值具有强大的感召力和民族认同感,在潜移默化中影响着一代又一代人。我国的曲艺戏剧历史悠久,魅力独特,集音乐、文学、舞蹈、武术、美术、杂技、口技、说唱等多种舞台艺术形式于一身,艺术表演形式多种多样。单就中国戏曲一种舞台艺术形式来说,就有至少360个表演种类,它的综合性、虚拟性和程式化构成了中国戏曲独有的表演形式,它植根于基层普通劳动者,有着广泛的群众基础和深厚的文化根基。① 中央电视台在2008年推出的北京奥运会公益广告《京剧篇》曾一度热播,片中伴随逐渐紧密的过门前奏,聚光灯下的舞台大幕徐徐展开,数名京剧表演艺术家先后出场,他们时而装扮成戏曲故事中的人物形象,时而一身现代服饰对观众娓娓道来,将戏曲文化的视觉符号充分融入整个作品之中,让观众在享受一场视觉盛宴的同时仿佛有了穿越时空的感受,亲切而自然。在广告的最后,一段清脆悦耳、欢快奔腾的二胡演奏再次把人们的注意力集中到舞台中央,一句"登世界的台,唱中国的戏"把整个广告引向高潮,利用戏剧舞台和世界舞台的语意双关,巧妙地诠释了中国作为东道主的热情好客和博大包容,也体现出当代中国的发展强大和文化自信,让每一个观看此公益广告的中国人不由得产生真切的爱国之情和强烈的民族自豪感。

三、我国公益广告的传统文化的传播特点

公益广告在传播过程中,逐渐形成了以中国传统文化为内核传播传统美德和以情感议题设置强化传播效果的传播特点。

1. 以传统文化为内核传播传统美德

公益广告以中国传统文化为内核传播中国传统美德。中国传统文化注重家庭、家教与家风,"天下之本在国,国之本在家""积善之家,必有余庆""孝弟(悌)而好犯上者,鲜矣"等关于家庭及其道德规范的思想流传至今。习近平总书记曾多次引经据典强调家风建设的重要性,他在2016年会见第一届全国文明家庭代表时指出,"尊老爱幼、妻贤夫安,母慈子孝、兄友弟恭,耕读传家、

---

① 卢强.中华优秀传统文化元素在电视公益广告中的表达[J].传媒,2022(03):75-77.

勤俭持家，知书达礼、遵纪守法，家和万事兴等中华民族传统家庭美德，铭记在中国人的心灵中，融入中国人的血脉中，是支撑中华民族生生不息、薪火相传的重要精神力量，是家庭文明建设的宝贵精神财富"。"家文化"历经千百年的积累和沉淀，已经成为中华民族的根与魂。① 央视以家为视角，塑造了一个个感动人心的广告形象来推崇孝老爱亲的《洗脚篇》，呼唤亲情回归的《常回家看看》，规范文明礼仪的《文明礼仪·有样学样》，歌颂传统美德的《诚信·亲子篇》，细绎文化内涵的《筷子篇》，不仅是对中国传统文化的传承与弘扬，也是结合时代发展对中国传统文化做出的现代化阐释。

2. 以情感议题设置强化传播效果

公益广告以情感议题设置强化传播效果。大众传媒的议题设置能够影响人们对事物的看法，"塞罕坝精神——《信念篇》"公益广告对环保议题、道德问题做了显著设置，配合温暖、奋斗的画面，强有力的劳动号子，更能调动观众的情感共识。观众在广告当中得到的正面印象，在日常生活中得到印证，广告对观众的培养也更深入，这也是"塞罕坝精神——《信念篇》"的情感传播追求。例如"塞罕坝精神——《信念篇》"中平易近人的第一代务林员的形象，能勾起观众内心最朴实的情感，当这些情感与文明、和谐、自强等价值观融合在一起，就会唤醒观众对于美好生活的奋力追逐。"绿水青山就是金山银山"这句唯一的广告词，在广告故事讲完之后才弹出，直击人心，传达"生态文明建设，从我做起"的内涵，当观众回忆起塞罕坝人的艰苦卓绝，容易使其产生代入感，记住广告所想传播的环保主题。②

四、我国公益广告在传播时要注意的问题

公益广告在传播时，应处理好中国传统文化与现代文化的差异，并对传统元素进行合理的转化和重塑，以处理其与广告中现代元素的冲突。

传统元素在进行转化和重塑时，务必要处理好与现代元素之间的关系。有部分广告将传统元素硬性嫁接到广告中，使广告无法传达甚至破坏传统元素的

---

① 吴来安.公益广告中"家文化"传播与话语体系建构——以央视公益广告为例[J].电视研究, 2022 (01)：69-71.

② 刘旭东.正能量传播如何用好电视公益广告——以"塞罕坝精神——《信念篇》"为例[J].新闻战线, 2018(16)：69-70.

文化内涵。随着现代科技发展和媒体开发意识的增强，广告中可以不断探索采用新的数字技术，将传统文化元素更完美呈现。

公益广告具有鲜明的社会感染力与广泛的大众传播效能，社会教化功能突出。把中国传统文化元素创新而巧妙地融入公益广告中，不仅有利于提升公益广告的品质与品格，更有利于大众对公益广告的文化认知与价值认同。公益广告作为中国传统文化传承与发展的重要新途径，对人们的思想行为在潜移默化中发挥着沁润作用。在公益广告的制作中，既要把握独特的中国传统文化符号运用的方向，又要不断提升中国传统文化元素的创作形式与视觉呈现方式，以唤醒民族深层的文化记忆，坚定和增强民众的文化自信。

下篇

常见传统文化类
视听节目

第七章　文化类纪录片对中国传统文化的传播
——以纪录片《中国》为例

历史文化题材纪录片，是利用影像载体对历史遗迹、文物器皿、文化景观等进行记录与表达，以折射当代人对民族历史和文化的深刻认识、体验与反思。2020年12月7日，纪录片《中国》第一季在湖南卫视和芒果TV双平台开播，并于24日完美收官。作品从中国历史故事中挖掘对今日中国影响深远的人和事，讲中国故事，传中国之声，全域传播矩阵助力该片成功获得2020年全网在播纪录片融合传播指数榜首位。纪录片《中国》截至2022年共有三季，在第一季中，从春秋战国时期中国早期思想的形成到秦汉时期国家制度的初步建立与完善，从魏晋南北朝时期政治中心南移、多民族融合到隋唐时期巩固大一统和多民族、开放、包容的盛世，随着历史的车轮向前滚动，《中国》对国家制度的演变与发展、民族的冲突与融合、文化的交流与创造、历史发展的自然规律进行了多层次的探讨，对华夏历史进行了多维度的认知。

《中国》第一季以思想和制度的发展为主线，每集以各个时代的历史人物为中心，12集内容分为中国原生思想的诞生、国家制度的奠基与完善、多元文化与民族的大融合、开放包容的鼎盛之世4个历史时期和主题，打破了纪录片与影视剧之间的壁垒。①

中国文联党组成员，副主席胡孝汉指出，《中国》以新角度诠释大中国，用生动的叙事、诗化的语言、唯美的影像来解读中国历史，让观众了解了生生不息的中国文化和中国精神。作品引领观众回溯历史渊源，展现文化自信。湖南广播电视台党委书记、董事长张华立表示："《中国》并不是一部传统意义和经典样式的通史，我们企图以当代人的眼光观望文化历史、并毋庸讳言带有浓烈思想感情。"

纪录片高饱和度的色调，大量固定镜头的运用，慢镜头的处理，还有演员的演绎，再加上生动精练的解说词，以开放式碎片化的叙述形式，把更多读解机会留给了受众，也较好地完成了纪录片与观众的良性互动。网友们无不感

---

① 王玉，杨晓军. 历史题材纪录片《中国》的中华美学精神刍议[J]. 当代电视，2021(06)：73-77.

叹，这是一部电影般的纪录片，这才是历史。

一、叙事虚实相间，彰显家国情怀

纪录片《中国》在制作方面选择了去剧情化、纯纪实的表现形式；在叙事上，摒弃了传统纪录片的线性结构，采用人像展览式的戏剧结构；在呈现方式上则利用了场景模拟、角色出演、故事讲述、自然风光等，将当时的历史深入浅出地展现在观众眼前。

1. 人物塑造另辟蹊径

纪录片《中国》在每个历史的发展阶段选择一位历史人物来展开叙事。这些人物表现出的民族精神与人格之美独具美学意义，他们身上闪闪发光的至善至美的品格，表现出的风气、风骨、风韵深入人心，升华了纪录片的主题思想，提升了审美价值。

《中国》对人物的还原既不是传统纪录片的情景再现，也不是电视剧中的传奇演绎，而是创造性地另辟蹊径，用戏剧舞台上的假定和象征的手法留给受众无尽的想象和留白。《中国》显然无法介绍所有的历史人物，比如唐朝的玄宗在片中只是一个符号，太宗的戏份也被"减掉"，让观众自己推测与联想。[1]

2. 历史呈现化繁为简

《中国》对中国历史的呈现，从孔子开始，通过孔子见老子、孔子立志恢复礼制、创办杏坛私学讲坛等孔子的人生大事，来带出春秋战国时代的复杂局面。接下来以墨子、孟子、荀子、韩非子、嬴政、刘彻、董仲舒等历史人物的主要故事和思想为脉络，让观众形成对春秋战国争霸历史的整体认识。这种以主要历史人物为主线的讲述方式，让历史化繁为简，有了讲述的着力点，也很容易吸引观众跟着历史人物的命运轨迹，展开对历史的思考。

为了让观众感觉真实，纪录片虽然由演员饰演历史人物，但人物没有对白，也没有对人物的特写镜头，而是全部以全景式、大广角来呈现古人的某种状态，比如出行、聚会、拜访、行礼、争论等，让观众有一种全景观看历史，而非观看表演的感觉。这种类似用写意笔法来描绘历史的方式，避免了将纪录片拍成电视剧。[2]

---

① 任菲.接受美学视域下纪录片《中国》创新分析[J].中国报业，2021(12)：62-63.

② 燕道成，刘翔.纪录片《中国》的叙事策略及主流意识形态表达[J].中国电视，2021(08)：85-89.

二、画面精美，独具品格

每集片头，一扇中间写有"中国"两字的木门缓缓打开，仿佛为观众打开距离颇为久远的历史大门，将中华民族的历史渐渐呈现出来。高清晰度拍摄，让该片的画面自然且不失真，全片色彩透着一种凝重感，与中国历史的厚重相契合。

1. 画面写意，极致质感

画面的构图采用电影的风格，5.9K 打造极致观影质感。在孔子思考未来的社会发展时，采用的背摄镜头，在竹林之中，孔子穿着青色长袍仰望天空，一只小狗安静地蹲在地上，中国传统美学讲究的写意和留白在片中体现得淋漓尽致。竹是中国文人喜爱的四君子之一，在一片翠绿的竹林中，一位圣人在思考在探究，暗绿色的色调，固定镜头拍摄固定主体，构建了中国传统美学，深刻且写意。此外，作品采用了大量的远景和全景构图。在一望无际的草原，在波光粼粼的河边，在山岗上，众多的历史人物不再是画面的主体，他们仿佛是历史长河中的沧海一粟。一般而言，地平线在三分之一的位置时，画面比较均衡，人物主体突出。而在《中国》这些画面中，单个主体也好，人物群像也罢，人物往往在三分之二的分割线以下，这种构图打破了黄金分割线的构图手法，其目的是让画面有更多的留白，这种近似于中国传统山水画的大面积留白，能够留给观众更多想象的空间。

在第 12 集《盛世》中，展现唐朝的镜头画面感表现独具一格。公元 8 世纪的长安城中的西市是全球商品的集散地，粟特人后代米福山与妻子维耶维斯进行商品贸易的场景采用的是棚内拍摄，色调调成暖黄色，产生复古画质般的效果；同样的拍摄手法，已经在中国待了十年的日本人阿倍仲麻吕与各个国家的儒生一同准备科举考试；而距长安两千公里的敦煌郡里，女子李巧儿与丈夫翟生商讨离婚的场景，选择了在沙漠搭外景拍摄。根据不同的内容，选择不同的拍摄场景，相同的是拍摄手法和最后呈现的高质量画面。这些历史事件的影像呈现，都在潜移默化之中为观众传达唐朝制度的开明与文明的开化。《盛世》中三个主要故事同时展开，叙事暖色调的画面，画面中大量的留白，仿佛是敦煌的壁画，又像一幅幅山水画，勾勒出大唐的盛世。

2. 色块构图，大胆尝试

这部纪录片还对大色块的构图进行了大胆的尝试。在第 12 集"盛世"中，从日本的阿倍仲麻吕切换到敦煌郡,画面中一名叫李巧儿的女子在梳妆打扮。郁郁葱葱的大树占据了画面中的主要面积,与在左下角的李巧儿形成鲜明的对比。接下来镜头暖黄色大面积出现,黄色的墙,黄色的沙漠,蓝色的天空,借助房屋的直线条的构图,将大面积色块区分开来,穿着一身蓝色衣裙梳妆的李巧儿,在暖色调的画面中凸显出来。在纪录片中,大面积色块的运用还不多见,不同于《航拍中国》,俯拍山川时大面积绿色块加上曲线条构图,写意柔美,而这里,大面积的色块加上直线条构图,在传统美学中又有现代美学之意蕴。

此外,中国风的对称式构图随处可见。中国传统的建筑大多是对称式的构图。在第9集"佛变"中,同泰寺对着皇宫开着的一道门大通门,采用对称式构图,冷色调的处理显出佛门的素净,众多佛教弟子跪拜在其中,体现了佛教在中国的影响。此外,在每集的片头,老子、孔子、墨子和孟子等每一位历史人物出现,都是以特写居中,画面采用大面积的暗部,只有人物的面部处于光线之中,打造视觉中心,同时也凸显这些人物在我国历史发展进程中的重要地位。

三、拍摄精湛,视角独特

该片的拍摄手法也堪称一绝。在这种历史类纪录片中,不同于美食文化类节目采用大量的特写镜头形成视觉冲击,用丰富的色彩吸引观众的味蕾,也不同于《故宫》这种历史纪录片,采用大量的升降镜头和大开大合的镜头进行恢宏叙事。在这部作品中,追求的是一幅幅中国画似的意境,节奏缓慢,运动镜头不多,以固定镜头为主,画面构图时采用更多的留白。

背摄在作品中大量的运用。背摄常常用来制造悬念,有种不打扰到被摄者的感觉,并能表达某种情怀或意境。在"春秋"的开头,崇尚礼制的孔子来到东周都城洛阳,向当时掌管国家档案典籍的史官——老子请教,共同探讨"礼"。孔子期待用伦理规范、鲜明礼制拯救社会秩序,而老子主张道法自然,无为而治。孔子在山林中与老子见面一幕,偏暖黄色的色调构建出典型的中国山水画的意境。交流完后,孔子告别,老子注视着孔子渐渐走入山林深处,孔子渐渐走远的背影象征着两人的观点相去甚远,但是道家与儒家这两大思想体系,以孔子与老子的会面,形成了交流与融合,并流淌在我国古代传统文化血脉中影响后世千年。

该片第8集"融合",讲述的是北魏拓跋宏顶住层层压力迁都洛阳,并致力于推广中原文化的历史片段。在短短九年的时间内,他将北方各民族的健勇无畏之气，汇入到了中原的大江大河，以极具前瞻性的理想促成了一次史无前例的民族融合。画面中，在这集的最后，拓跋宏缓缓地一步步在朝着河水走去，近景下的背影留给了观众，泛着波光的水面，观众仿佛感受到他的博大胸怀和深谋远虑，阳光透过水面的折射照射过来，象征着拓跋宏那超前的思想和气魄影响着世人。虽是短短九年，却促成了历史上的民族融合。背摄在作品中拍摄历史人物时多次运用，这些人物在历史长河中虽稍纵即逝，但背摄更加深了观众的印象。

在拍摄角度上，俯拍在作品中为数不多，但拍摄孔子的一幕堪称亮点。在"春秋"的结尾，孔子一身素衣躺在河水边，任河水在身下冲刷，全景镜头下，孔子淡定又执着，颇有"逝者如斯夫"的意境。孔子跌宕却伟大的一生，带给后世的不仅仅是儒家思想，更多的是整个中国思想体系的形成，正如这滔滔江水般绵延不绝。

四、解说精练，凸显张力

解说词能够让观众迅速理解影片想要表达的内容，而且可以推进节奏和故事进程。与传统历史文化纪录片一般使用男声解说来凸显历史的厚重与苍凉不同，《中国》首次启用女声配音，将历史韵味"力透纸背"的同时，也将女声所特有的灵性注入其中，给予受众独特的听觉享受。周涛是中央台资深的主持人，具有丰富的经验和深厚的学识，情绪饱满的女声打破了传统纪录片的客观冷静，更具有感性的一面。

解说词如诗一般，极具韵律感。例如"孕育了春秋战国时蓬勃生长的中华文明，在秦、汉的淬炼下跌宕起伏，历经魏晋南北朝的分裂与融合，经由隋的再次统一，终于在盛唐灿烂绽放"。这段解说词，寥寥几句，便把从秦代到唐朝的整个历史概括了出来，并让观众印象深刻。宣传片的文案亦是如此。"他们遇见挫败，遇见欣赏，遇见传奇，也遇见情谊。他们播种梦想，成就大业，只为一偿心中宏愿。那是悠远岁月中温暖的爱，在庙堂之高，在江湖之远，一个国家，一个民族，不能没有灵魂，这辽阔的新时代，我们执着而骄傲。"配合着主持人周涛的坚定略带磁性的嗓音，极具张力。

第一集"春秋"主要是讲述孔子的生平。孔子历经磨难，在当时几乎无人能懂他的思想体系。他被迫带着弟子周游列国，实际上，他们也不知道将去向何方，又会去多久，这时，周涛的解说词说道："他们的脚下没有方向，心中却有方向。"孔子带着弟子走向远方，脚步缓慢而坚定，背影渐行渐远，去追寻心中的理想与信念。

近年来，风格多样的纪录片不断呈现到观众面前，有宏大叙事的《故宫》，有以色彩和特写冲击观众的视觉和味蕾的《舌尖上的中国》，有反映故宫文物修复者的《我在故宫修文物》，还有语言诙谐幽默的微纪录片《如果国宝会说话》，这些纪录片或采用镜头调度和现场调度，展现场景，或采用同期声展现人物的个性，或采用色彩和声音形成视觉和听觉冲击，而《中国》，挖掘了古代中华文明中对今日中国社会最具深远影响的人与故事，回溯中华文化渊源，为观众呈现悠悠千年古国的精神图腾。这部彰显中国传统美学意蕴的作品，以类似电影的画面质感、笔触细腻的解说词和演员们极具张力的演绎，仿佛徐徐打开了一幅中国画的卷轴，向观众展示穿越千年的历史。

纪录片《中国》凭借精巧的叙事策略、精良的制作和精练的解说展现了现代人眼里的中华之美。它是一幅历史的全景图，讲述了从春秋到盛唐对后世的深远影响，以国家制度、社会思想的形成和发展为主轴，通过电影化的拍摄手法，再现中国历史群星的个人选择及闪耀瞬间，向大众展现了中国精神、中国价值、中国力量。该片以 5.9K 拍摄制作，是将纪录片影片化的一次重要尝试。它摒弃了传统的说教式的解说，取而代之的是让观众跟随一个个历史人物，去感受久远以前的他们内心激荡的家国情怀。观众在这些推动历史前进的人身上看到了力量与担当，能够唤起内心深处的民族自豪感和自信心，并传递给整个中华民族。

第八章　文化类综艺节目对中国传统文化的传播

《中国诗词大会》(第一季)对中国传统文化的传播

一、文化类电视综艺节目的现状

继《中国汉字听写大会》《中国成语大会》《中国谜语大会》之后，2016年2月至4月，《中国诗词大会》在中央电视台科教频道和中央一套热播。这是一档由中央电视台科教频道自主研发的一档大型演播室文化益智节目。从汉字到成语再到诗词，央视对于传统语言文化方面进行了深入挖掘与推广。① 中国传统文化是中华民族在中国古代社会形成和发展起来的比较稳定的文化形态，是中华民族智慧的结晶，这种从内容到形式的创新推广，不仅使电视节目获得了高收视人群，也实现了中国传统文化的继承与发扬。②

《中国诗词大会》(以下简称《诗词》)节目以"赏中华诗词，寻文化基因，品生活之美"为主旨，定位并非一场比赛，而是一场诗词的狂欢。之所以不叫"中国诗词大赛"，是因为不论是参赛选手还是电视机前的观众，大家聚在一起，并非为了单纯地比拼诗词背诵能力，而是以这样的一档节目让大家重温经典诗词之美、感受诗词之趣。中华传统文化源远流长，博大精深，《诗词》的播出是一次对历史记忆的建构，更是对现代人生活意义的重塑。

---

① 央视综艺节目文化四连炸《中国诗词大会》来袭[EB/OL].[2023-02-15].http://ent.163.com/16/0215/14/BFSE1L8D00034VDC.html.

② 胡智峰.传统文化应成为电视节目创新的重要资源[N].光明日报，2014-10-09.

二、《中国诗词大会》第一季成功的原因

《诗词》第一季于2016年4月落下帷幕，纵观整个节目，其节目成功之处在于以下几点。

首先，内容上进行了传统情怀的再现和现实情境的解读。节目在诗词的内容选取上，涵盖面广。由于入选节目的所有诗词题目大部分出自中小学课本，虽然类别涵盖咏物、田园、边塞、豪放、婉约、咏怀、咏史等方面，但基本每一首诗词都能称得上耳熟能详。

其次，提炼了中国诗词的独特文化内涵，真正做到了"润物细无声"，展现了中国诗词文化的独特魅力。在第1期的节目一开始，董卿就请北京师范大学教授康震对今天的现场和当时的气氛用古诗词做了点评。不仅展示了专家的国学底蕴，更体现了中国古诗词的抒发"此情此感"的独特魅力。例如当参赛选手遇到苏轼的词"人似秋鸿来有信，事如春梦了无痕"，河南大学文学院教授王立群就将苏轼的儒家与道家思想的结合娓娓道来，阐述人生应洒脱的哲学。节目从不同的层面将蕴含在古诗词中的中国传统文化和儒家哲学，传递给观众，不但令观众细细品味，也向各国观众传递了中国传统文化。

形式上，现场答题为载体，传统文化为意境。

"大会而非竞技"，不以游戏牵引，也不是说教式的灌输。《诗词》在赛事规则上采用"以一敌百"和"击败体"的内循环竞赛机制。每场比赛，106位挑战者全部参赛，比赛由个人追逐赛和擂主争霸赛两部分组成。每场比赛结束时，下一场比赛的参赛者由在现场百人团中答对最多且最快的前五位选手组成。每位上台的选手最多可回答10道题，其间如果出现失误，便停止答题，选手得分以每一题百人团中答错的人数叠加计算。选手个人追逐赛由5名选手上台与百人团同答一组题，最后5人中累积击败人次最多者为该赛段优胜者，此人将作为攻擂者，在擂主争霸赛部分与守擂擂主进行比拼，竞争该场比赛的擂主席位。节目形式从一对一、点对点的单线程PK模式改进成更富有冲突感与不可预知性的一对多、点对面的多维度PK模式，避免了场上选手互动不足的缺憾，同时使现场参与度更高。此外，电视机前的观众还可扫描电视屏幕下方的二维码，同步答题，获得大奖。使用微信"摇一摇"，赢取大奖。传统文化节目在新媒体载体上传播，是一种传统与现代的融合表达。

1.专家点评与现场答题相结合

在遇到诗词中的难点或者话题点时，节目组特意邀请了南京师范大学教授

郦波、中央民族大学副教授蒙曼、河南大学教授王立群和北京师范大学教授康震为点评专家。几位观众喜爱的文化专家在节目中说文解字，或如古人一样抒发情感、阐述意境，或巧妙地把诗词引申为与生活息息相关的话题，或深刻解读古人创作的社会文化背景和当时情景，辅以现场数字媒体声画结合，将原本有些生冷的内容，通过多元丰富的方式呈现，生动再现诗词背后的故事，引导观众感受中华诗词的精髓。

2. 视觉符号凸显中国传统文化

整个节目现场以蓝色调为主，使节目显得严肃而冷静。节目背景 logo 是"中国诗词大会"以黑色中国书法字体印在一轮白色满月上，背景是浩瀚夜空，立刻让观众联想起"海上生明月，天涯共此时"的古诗词，意境悠远。背景大屏随时根据节目内容播放具有传统中国文化特色的如翠竹山水等视觉符号。节目场景以冷暖两种色调为对比。当选手答题时，采用蓝色夜空做背景，整场呈冷色调，当切换到百人团看看击败多少选手时，采用暖色调，以金黄色战船代表一名选手。选手答错，则战船消失。当专家学者进行点评时，呈现的是具有中国传统文化符号特征的茅草小屋、山花、翠竹或是中国山水画，给人以视觉之美。

3. 内容与形式的统一，文化传承与娱乐的统一

在节目中表现得不总是"过五关斩六将"。在紧张的答题过程中，节目的节奏会适时稍微舒缓一下，使现场答题选手和电视机前的观众稍微放松一下。例如在猜到"总把新桃换旧符"中，中央民族大学蒙曼老师就讲到其中含义。原来，在古代，是在门两边挂上桃木，后来，经过历代发展，逐渐演变成在门两边挂上春联。这样深入浅出地向观众介绍了中国传统挂"春联"的由来，又再次带领大家回忆了中国自古以来的民俗。这种由诗词引出的中国传统文化的解读在节目中如穿针引线般穿插于各场紧张的闯关中，使现场的气氛缓和，既能调整现场节目节奏，又近似于中国传统水墨画的留白，使观众能够一同随着专家的解读，或追忆已不再熟悉的中国民俗，或随古人纵情于山水之间，或一同感受古人的爱国情怀。随着学者点评，悠扬的中国传统乐器笛声或是箫声渐起，使观众仿佛穿越回了唐宋，与古人一起感受或忧伤或喜悦或豁达之情怀。这种方式，既做到了将竞技与益智相结合，又能使中国传统文化借助《诗词》节目形式丝丝渗透于观众心里，使内容与形式完美融合。

4. 观众参与度上，以"情"牵引个体回归

在观众参与的年龄与职业受教育程度方面，《诗词》具有较强的包容性。《诗词》适合电视的"客厅传播"特性，一家人不论年龄职业，围坐在电视机前共同观看节目，适合家庭氛围。此外，在节目现场，除了大学中学和小学生外，既有农民诗词爱好者，也有热爱诗词的人民警察等各种职业身份的选手，因而节目参与面广。更关键的是，它抓住了节目核心——"情"。诗词是古人抒发情感的途径，如爱情亲情友情，情感在中国传统文化中占了相当重要的地位。共同回忆古诗词这样的形式让受众在灵魂深处产生了强烈的情感共鸣，例如"海上生明月，天涯共此时"，让大家想到远方的家人，"国破山河在，城春草木深"，诗人面对国家分裂的悲痛让大家产生了爱国情怀。中国诗词与个人情感有着如此密切的联系：山水、离别、童年、母亲、故人、故乡和祖国。这些与现代生活存在着多重对应关系的情境，在历史内容呈现时关照现实，容易触及观众心中最柔弱的情感。每个受众都带有自己的生活经历，在观看节目的过程中往往能引起观众共鸣。人们在现实生活中缺失的东西，比如田园、故乡、亲情，甚至对国家命运（发展）的忧虑，都能在观看节目的过程中得以触发、补充或释怀。节目核心与受众的这种情感联系越紧密，节目所形成的影响也就越大，《诗词》成功地做到了这点。

三、文化类节目的发展策略

1. 寻找特色优势，注重差异性是节目成功的关键

在《诗词》之前，电视屏幕上呈现过不少文化节目。有的为了追求高品位，节目邀请了很多学者专家，谈哲学说人生，这需要观众有一定的知识储备，因而难免曲高和寡。2013年热播的《中国汉字听写大会》和《中国成语大会》都是大型演播室文化益智类节目，节目形式也已成熟，如何另辟蹊径、注重差异性是节目成功的关键。节目差异性越明显，观众的辨识度越强，就越能获得受众的关注，同时带来较高的收视率。[①] 例如纪录片《茶，一片树叶的故事》，以中国的传统习俗"茶饮"为载体，向大家传递了"茶即人生，人生即茶"的禅意。人生只有如一杯清茶一般，淡然沉淀才能得到悠然的人生。茶作为中国的使者，更是向西方各国传播了中国文化。因而，电视节目的选题可在"传统文化"上下

---

① 左雪梅.2013年度传统文化类电视节目热播的启示[J].新闻知识，2014(05)：78-79,42.

功夫，不但要深度挖掘传统历史文化，更要关注文化的发展与变迁。各地方的民风民俗、传统技艺、传统体育、传统美术、杂技与中医药等极富特色的文化，同样是电视节目选题的重要资源。

2. 电视应成为弘扬中国传统文化的媒介

在当今价值观容易受不良因素影响的时代，电视节目要强化自己的文化自觉，重视电视节目在内容和责任上的回归。《诗词》既具有中国文化的传承，又有社会责任的担当。在当下娱乐节目、综艺节目和真人秀节目占据荧屏的情况下，《诗词》如一股小清新之风，给当下的电视屏幕带来一种不一样的感受。在这档电视节目中，明星不再是主角，而靠平时学识积累，熟悉中国传统文化的各行各业的普通人成了节目参加者。不仅有从小在国外长大的学子，也有在中国的外国友人。在节目中，不靠花哨的灯光舞美吸引观众，也不靠打造参赛者背后的故事吸引观众，而是以各个参赛选手的学识底蕴来吸引观众。在当前国人受一些比较消极的价值观影响的现实情境下，《诗词》肩负起弘扬优秀传统文化以及引领社会主义核心价值观的重任，在诗词的熏陶下，如丝丝细雨般传递了爱国、爱家、爱人的人文情怀。诗歌是中华民族最美好最灵动的一个传承，在过去渐行渐远的今天，作为电视传播者有责任和义务把这些传递给广大观众。

3. 打造中国文化的国际品牌，塑造良好文化形象

《诗词》契合了中国传统文化在国际上进行文化辐射的需要。随着我国综合国力的增强，中国在国际上的影响力越来越大，如何打造国家文化软实力，发掘和提炼传统文化成为电视工作者的一个课题。民族特定的理想、信念、价值和价值观念是中国传统文化最核心的内涵，例如，尊老爱幼、节俭、爱国爱家等。[①] 在传媒高度发达、各种文化互相渗透融合的大背景下，值得每个中国人传承和学习。在时代瞬息万变的今天，我们在有选择地吸纳外来文化中积极东西的同时，国人应以一种与时俱进的态度来对待传统文化中与时代精神不符的封闭、保守、落后的东西，坚守传统文化中包含文化底蕴的精髓。电视节目也应该强化民族精神，重视经济效益的同时重视社会效益。随着我国的对外交流，越来越多的外国人对中国传统文化产生了非常浓厚的兴趣，将中国传统文化以电视节目为载体，创造出一批具有中国特色和民族特色的精品节目，向国际传播，使越来越多的外国人了解中国文化，同时也能够促进中国电视节目和

---

① 王玮.传统文化是电视节目创新重要源泉[J].青年记者，2015（23）：53.

中国传统文化在国际的传播，打造中国软实力。

《典籍里的中国》对中国传统文化的传播

《典籍里的中国》（以下简称《典籍》）是由中央广播电视总台央视综合频道与央视创造传媒联合推出的大型文化节目，在 2021 年 1 月首播，由撒贝宁担任当代读书人，王嘉宁担任节目主持人，田沁鑫担任艺术总监。

节目聚焦优秀中华文化典籍，通过时空对话的创新形式，以"戏剧+影视+综艺"的表现方法，讲述典籍在五千年历史长河中源起、流传及书中的经典故事。作为中央广播电视总台在 2021 年重磅打造的大型文化节目，《典籍》自开播以来，先后带领观众识读了《尚书》《天工开物》《史记》《本草纲目》《论语》等历史巨著，舞台呈现于观众眼前的是波澜壮阔的历史、闪光睿智的思想和活色生香的文化。

节目分为剧作围读、场景演出和嘉宾点评三个部分，其中，三个部分又有机地融合在一起。剧作围读由主创人员进行创作的感悟分享和对现场空间的介绍，由此引出场景演出。场景演出由资深的演员进行演绎，撒贝宁作为现代读书人，贯穿现代与古代历史场景之间，带领观众一起走进典籍中的历史空间。最后一部分是嘉宾点评，由资深的专家学者进行深层次的话语构建，并在场景演出时与现场观众和电视机前的观众一同随时分享观看场景演出中对历史人物的理解。

一、戏剧化的叙事手法，舞台化的呈现方式

扬·阿斯曼在《文化记忆》一书中提出，文化记忆是每个社会和时代所独有的重新使用的文本、图像和礼仪，通过对它们的维护，这个时代巩固和达成关于自身的图景。如何在当下中国语境下选取具有文化记忆的文本代表，是文化类综艺节目创新的首要切入点，也是栏目之间差异化的直观表征。①

戏剧化叙事指的是采用戏剧化的叙事手法来完成作品的叙事，强调戏剧冲突、假定性情景、戏剧化人物，乃至悬念的构建。《典籍》采用戏剧化的叙事手法，通过插叙的叙事手段，将多时空叙事链条相互交织叠合，利用戏剧的假定

---

① 张步中，张雯婧.《典籍里的中国》：文化类综艺节目再创新——与《故事里的中国》的对比分析[J].
电视研究，2021（04）：48-50.

性构建起跨越古今、穿梭时空的对话情境。

从叙事结构看，《典籍》以剧式表达为手段将"当年"与"现在"、"故事里"与"故事外"四个空间分别进行横向、纵向的排列组合，利用彼此独立又相互关联的叙事线索展开故事，但其叙事线索融合更为紧密，浑然天成的演绎打破了环节之间清晰的界限。①

节目每期选取与典籍相关的历史人物作为故事主人公，通过个人的人生际遇折射历史的跌宕起伏，在戏剧舞台上搭建起多层叠合的时空，展现每部典籍作者的故事和他背后的历史时代。例如，在《史记》一期中，从老年司马迁的视角回溯他青年壮游山河的经历，跟随司马迁，在勾践身上学到隐忍，在孔子故里追慕先贤。在《天工开物》一期中，在当代读书人撒贝宁和老年宋应星跨越千年对话的虚拟时空下，宋应星与撒贝宁一起看现代的高铁飞速奔驰，看载人航天器飞向月球，与袁隆平在田间相遇。在《本草纲目》一期中，撒贝宁还与李时珍一起，体会30多年的心血终成巨著《本草纲目》的时刻，跟李时珍一起踏遍山川河流，感受农民疾苦。在《孙子兵法》一期中，与孙武一起在祖父、父亲和叔父的嘱托下，依依不舍地离开自己的国家，去完成《孙子兵法》。

《典籍》对宏大的素材和细节进行了立体式的充分展现。每一集节目90分钟，通过学者专家的解读，以宏大的体量展示了主创人员的创作意图，还原了历史时刻。整体看来，采用三段式的形式展开，中间又相互交融，给观众以清晰的解读空间。一方面，在水平维度上，节目以原生文本为中心，设计了诸如舞台表演、人物访谈、真实记录等众多相关文本，多环节立体化地展现典籍的内涵与作者的思想。另一方面，在垂直维度上，以原生文本为基点，通过主持人的语境与历史人物的对话交谈，专家学者的深度阐释，实现了文本意义由浅及深的层次递进。②

二、空间展现家国记忆，剧式表达重温历史

文化类综艺节目是将文学、艺术、历史、习俗等文化资源作为核心内容进行开掘，结合访谈、竞赛、纪录片和影像资料等诸多环节手段，融合朗诵、演讲、戏剧、歌舞等多种艺术元素为一体的节目形态。

---

① 王韵，薛羽佳，辛笑颖.剧式表达：文化类综艺节目叙事的空间转向[J].中国电视，2020（12）：41-45.

② 谢群，罗敏.文本视角下文化综艺节目《典籍里的中国》的价值引导路径[J].当代电视，2021（05）：40-44.

以《国家宝藏》《一本好书》和《故事里的中国》为代表，文化类综艺节目创造出全新的叙事方式——剧式表达，强化了节目的观赏性。所谓剧式表达，是近几年文化类综艺节目常见的一种手法，即文化类综艺节目是在有限的演播空间内，以经典文化资源为叙事动机，搭建历史剧场再现历史场景和氛围，通过真人现场戏剧演绎的方式，实现历史与当下对话，引发观众情感共鸣和情绪共振的叙事方式。[①] 与以往文化类节目播放情景短片或历史影像资料的形式不同，剧式表达的特点在于通过真人的舞台演绎重温历史。通过真人的演绎，能够使历史场景还原，给观众以深刻的印象。

不同的叙事空间能够提供语境，引导观众读解。在《本草纲目》一期中，节目运用多种手段，叙述了李时珍不畏从医难、读书难、出书难，心志坚定，逆流而上；在《史记》一期中，观众跟随着剧情，在汨罗江畔，感受屈原的家国情怀，在乌江之畔，记取项羽的英勇，也反思他的败亡。感受这部"史家之绝唱，无韵之离骚"。在《孙子兵法》一期中，观众了解到这是中国乃至世界上现存最早的兵书，被奉为"兵学圣典"，其所承载的"重战""慎战"的思想光辉，深远影响后世 2000 多年。

家国情怀的细节构建，文化基因的强大传承，通过戏剧舞台空间、嘉宾点评空间和剧作围读空间的不同空间叙事，展示了我国几千年来流传至今的鸿篇巨制。

三、现场镜头灵活调度，现代历史交相回望

《典籍》的容量巨大，但通过现场的灵活调度，将现代与历史交相回望。现场场景的特色之一就是一面镜子的设置，巧妙的设计使古代人与现代人镜中相望，运动镜头的调度拓展了现场感与空间感。

1. 现场设计巧妙，构建古今对话

镜子的设计巧妙而富有新意。在戏剧和电影中，镜子这种道具经常出现，一般用来表现人物的个性和心理变化。而在《典籍》中，为了体现现代人穿越到古代，节目采用了非常巧妙的方式，采用戏剧中常用的镜子来讲故事。与其他影视作品不同的是，镜子里照出的不是一模一样的人，而是古代的历史人物通过镜子演绎，着力构建古今对话的环节。出现的相似镜头无缝拼接，使转场不

露痕迹，又相当于给观众一个暗示，预示着下一个环节将会展现发生在古代的故事。

《典籍》中，演员通过镜子与自己扮演的古代人物相遇，动作相似的镜中"我"片段前置于演绎环节，使观众更容易相信演员即角色。青年人物到老年人物的对比，镜子里的古人与镜子外现代人的对比，实现超越客观戏剧化舞台的时空表现形态。在《孙子兵法》一期中，中国香港演员吴镇宇走过第一面镜子时，镜中出现的是古时候的身着长袍的青年孙武，目光如炬，吴镇宇慢慢地走到第二面镜子跟前，镜子里是老年时的孙武，镜中人和镜外的现代人互相作揖，这个看似平常的动作，却代表着现代人与古代的对望，仿佛带领观众穿越时空，走进了历史的隧道之中。

2. 运动镜头调度，拓展空间时间

运动镜头和全景的运用拓展了现场感和空间感。在《史记》中，炎帝与黄帝不再打仗，共同成为炎黄，而后世成为炎黄子孙。在镜头中，极具仪式感的现场，众人都向着炎黄跪下，镜头徐徐拉开，展现了一种恢宏的气魄，又仿佛展开了一段新的历史。

拉镜头的运用体现了一种仪式感。在《本草纲目》一期的结尾处，蓝色调的现场，灯光营造的点点星光投射在历史长廊上，镜头缓缓拉开，李时珍与儿子一起慢慢走远，此时，"身如逆流船，心比铁石坚，望父全儿志，至死不怕难"的声音再次响起。这部52卷，近190万字的巨著，几十年里，李时珍踏万水千山，穿风霜雨雪，最终成书，虽已过去多年，但这本巨著已经传播到世界。拉镜头有结束之感，人物虽已成历史远去，但留给后世的仍是伟大的精神财富。

旋转镜头的运用也是《典籍》的一大特色。一般旋转镜头是综艺节目的常用的摄像手法，但在文化类综艺节目中，由于节目的沉稳庄重的特点，一般不是特别常见。在这个节目中，摇臂的使用恰到好处。在孙武一一告别祖父、父亲和叔父时，长辈们分别站在三个角落，此时，画面暗淡，显示出分别的感伤。长辈们一句句叮嘱，"天下虽安，忘战必危""去吴国，止戈为武"，孙武跪下来磕头告别。此时，摇臂围着跪地的孙武在旋转，镜头跟随着叮嘱声不停，体现了长辈们与孙武离别的不舍之情，更体现了孙武壮志满怀的心境，一部旷世大作将会在此后呈现给世人。

特写镜头的运用形成强烈的视觉冲击。特写镜头的出现一般都具有特别的含义，除打造画面的视觉重心外，或是强调某个细节，或是体现某种心情。在《典籍》节目中，数次出现特写镜头。当穿越到现代的老年宋应星与袁隆平在农田边相见时，一位是穿着现代服饰的袁隆平，一位是从三百多年前而来穿着古

代服饰的宋应星。老年宋应星双手举起作揖，准备深深地鞠一躬，而袁隆平则伸出手来准备握手。撒贝宁连忙解释道："现代都是握手了。"这时，老年宋应星迟疑半刻，缓缓伸出手来与袁隆平握在一起。此时，特写镜头下，这跨越三百年的握手，不仅仅是两位科学家的握手，更是古代科技与现代科技的碰撞，是古今相通的见证。此外，节目最后，宋应星一步步走在甬道上，手捧着一把金黄的杂交水稻，镜头对水稻的特写冲击观众视线。此外，在镜子的古今转场中，现代宋应星与古代宋应星的对望，古代宋应星脚上草鞋的特写，还有《本草纲目》一期中李时珍慢慢翻开《本草纲目》的特写，无不冲击观众的眼球，具有仪式感和历史厚重感。

四、主持嘉宾真情诠释，文本表达提升意境

《典籍》叙事结构的简化，主要源于叙事主体及其职能的转变。法国叙事学家热奈特在《叙事话语》一书中，根据叙述者与故事的关系，提出了同故事叙述者、异故事叙述者的概念。简单来说，同故事叙述者指叙述者在故事中出现，叙述自己或与自己有关的故事，又可进一步分为主人公和见证人两种职能身份；异故事叙述者则指故事之外的全知全能叙述者身份，可进行客观描述与理性思考。① 《典籍》中"当代读书人"这一叙述主体设计，使撒贝宁同时承担起双重身份职能，既是同故事叙述者，又是异故事叙述者，不再是单一推动节目环节进行的主持人，而是能将"当年"与"现在"两条时间线串联起来，打破所谓"故事内外"壁垒的重要成员。

1. 当代读书人，带领观众穿越时空

当代读书人往往起到在现代和古代两个时空穿针引线的作用。在《本草纲目》一期中，当李时珍说到"寿国以寿万民，寿万民以寿国"时，撒贝宁解释道："用现在的话讲，就是人民至上，生命至上。"短短的几个字，既解释了古人的文字，又将当下的社会主义核心价值观和社会正能量表现得淋漓尽致。在"论语"一期中，孔子与当代读书人撒贝宁对话，孔子问："二千多年以后，那是什么光景？"撒贝宁说："那是一个人人可读书的时代。"节目中，撒贝宁陪着孔子看历史上他的著作对后世的影响。他们站在历史的甬道上，缓缓走来的一位位历史人物，从民贵君轻的孟轲到汉朝儒生郑玄，从南宋大家朱熹到法国的大文豪伏尔泰，让观众不由得感叹，孔子的学识和思想体系不断在影响着后人。孔

---

① 聂佳丽. 故事之外：《故事里的中国》的叙事学创新[J]. 电视研究, 2020 (04)：53-55.

子提倡的"己所不欲勿施于人","德不孤，必有邻"等名句，在现代的社会还一直影响深远。在《孙子兵法》一期中，孙武问道："吴国、越国、齐国，打来打去，它们都不在了吧?"撒贝宁说："都不在了，现在都属于一个国家。"泱泱大国的形象在一句话中便体现出来。现代的大中国，不再有战争，各族人民安居乐业，这是一个多么伟大的盛世图景。当代读书人这个形象的设置，不但能够自如地带领观众穿越时空，还能够将晦涩的古代文本转化为当代语境，提升文本的表达意境。

2. 演员精湛演技，深度诠释人物情感

演员精湛的表演融入共时性与历史性，是对典籍的二次诠释。典籍名著的文本是过去的时代的，而演员的演绎是当下的，具有强烈的时代感。在《本草纲目》一期中，演员王劲松饰演的老年李时珍用手慢慢地打开花费了近一生的时间著成的书籍，慢镜头拍摄下，王劲松的表情庄严而凝重，在仔细端详这来之不易的作品。此时，观众能从他的表情中读懂他踏万水千山、穿风霜雨雪才写成这部巨作的艰辛。在演员的选择上，节目组特意选择了身形清瘦的王劲松，因为李时珍长期在外采药，与各地的农民百姓交流药性，风餐露宿，王劲松清瘦的外形、气质上与其十分神似。再者，通过前期的彩排，观众也看到，王劲松的肢体动作、身体语言都与历史人物融为一体。总体来说，《典籍》里所有演员的演绎，都非常成功，如倪大红、王学圻和吴镇宇等老戏骨，对情感的深度诠释，对历史人物的心理揣摩，让观众跟随他们回到典籍的那段历史，进一步升华了节目的质感。

3. 学者专业点评，构建古今对话语境

《典籍》邀请了资深的专家学者点评，构建了深度对话场。节目的嘉宾除了大家非常熟悉的蒙曼教授与康震教授外，还邀请了跟每个典籍主题相关的专业领域的专家。这些专家学者当看到情节感动处时，也会流泪，更多的是带给观众更高的精神境界，从更多维度来了解巨著和巨著背后的故事。例如，在《孙子兵法》一期的最后，嘉宾们说道："兵者，国之大事，死生之地，存亡之道。"有专家指出，我们知兵，但不好战。还有专家指出，希望消弭战争，珍爱和平。在《本草纲目》一期中，大部分的观众只知道这部关于中草药的巨著，经过专家的解读才知道，"本草"，即"以草为主"之意。嘉宾们带领观众一起，跟随剧中的历史人物穿越古今，并将这些巨著进行进一步的注解，在观看之余进一步传递家国情怀。此外，专家学者也用通俗易懂的话语构建现代对话场。在讲到宋应星的《天工开物》中的"乃粒"，也就是稻谷的时候，讲到神农氏，不无幽默地

说"他那时候也是个技术男"。专家学者并不都是使用晦涩难懂的专业语言，在这种构建古今对话场的语境中，专家学者使用通俗幽默的语言使观众进一步了解历史人物，了解历史。

4. 甬道有形相连，树立典籍历史高度

如果说《典籍》的每一期的开场是从古至今，带领观众回到历史时刻，那么，在每期节目的最后，现代读书人与作者站在甬道旁，一起回望历史，则是帮观众进一步树立典籍的历史高度。如果说，节目中每一个历史片段还是碎片化的，在现代与古代之中切换，那么，甬道的设置，则为典籍提供了一个有形的沟通古今的桥梁。宋应星与现代读书人告别，手捧现代的杂交水稻一步一步走向甬道的另一端，撒贝宁与孔子在一起，看那些一个个传承了论语思想体系的历代名人缓缓走过甬道。古人从甬道这里看到后世人们对典籍的珍藏与继承发扬，今人从甬道这里学习到了古人的精髓。甬道成为一个中国传统文化的视觉符号，让中国这个伟大的形象从典籍中呈现出来。

《典籍》的环节设计环环相扣，主持人和嘉宾都具有渊博的知识，演员极具表演张力，这些都成就了这部2021年央视的开年巨献。不过，有一点需要注意的是，在剧作表演的环节，当观众正沉浸在演员的表演中时，观众的反应镜头切换宜适时适度。在节目中，有时候，突然出现一两个观众反应镜头，反而容易让观众从情节中跳脱出来，影响了节目效果。因此，在这种"戏剧+影视+综艺"的节目中，尤其应注意对观众反应镜头的把握。

《典籍》充分发挥了视听媒介的特性，创新了空间叙事技巧，让陌生的古代巨著在节目中灵动地体现出来，具有现实意义，使经典文化资源中丰厚的人文思想与现代相契合，并继续将其中的思想与内蕴传承下去。

《经典咏流传》对中国传统文化的传播

《经典咏流传》（以下简称为《经典》）是中央电视台综合频道和央视创造传媒有限公司联合制作推出的文化音乐节目。节目到2022年已经播出五季。《经典》第一季于2018年2月16日起在中央电视台综合频道黄金档首播，2018年4月21日收官。节目单期全网收视率最高达1.47%，平均收视率为0.96%，豆瓣评分最高至9.4分。

《经典》用"和诗以歌"这种古老而传统的方式，将诗词配以现代音乐，带领观众在音乐中感悟诗词之美，体会传统文化的魅力。没有了选手间的竞争，没有了对诗文的翻译和字词的探究，有的只是用音乐表达诠释诗情，只是音乐与诗歌的完美结合。从诗歌的选择到价值的传达，对美学品质的追求让《经典》在众多文化类综艺节目中脱颖而出。

《经典》由主持人撒贝宁主持并朗诵诗词。明星或普通人作为经典传唱人，用流行歌曲的演唱方法重新演绎经典诗词，带领观众在音乐的海洋中领略诗词之美。歌曲演唱完毕，由传唱人和嘉宾讲述歌曲创作背景与时代意义。最后在鉴赏嘉宾团的鉴赏时刻，由诗词和音乐领域的资深专家担任的嘉宾团解读经典背后的诗词人文背景，带领观众共同品鉴诗词的文化内涵。

《经典》将中华经典的诗词文化与电视媒介、网络平台有机结合，兼顾诗词文化上的悠远意境和表现形式的通俗易懂。经典传唱人不仅有著名歌者、演员，也有音乐人，还有许多热爱诗歌的普通人，他们结合自身的音乐风格和对经典诗词的理解，将经典诗词转化为优美的歌曲，用现代的唱法和曲调来演绎传统经典。通过鉴赏团成员对传唱歌曲的专业点评，将经典和流行有机结合在一起，挖掘诗词背后的故事，以现代人更喜闻乐见的方式，去学习诗词，推动中华优秀传统文化创造性转化、创新性发展。

一、诗词的叙事创新，古今的交融碰撞

古诗词就像是我们与先人之间的一个纽带，那些最简单的情感，往往最能在这个纽带上流传，并感动无数人。诗词与音乐的结合是节目进行创新、创作的第一步。节目组在时代性和时尚性这两点上给予了高度重视。时代性，即所选的诗词对中国社会具有普遍的观照性。时尚性，即节目不是展示和品鉴国宝，而是让经典通过今人的创造"活"起来，流行起来，传承下去。[①]《经典》"和诗以歌"，以情动人，让诗歌传承与创新相碰撞，并在自媒体进行二次传播，形成长尾效应。

1.和诗以歌，用现代音乐演绎古典诗词

随着现代传媒技术的发展，在独特的中华传统文化审美趣味中，产生了现代媒体语境下的审美形态。《经典》是传承和弘扬中华优秀传统文化的典范节目之一。在节目中，观众不仅能感受到诗词与音乐的碰撞，还能感受到古典与现代的碰撞，东方与西方的碰撞。

（1）诗词与音乐的碰撞。

---

① 田梅.《经典咏流传》和诗以歌，让经典再次焕发新生[J].电视研究，2018（06）：61-63.

正如《尚书》中所说的"诗志，歌咏"，诗词是中华优秀传统文化中最有代表性的部分之一，是无数先辈圣贤把语言、情感高度凝练成的文化精髓，是中华人民共同的文化根脉，但是，传统的朗读、吟诵等形式已不能满足现代电视观众的需要，如何使观众对诗歌的记忆从朗读吟诵中跳脱出来，《经典咏流传》进行了大胆的叙事创新。

谭维维饱含深情演唱《蝶恋花·答李淑一》，诠释了一代伟人毛泽东的儿女情长；王俊凯吟唱的《明日歌》，以翩翩少年之风唱响明日时代之强音；凤凰传奇带来激情澎湃的《将进酒》，以壮志豪情演绎诗仙气魄；谭咏麟用普通话加上醇厚粤语吟唱的《定风波》以岁月的积淀、人生的感悟唱出了对"一蓑烟雨任平生"的理解；蔡国庆在玉壶冰心间感悟了《芙蓉楼送辛渐》中文豪间的豪迈友情。在演唱前准备的过程中，每一位歌者都试图走进这些古人的内心，穿越时空，来一场音乐与诗歌的对话。

（2）古典与现代的碰撞。

对于过去的经典诗歌或歌曲应该怎么演绎？如何让现在的年轻观众守候在电视机前观看节目？在《经典》中，古典与现代的碰撞或许能够为其他节目提供借鉴。《经典4》中，郑钧用摇滚的方式重新演绎了经典电影歌曲《花儿为什么这样红》。《花儿为什么这样红》是电影《冰山上的来客》的插曲，该片讲述的是塔吉克族的牧民们同汉族人民一起保卫家园的故事，在当年的拍摄地边疆红其拉甫，仍然有一群能吃苦能战斗的解放军官兵们在坚守祖国大门。作为该片插曲的《花儿为什么这样红》来源于塔吉克民歌，几十年前，在电影《冰山上的来客》热映时，歌曲家喻户晓。而在节目现场，现代金属感的音乐与现场播放的具有历史感的黑白影片碰撞出火花，尤其是当满屏打出红色的"花儿为什么这样红"几个大字时，现场沸腾了，虽然观众大部分是90后和00后的青年，但依然能感受到其中歌词所唱"它是用青春的血液来浇灌"。《经典4》的主题是致敬英雄与青春，现场扑面而来的正是满满的青春的气息。

《经典》有一场的演唱者不是专业的歌者与音乐人，而是由一群中学生组成的合唱团，她们用阿拉贝卡的方式演绎《送别》。这些来自厦门六中的青春洋溢的女中学生，用整齐划一的手势动作，拍打出响亮的节拍，用这种西方阿拉贝卡的方式吟唱出中国的传统诗词，让诗词更具传播度。

（3）东方与西方的碰撞。

《经典》不仅是传唱传统诗词，更是将东西方文化进行交融碰撞。《经典3》节目中，经典传唱人是来自美国学中国古典文学专业的在读博士克里斯叮，她是一位出生于美国新墨西哥州的女孩，出于对中华文化的热爱与向往，不远万里只身到中国，感受中国古典文化的魅力。第二季时，她初次登上《经典》的舞台，以一首《梦蝶：一百万个可能》，让观众感受到了庄子的浪漫和哲学思想。正在攻读中国古典文学博士的她，一直在跟随中国古代文人的脚步。在第三季现场演唱《菩萨蛮·平林漠漠烟如织》时，克里斯叮用自己的方式演绎了这首极具东方韵味的古诗词。当下，类似于她这样热爱中国文化的外国青年还有许多，她们沉浸在中华文化之中，浸润着中国传统文化之美，同时，又进一步将中国传统文化之美传播给她们身边的人。通过诗词，打破了不同文化不同民族之间的壁垒。向外，以东方文化和诗意与浪漫"化"人；向内，自"修"中华传统文化的集体认同意识。以音乐为媒的诗词，跨越国界，文化交融。

2. 以情动人，感人片段表达家国情怀

节目看似在咏唱经典，实际上表达了人们共同的情怀。节目的每一个字词每一个音符间无不体现出对传统文脉、价值的认同和呼应，这种情怀是节目体现国家大台风范的关键；情感上，人们能够寻找到共同的情感寄托点，并能直击情感动情点；情绪上，节目始终保持着自然流畅的情绪状态，并能引导着观众和鉴赏团沿着这样的情绪状态观看下去。[①]

《经典4》节目以"献礼建党百年，唱响英雄之歌"为主题，延续和诗以歌的原创模式，追溯千年历史，回顾百年历程，聚焦不同时代的中国英雄、民族精神，唱响了庆祝建党百年的"英雄赞歌"。

诗词经典，故事感人。在鉴赏团成员的讲解下，诗词的生成意义、结构表现等空间层次逐渐清晰起来，增强了诗词故事的深度，更加让观众读懂背后的深情深意。古诗词与经典传唱人之间形成的故事主要通过作品演绎和故事阐述来完成。[②] 如清代诗人袁枚的诗《苔》："白日不到处，青春恰自来，苔花如米小，也学牡丹开。"这首短短二十字的诗，曾经在浩瀚的诗词海洋中被忽略，却被贵州大山里的孩子和支教老师在《经典》第一季的舞台唤醒。山村经典传唱人梁俊与学生梁越群共同演唱《苔》，旋律优美、声音清灵，深深地打动了观众。梁俊深入贵州大山深处支教，他鼓励学生，即便生活的物质环境相对贫乏，也要像苔那样活得坚强、活得精彩。孩子们那朴素的脸庞，和第一次来到北京那双好奇又有些怯生生的眼睛，在感受着这个与贵州大山里不一样的世界。经过梁俊改编的《苔》，表达了他对学生的期望和鼓励。山里的孩子们求学之路虽然辛苦，但也能像如米粒般大小的苔花一样，向上生长，也可以跟其他大城市的孩子一样，去努力奋发向上，改变自己的命运。

---

① 田梅.《经典咏流传》和诗以歌，让经典再次焕发新生［J］.电视研究，2018（06）：61-63.

② 赵红勋.《经典咏流传》的空间叙事解读［J］.电视研究，2019（02）：52-54.

此外，音乐人对音乐毕生追求的情怀也深深打动了观众。生于1930年的中国第一代钢琴家巫漪丽，6岁开始学琴，18岁便成为上海滩著名的钢琴演奏家。80多岁高龄的她来到了节目现场，演奏经典名曲《梁祝》，对于观众而言她是多么值得敬佩的一位老人。巫漪丽老人在演绎《梁祝》时，摄像师用特写镜头，采用低机位展现了老人苍老而灵动的双手，在琴键上自如地弹奏，老人沉浸在名曲中那陶醉的神态，给观众留下了深刻印象。巫漪丽对音乐的热爱之情，梁祝那动人的经典爱情，都在每一个弹奏的音符之间。掬水月在手，弄花香满衣，巫漪丽老人在2020年去世，一辈子献给了自己热爱的音乐，而经典随着老人的弹奏依然流传。

3. 传承创新，让音乐与诗词相得益彰

《经典》的音乐不仅给观众以美的享受，更不断让音乐在传承与创新中碰撞。电视艺术通过直观的视听方式给人以美的享受。音乐类节目则具有受众覆盖面广、传播力与感染力强的特性。《经典》同样以音乐为载体，却创新性地围绕着古诗词编曲和演绎，带给了观众别样的视听感受。

从传播学的角度，"咏"这一独具特色的传播手段构成了节目形态最大的本土化创新。一方面，通过"和诗以歌"让原本曲高和寡的古诗词变成了当下的流行，把对古诗词的文化理解融入歌词与曲调中，拉近了与观众的距离，提升了传播的效果。另一方面，经典的古诗词中的音韵、律动的节奏为现代音乐注入了活力。将诗歌融合音乐创作是中国传统文化留给流行音乐的一笔财富。从这个意义上，"咏"这一传播手段不仅升级了节目形态，在广大观众间传播了传统文化，最为重要的是，发扬了"诗乐合一"的音律传统，让现代音乐与古典诗词相得益彰，互鉴共生，在中国传统文化的传播和音乐创新上均到达了新的审美高度。①

诗歌的创新演绎观照现实。一代文豪苏轼的诗词气势恢宏，他一生波折，但却仍有"日啖荔枝三百颗，不辞长作岭南人"的乐观。他的诗词中蕴含的是历史与人生的哲理，是逆境时坦然面对的豪迈。在第四季中，中国香港歌手谭咏麟演唱苏轼的《定风波·莫听穿林打叶声》时，他采用了国语和粤语同时在一首歌中出现，同时，歌词还加入了对《定风波》的诗词本身的诠释。这种对于诗词的创新演绎让观众为之眼前一亮。"竹杖芒鞋轻胜马，谁怕？一蓑烟雨任平生。"在歌曲的高潮处，随着谭咏麟铿锵有力的粤语演唱，观众仿佛一下穿越时

---

① 熊澄宇，张虹.诗乐与传承：中华文明的多元呈现——中央广播电视总台《经典咏流传》节目的传播学分析[J].新闻战线，2019(07)：73-77.

空，与肆意潇洒的苏轼对话。音乐的创新，让诗词的传唱度更加广泛，更加深入人心。

4.长尾效应，在自媒体平台二次传播

在节目现场，每首歌曲大概几分钟的时间，包括主持人朗读，歌者歌唱，再加上嘉宾学者的点评。虽然节目结束大家对音乐的感知也随之而告一段落，但实际上，每一首歌都随着自媒体进行二次传播。例如励志的《苔》，旋律优美，朗朗上口，节目结束后，《苔》这首歌的片段在各大平台获得高点击率，被广为传唱。打动人的不仅是诗歌，更是诗歌背后的故事。《经典》的舞台，让《苔》这首诗的传播度在短短数分钟内，超过了过去300年传播度的总和，并还在通过自媒体继续传播到各个角落。

二、强大的文化基因，完美的镜头语言

1.强大的文化基因，奠定节目风格

《经典》中传统诗词的强大文化基因，奠定了节目的风格。节目开头，撒贝宁的开场白"五千年文化，三千年诗韵，我们的文化，从未断流"便奠定了节目的文化基调。在第四季开头，主持人撒贝宁一出场，传统文化的气息便扑面而来。"'碧华映朱实，攀折青春时'，青春是'草长莺飞二月天，拂堤杨柳醉春烟'的年华美好，青春带着'倚门回首，却把青梅嗅'的甜蜜，青春也会走过'雾失楼台，月迷津渡'的困惑，但'少年负壮气，奋烈自有时'。"撒贝宁引用诗人们的名句作为开场白，一下就使观众全身心被节目内容所吸引。同时，在屏幕上，不仅仅出现这些诗词，还呈现了李白、陈子昂、李清照这些诗人的名字和朝代，让观众于细微之间去汲取这些诗词的养分。

此外，节目主持人具有强大的文化底蕴。毕业于北大的撒贝宁，本身就具有强大的文化底蕴。他在中央台各大节目都有主持经验，既有主持人所应具备的俊朗的外形，幽默风趣的语言，又具有高学历背景与渊博的知识，应该来说，节目需要的正是一位这样的主持人。从年龄上来说，既不是略显生涩初出茅庐的青年，又不是虽学识渊博但年龄上恐与年轻受众有距离感的学者，因此，撒贝宁对于这档大型文化音乐类节目本身就是一个视觉符号。

节目在每一季的基础上不断实现新突破，不断挖掘传统文化的当下价值和实践意义，进一步落实以人民为中心的创作导向。第二季更强调人、诗、歌三者合一，升华感染力。同时也增加了素人嘉宾的比重，以原生态和亲近感见长

的传唱，彰显了传统照进生活、经典鼓舞人心的动人力量。在节目立意上也不断升级，坚持以人民为中心的创作导向，在深入生活、扎根人民中进行无愧于时代的文艺创造。2021年播出的第四季节目立足"两个百年"奋斗目标的历史交汇点，围绕"献礼建党百年，唱响英雄之歌"主题，进行了全方位的创新升级，唱响了庆祝建党百年的第一声"英雄赞歌"。

2. 生动的镜头语言，现场调度激发情感

《经典》注重运用镜头语言和媒介技术强化互动，用情感激发观众共鸣，实现电视文化传播的叙事功能，提升传播效果。在第四季谭维维演唱《蝶恋花·答李淑一》之前，主持人已经去到了杨开慧故居，带领观众一起感受了1982年在墙缝里发现的那封杨开慧写给自己的丈夫毛泽东的信。字字真情流露，让观众回到了过去为了革命牺牲小我的英雄年代。在谭维维唱到"泪飞顿作倾盆雨"时，摇臂在现场采用大幅度的摇镜头，从谭维维的全景，摇到舞台上空，观众随着镜头的运动，仿佛更能感受到毛泽东思念妻子的心情。此时，全场是象征着忧郁的蓝色冷色调，现场的观众无不动容。当谭维维读着杨开慧写给毛泽东的信时，虽是半个多世纪前，杨开慧不顾自己的安危，信中只有对年幼的孩子未来的担忧和远方的丈夫深深的挂念。特写镜头让观众看到撒贝宁、康震和廖昌永这几位都眼含着热泪，形成强烈的视觉冲击。

3. 打造沉浸式舞美，影调色调营造意境

《经典》还注重打造沉浸式舞美，影调色调营造意境。节目舞台设计也极具特色。舞台本身根据"天圆地方"的理念而设计，唱作人站在台上表演时就像是诗人立于苍穹之下。在歌者演唱的高潮处，摇臂镜头大幅度上升并超过180°调度，大开大合的镜头仿佛带领观众跨越时空。此外，灯光设计贴合诗词主题意境，在不同人物登场时有着不同的灯光效果，美观而不失庄重，传统又不失现代。当蔡国庆演唱《芙蓉楼送辛渐》时，整个舞台呈现暗红色调，表达了友人之间的离别不舍之意。当谭咏麟演唱苏轼的名篇《定风波》时，整个舞台呈现蓝色调，只见竹林内，片片竹叶随风飘落，脚下是潺潺流动的溪水，让观众仿佛也在跟着苏轼在竹林间穿行。这种沉浸式的观感，使不论是现场的观众、云观众，抑或是电视机前的观众，都一下"风吹酒醒"，仿佛在夕阳斜照的竹林之间穿行。

三、跨屏交互传播，云端浸享诗词

《经典》还采用了跨屏的交互传播，让观众能够在云端浸享诗词。节目还采用了融媒体跨屏交互的传播模式，创新打造了一款"经典"小程序。用户扫描二维码进入小程序后，可从经典视频、经典故事中选择任意一项进行分享和互动。节目把中华经典的诗词文化与电视媒介、网络平台有机结合，兼顾诗词文化的意境悠远和表现形式的亲切通俗。经典传唱人不仅有专业歌手，有演员，还有热爱生活的普通人，他们结合自身的音乐风格与经历，通过解读，把经典诗词转化为优美的歌曲，用现代的唱法和曲调来演绎传统经典。

此外，《经典》第四季因新冠疫情，除了为数不多的现场观众外，还为不能到场的爱好者提供了云端观看的机会。这些"云观众"随时出现在大屏幕上，与现场观众一起感受现场的氛围。节目聚焦为观众打造"浸享诗词"的 3D 视听新体验，通过多种艺术形式和技术手段，为观众带来更为丰富立体的"沉浸式"音乐盛宴。只要戴上耳机，3D 音乐加上竖屏直拍的传唱人画面，就能让你置身在诗词和音乐之中。

《经典》的成功为文化类综艺节目的创新提供了一个新的标杆，让流传千百年的诗词歌赋在音乐旋律中再次焕发了新的生命力。我国的传统文化浩如烟海，如何将文化深入挖掘，将节目形式与文化内涵完美地融合并创新性发展，《经典》为大家提供了一个密匙。

第九章　慢综艺节目的诗意文化

慢综艺节目《中餐厅》的诗意文化

随着 2017 年我国三档文化类节目《中国诗词大会》《见字如面》和《朗读者》的出现，我国电视屏幕上逐渐出现一种"慢综艺"的发展趋势。主流学界对"慢综艺"节目及其基本特征的描述较为驳杂，尚未形成统一集中的界定。但基本可概括为，节目叙事节奏舒缓，没有太多竞技色彩，采用读信、背诗、朗读或是用影像记录的手法叙事，用具有文化价值的元素构建节目内容。[1]

湖南卫视于 2017 年第三季度推出了青春合伙人经营体验节目《中餐厅》。节目由黄晓明、周冬雨、张亮、靳梦佳 5 位青春合伙人用 20 天时间在泰国经营一家中餐厅，完成营业额超 5 万泰铢的任务。该节目洞察时代命题和观众诉求的变化，凭借着温暖系治愈风格，将现实生活中的餐厅经营活动转化成为综艺节目元素，打造出诗意文化。

一、节目的风格与特点

《中餐厅》通过对人物的个性化表现、情感的温馨传递和语言的优美解读，使节目风格鲜明。人物设定就迸发出节目的可视性，几个褪去明星光环的人在一起就足以满足观众的观看欲望。毫无经验的青年人能否将餐馆经营下来已经让观众好奇，更何况为了增加任务的挑战性，让几个合伙人在 20 天内完成一定的营业额，这更加增加了节目的叙事悬念。在节目中，他们都专注"创业"，向年轻观众传递出了正确的价值观，彰显了榜样的力量。《中餐厅》如同一首关于青春的诗，在 2017 年电视屏幕上刮起了一股"小清新"之风。

---

[1]　孔朝蓬. 文化类真人秀节目中传统文化传播策略探析[J]. 中国电视，2016(11)：17-20.

1. 叙事亲切，回归生活

（1）叙事亲切，娓娓道来。

故事的叙事娓娓道来，没有台词剧本，有的只是无数台摄像机隐藏在背后，记录着几位合伙人的每一天。通过多机位拍摄的海量素材，运用叙事蒙太奇的手法剪辑而成。节目不同于很多综艺节目靠矛盾、冲突来吸引观众眼球，虽然呈现出的是美景与美食，但更是凭借真实的情感、清新的画面和亲切的诗意语言来打动观众，慢慢走入观众的心灵。节目的最后，5 万泰铢营业额的任务虽然完成，但 20 天每天十几小时的高强度工作，中餐厅只挣了 250 泰铢。中餐厅的收入并不重要，明星们的付出和相互信任的创业过程才是吸引观众之处：忙碌了一天，却没有几桌顾客；准备出海，却因为下雨而无法成行；黄晓明跟车行反复确认了汽油充足准备骑一天车，却因为没有油了只能推着车走……正因为这些明星遭遇到普通人也会碰到的事情但他们却乐观面对，使节目并没有许多明星真人秀节目的疏离之感，反而拉近了观众与他们的距离。镜头没有更多的急推、急拉的快节奏的拍摄技巧，剪辑也没有使用太多真人秀节目常用的表现蒙太奇的手法，反而更多的是白描的纪实拍摄手法，让镜头向观众讲故事。

（2）人物个性，回归本真。

节目中，让观众意想不到的是在中餐厅的管理中凸显了店长的高情商和领导才能。店长每天组织大家讨论第二天的菜谱，调整经营策略，还注意照顾其他的小伙伴。当她和大学同学黄晓明为了一句话在餐厅争论起来的时候，立马意识到自己的问题，并让气氛瞬间缓和，让大家不得不佩服店长的高情商。同时，她还为没到饭点就饿了的周冬雨煎肉肠，切菜不小心切到了手也就是自己简单处理一下，不告诉旁人。随着节目的发展，明星的光环逐渐褪去，在观众心中就是个为了餐馆操心的店长薇姐。

黄晓明在节目中是个贴心暖男。在节目中买食材时选最便宜的，却在给客人结账时表示东西可以免费送。此外，还有一直在后厨炒菜的张亮，凭借在《爸爸去哪儿》中的出色表现，在《中餐厅》节目中更是又大秀了一把厨艺，还毫无保留地把厨艺教给别人。90 后小花周冬雨和靳梦佳，一个天真可爱一个勤劳肯干。正是他们个性迥异的正能量满满的青春形象，为节目增添了不少亮点。

2. 画面清新，诗意阐释

（1）诗意般的镜头语言。

一个餐馆、三五好友和一条小狗，忙时干活，闲时看海，游客多时忙碌，游客少时听雨,正是当下压力之中的人们所向往的单纯的生活,正所谓,"把日子过成诗"。节目组将拍摄场地设置在泰国风景优美的象岛,小岛上的中国游客并不像泰国其他地方那么多,小岛的诗情画意已足够让观众产生观看的欲望。航拍、跟拍、仰拍等多种拍摄手段的运用将阳光、沙滩和海浪展现得淋漓尽致。即使是主人公们骑自行车,节目组也巧妙地在自行车前方安装了一个小摄像头,让观众通过仰拍的视角感受到他们扑面而来的青春气息。海边的沙滩、逐浪的游人、骑车的小伙伴们,多角度多机位的拍摄手法,形成了诗意的镜头语言。回归生活本真是当下一部分焦虑的受众群体的愿望。诗意般的镜头语言表现下,《中餐厅》的几个小伙伴把平凡且单纯的日子过成了一首充满青春气息的诗。

(2)清新的文字语言。

唯美浪漫的花字,小心情的营造,许多文化符号仿佛是观众的所思所想。节目的花字采用楷体,类似于手写体,不同于综艺节目中花字色彩和形式的夸张,使画面更加清新隽永。例如,几个小伙伴在海边玩嗨了,"仿佛旋转着,就回到小时候的模样";虽然因下雨未能出海,周冬雨却在海边像孩子一样荡秋千,此时画面的文字出现"没能出海的清新午后,却也和快乐来了次不期而遇";小岛华灯初上,忙碌的中餐厅工作终于结束,此时画面是海边的沙滩全景的空镜头,文字呈现"晚风沉醉 游人匆匆 结束"。导演组精心选取精美的文字,通过文字与情感相连接,使节目更加饱满,审美更加有层次感。慢综艺的文字呈现不仅使画面更加灵动,还于细微处体现了人文素质、生活方式、处世哲学,能唤醒观众内心的柔软,直抵人心。

(3)低机位的巧妙转场。

节目除采用不同的拍摄角度和各景别的镜头外,低机位的画面转场也是一大特色。沙滩上的小动物成为最好的转场主体。爬在沙滩的螃蟹,以特写镜头入镜,背景虚化,画面静美。随着情节的发展,拟人化的动物成为转场的最好镜头。有趣的画面,加上仿佛手写体的文字语言,让观众沉浸其中,期待接下来故事的发展。低机位的镜头,带给电视机前的观众不同的视角体验,以拟人化的口吻模仿小螃蟹的语气,给节目增添了几分俏皮的色彩,使这个不以搞笑和矛盾冲突为噱头的节目,收获了不少粉丝。

(4)轻松的节奏氛围。

《中餐厅》里小伙伴们的日常基本为采购食材、准备食材、招揽顾客、出菜品和顾客走后边吃员工餐边讨论第二天的菜品或是经营理念,直至一天的工作结束。整个过程并没有镜头的快速切换,有的只是以纪实的手法拍摄的一个个镜头组接而成的片段。在一天天的经营中让观众产生代入感和共鸣。节奏轻快，氛围轻松，观众随着几位主角一同去超市采购，一同为餐厅的菜谱出谋划策。没有语言文字类节目现场的紧张，也没有综艺节目竞技类的悬念和刺激，在镜头的组接上亦没有太多的视觉冲击，但节目的轻松氛围却能够吸引观众。

3.细节勾勒，凸显张力

（1）符号凸显文化意蕴。

《中餐厅》的节目名称即是视觉符号，体现文化张力。文化元素呈现和意象化凝聚是在电视节目中传递的传统文化内容的重要方式。首先，一个"中"字，简单明了，通过节目名称便已折射出其文化传播力。餐馆选在以旅游业为支柱产业的泰国，更是在"一带一路"背景下向各国人民传播了中国文化。泰国明星的加入，德国女孩的帮厨，其中的文化碰撞和文化交流已经成为节目看点。此外，《中餐厅》彰显的浓郁的人文情怀，使节目承载了文化传播的意蕴。选取跨越国度和地域的内容为题材，在观点的交流碰撞中展现文化"和而不同"的多样性和包容性，为今后慢综艺节目的发展提供了一个更加开阔而新颖的视角。实现知识性和娱乐性的平衡、通俗与高雅的融合，传统中国风与国际化的交流，是节目传播的重要使命。

（2）细节体现传统真情。

在节目中，黄晓明和张亮谈到自己的孩子，体现了父亲对孩子的喜爱之情，在泰国几位艺人来到中餐厅帮忙的时候，中泰两国人民的感情可见一斑。包括同在后厨的靳梦佳为大厨张亮擦拭额头的汗水，大家都对小妹妹周冬雨的处处照顾，为了感谢大家的帮助，中餐厅邀请每一位帮助过他们的人最后一天免费来享用美食，在艺术化与仪式化的场景中传递中国文化，中国人传统的情感体现在一个个镜头细节之中。

（3）动物互动增加亮点。

小动物的加盟在许多节目中都曾出现。在《向往的生活》中，动物的加盟给蘑菇屋制造了许多意料之外的收获。在《中餐厅》中，一条被大家亲切地称作"阿黄"的小狗，时不时到餐厅来跟大家互动，增加节目的亮点。在海边，导演组的"就地取材"，让沙滩上的螃蟹充当了最佳转场的角色，使画面风格清新，别具一格。精致化和时尚化不仅贴合社会的日常审美需求，同时也为影像呈现创造出新的风格与趣味。

二、慢综艺节目的发展建议

慢综艺在发展过程中，应注意节目内涵的多元化构建和人设的星素结合，并不断进行节目的本土化创新。

1. 内涵的多元化构建

当下的电视节目逐渐呈现出"综艺+文化"的态势，即文化内涵越来越多地在综艺节目中得到体现。湖南卫视陆续推出了几档文化体验类和慢综艺类的节目，如《向往的生活》《儿行千里》等节目，经营体验类观察真人秀《亲爱的客栈》也拥有众多的受众。慢综艺节目符合受众精神文化需求和审美情趣，不需要笑点也无须悬念，于节目叙事中获得共鸣。一档成功的节目提供给观众的不仅是视听觉感官带来的快感，还应能引导观众的思考层次从浅表化走向深度化、审美化，引发观众对生活哲理的探究兴趣。电视节目肩负着传承历史文化的使命，承担着提升整个民族的文化素养以及继承、传播文化传统的责任。[①]在节目的叙事方式上，则需要通过多元化的节目元素架构文化意蕴和时代话语的桥梁。

2. 人设的星素结合

在慢综艺节目的人物设置中，应注意明星与明星的角色分工和素人的出镜率。目前，许多节目依然是靠明星效应撑起节目的收视。但随着节目的发展，应适当加入素人的比例或是注意各嘉宾的镜头比例。诚然，湖南卫视已经率先进行了大胆尝试。例如，在 2017 年暑期播出的女性文化体验节目《我们来了》第二季，成员由第一季的全是明星阵容调整为明星加 4 个素人的女性文化体验团队。大众精英与明星一起共同完成文化体验任务，对于受众来说对节目的认同感更强，真正让节目回归大众生活。此外，在《中餐厅》中，各角色的比重也应均衡。90 后小花靳梦佳在后厨负责洗碗的工作，镜头比例相对而言比其他几人略少。因此，在后期编辑时，应适当调整镜头使用的比例，使各人物的角色呈现相对均衡。

3. 节目的本土化创新

避免节目同质化，注重本土化和原创应是慢综艺节目的宗旨。慢综艺节目将文化类节目中的传统文化的精英文化语境与娱乐综艺节目的大众文化语境相融合，凭借着带有高度娱乐和表演性质的方式，寻找着传统化的语境。慢综艺节目很容易同质化，一档节目受到受众喜爱，则有更多的同质化的节目出现。

[①] 颜梅，何天平. 电视文化类节目的嬗变轨迹及文化反思[J]. 现代传播（中国传媒大学学报），2017（07）：87-90.

只有在慢综艺节目中结合地域文化和人文价值，深入挖掘传统文化题材，才能使节目具有差异性。

慢综艺节目比综艺节目更具有包容性、普及性和针对性，形式更为新颖，叙事更容易走入观众内心深处，这些特点让这类节目在喧嚣热闹的娱乐节目中突围而出。[①] 讲好中国故事，弘扬中国文化，深掘文化内涵是慢综艺节目的创新之道。传统文化不仅是文字与美食，还有许多题材值得深入开掘。例如节气、生肖、经典名著、神话、历法、饮食、医药、服饰等丰富多彩的文化符号，都有着厚重的文化底蕴和广泛的民族基础，节目创作者应深入到传统文化气息浓厚的地域去发现和汲取节目创作灵感。只有依托文化底蕴，将文字与情感相契合，构建立体饱满的人物形象，慢综艺节目才能焕发持久的生命力。

慢综艺节目《亲爱的客栈》讲好中国故事

2017 年下半年，湖南卫视慢综艺节目《亲爱的客栈》继续《向往的生活》和《中餐厅》的热度，获得了高收视。数据显示，自 10 月开播，微博提及量始终位居在播综艺之首，高达 40 多亿次。节目以刘涛、王珂夫妇，阚清子、纪凌尘这对情侣和陈翔等五位嘉宾在泸沽湖畔经营一家客栈为主要内容，讲述故事。节目组在 39 天拍摄时间里，采用 70 多个机位，跟拍 90 多个人，为观众展示了山水间的人文情感。节目以原生态场景记录式的观察体验，改变了传统综艺理念中对于场景、人物、语言、规则等进行预设的做法，节目人物关系明晰简单，任务单纯，拍摄地纯粹宁静，带领着观众重温喧嚣都市中逐渐遗忘的美好，一起找回因忙碌而疏远的生活。一直以来，湖南卫视的节目在讲述中国故事和传播国家形象方面体现了重要价值，2017 年，湖南卫视主推的一系列慢综艺节目更是拥有观众高度认同感，成为体现中国文化的重要载体。以叙事见长的慢综艺节目能够凸显中国民族文化，树立和传播中国形象，讲述中国故事。

《亲爱的客栈》第一季（以下简称《客栈》）中，五位嘉宾分别代表着年轻情侣、中年夫妻以及单身青年三类群体，对应着婚姻家庭生活状态中的不同属性。而具体到每位嘉宾来说，性格又各有差异。刘涛是观众熟悉并喜欢的一位女演员，在节目中担任老板娘的她继续延续《花儿与少年》中不停做事的风格，在节目中被称为"陀螺涛"。王珂，一位疼爱妻子的男人，跟刘涛一起被称为"回甘夫妇"，担任老板一职。阚清子和纪凌尘这对情侣，在节目中被称为"清

---

① 张凌微. 融合传播环境下文化类视频节目的创新思考[J]. 新媒体研究，2017，3(16)：76-78.

尘 CP",负责客房服务,再加上陈翔担任客栈管家,一个亲爱的客栈就开始了20 天的营业。

一、故事构建

《客栈》在故事构建时,注意叙事留白,凸显精英文化,利用网络平台讲述中国故事。

1. 故事叙事留白,节奏舒缓

慢综艺节目在故事构建方面,通常叙事留白,节奏舒缓,让人物情节尽量自由发展,在画面上一般以画面简洁与清新淡雅为影像风格,没有太多花字与特效的呈现。不难发现,《客栈》呈现出以纪实为主的纪录片的痕迹,同时,在节目中又有故事片的形态。不同于都市快节奏中的情感关系,在《客栈》里,人与人、人与事的关系都变得简单而纯粹,没有太多悬念与冲突。"回甘夫妇"让观众窥见了当下彼此熟悉却日渐平淡的中年夫妻的生活,而他们的相处模式似乎能给观众一些启发与感悟。默契在"回甘夫妇"生活中随时发生,节目将人物的动作与细节都记录下来,让这种情感在每一个镜头中传递,将人物形象符号化,增强了代入感,产生共鸣。从安静少年易烊千玺、活泼贴心的杨紫到计划求婚的情侣、相伴多年的夫妻,在客栈的日常交流中,让观众融入情感。慢综艺节目带给观众的体验式传播,是在节目制作方大规模定制的、充满陌生感、新鲜感、刺激性的主题和情境中,由明星与普通百姓一起参与任务的完成,度过一段时间并获得独特的感受或体验。在这种沉浸式的感受中,让观众一同走入这种叙事情境,获得感悟。

2. 精英文化凸显,观照当下

电视文化通常可分为主流文化、精英文化和大众文化。在传统的综艺节目中,大部分综艺节目体现了人物的个性冲突、任务的艰巨性,观众能从嬉笑中感受到大众文化,如《奔跑吧兄弟》。主流文化体现在各种以国家形象为主的纪录片如《故宫》《航拍中国》中。而慢综艺节目在某种程度上是一种偏安一隅的精英文化。这类节目以人文关怀为主,画面精美,更注重主题的细微化、独特的审美品格和人物形象的精英化。节目通常直击现实,并通过艺术表达使观众形成共情。

(1)主题的细微化。

《客栈》围绕每日的经营展开:接送客人、整理打扫房间、准备一日三餐、采购食材……经营客栈与打扫客栈貌似每日的琐事，然而，这种貌似平淡的生活，却使观众远离了喧嚣的城市与快节奏的生活，沉浸在远山静水中。虽是细微化的主题，简单的人物关系，但节目将人文情感与自然风光交融，亦凸显了绿色中国的当下时代命题。节目中的人物关系是"中年夫妻+青年情侣+单身青年"，简单且原生态。慢综艺节目大多采用纪实性的镜头运用，细节化的捕捉。此类节目不同于综艺节目的镜头快速切换，更注重对被摄主体的不打扰和后期剪辑的连续性。没有剧本的铺陈，打破封闭的空间，于天高云淡间让观众感受到一种"天人合一"的中国传统文化意蕴。

看似普通的主题，折射出的正是中国社会的价值取向。每日简单的劳动，也需要大家齐心协力才能完成；美好的风景是在身边的平静的湖水、远山、野鸭与芦苇；向往的生活正是与相爱的人在一起过着平凡的生活……中国传统文化渗透在中国人民日常生活的方方面面中。这样的慢生活，更加追溯生活的本身，能够走进观众的心灵，让观众探寻生命的意义。

（2）独特的审美性。

泸沽湖素以摩梭人的独特风俗与秀美风景著名，当地独特的地域文化更凸显了节目的主旨：纯粹、简单。慢综艺独特的美学风格，能提升观众审美品格，满足当下人们的审美表达方式、契合审美需求。[①] 节目的取影地泸沽湖，自然环境和人文气息有机交融，丰富和拓展了节目的意蕴内涵，增强了节目的厚重感。

场景打造顺应了当代人们的审美趣味和表达方式。不同于城市的钢筋水泥，《客栈》的拍摄地选择了两层的木质结构房屋。坐落在湖边的客栈需要乘坐一段时间的水上小舟才能到达，这种客栈本身便带有一种不流俗、不喧哗的风格。客栈采用暖色调的原木与通透式的玻璃，白天以自然光为主，在夜晚，蓝色的湖水旁呈现出暖色调的小屋，颇具温馨浪漫之感。湖边的客栈，没有钢筋水泥，没有车来车往的街道，更是一个观众向往的心灵的寄托，是一种置身世外的视觉符号。

客栈外面的湖面形成冷色调为主的风格。湖光山色、天高云淡，或是一群人在船上欣赏这美景，或是陈翔一个人在船上弹着吉他哼唱，冷色调的湖面与天空，让观者在一瞬间随着这开阔的湖面心情顿感放松。不同于演播室内节目中大量的科技场景灯光舞美所带给观众的视觉冲击，这里的自然风光摒弃冰冷的科技美学，晨曦、野鸭、星空与轻舟共同打造这极致美景。泸沽湖的神秘色彩，摩梭舞蹈晚会，凸显了美丽中国、生态中国和文化中国，深刻触及了生态

---

① 殷俊，刘瑶."慢综艺"：电视综艺节目的模式创新[J].新闻与写作，2017（11）：50-53.

中国与美丽中国的时代命题。

（3）人物的精英化。

如果说传统综艺节目是靠情节、互动与竞技元素吸引观众，那么，慢综艺节目是以情动人，彰显情怀。与刘涛在综艺《花儿与少年》中相识并处成母女的"佩妈"从几千里之外飞过来看望刘涛，为刘涛和王珂夫妇的结婚十周年纪念日庆祝，腿脚不便的她已没有了当年录制《花儿与少年》时的矫健。刘涛为"妈妈"洗脚，并蹲在地上为"妈妈"仔细地擦拭。此时，观众已深深感动。镜头随后回放，当年《花儿与少年》中，刘涛腰痛去按摩，佩妈在小店守着她，半夜里靠墙打盹……镜头的回放，使此时的情感得到升华，字幕出现"往后，山河湖海，感情依旧"，让情感喷涌而出，感情的抒发变得更加强烈，更能引起观众的共鸣。中华传统美德体现在这种种细节之中。

此外，王珂对刘涛的赞赏让观众时刻感受到这对中年夫妻的甜蜜，尤其是王珂的口头禅"涛，你太棒了"时刻出现在观众的耳边。刘涛尝试着做瑜伽新动作并叫王珂来看时，预言她老公又会说她太棒了。果然，王珂进来看到刘涛做的新动作后立刻称赞妻子"太棒了"。在快节奏的当下，每日出入在钢筋水泥的城市中，人们已习惯将自己包裹起来，不敢轻易表达内心，而在这节目中，观众体会到了"回甘夫妇"的夫妻之情，"清尘CP"的情侣之情，陈翔与王珂、纪凌尘的兄弟之情，还有客栈客人与她们的友情，这种慢下来逃离尘世喧嚣的温情文化，让观众被治愈，得到放松与心灵的慰藉。

3. 网络平台讲述故事

不同于传统综艺节目的冲突与矛盾、快节奏与跳跃的叙事，慢综艺节目更热衷于进行正能量的引导和打造正能量舆论场。例如，为了客人希望的一场求婚仪式，所有客栈的成员都偷偷地进行准备，给女孩以惊喜；客栈小伙伴们精心筹备老板与老板娘的结婚十周年纪念日；在节目的最后，大家悉心为曾经来到客栈的每一位客人挑选一件有意义的礼物……在节目播出期间，交互平台上弹幕和微博讨论的话题无关互撕与PK，而是关于这些人物之中的感动与感激。这些弱化明星光环、打造正能量的舆论场的设计，彰显了节目的独特个性，承载着节目的价值传递功能。湖南卫视慢综艺节目正处迭代发展中，2017年一季度《向往的生活》和三季度的《中餐厅》已形成了固定的收视群体。虽有各大卫视推出数档类似节目，如《青春旅舍》和《漂亮的房子》等，但《客栈》仍能够在播出时始终保持收视第一的成绩，说明网络媒体的持续发酵也是慢综艺节目的助推力。

此外，节目在形式与内容上充分体现了中国文化。节目清新明朗、安静淡雅，航拍的蓝色湖面远景镜头常常用来转场或是表达节目意蕴，原木结构的客栈房屋让观众仿佛感受到家的温馨，让观众沉浸其中。更重要的是，传统的劳作模式、大家庭式的相处、中式庭院、出行代步的木舟等颇具中国传统特色的视觉符号，营造了一个诗情画意的意境。意境是中国传统艺术追求的最高境界，节目将地域之美与中国传统的劳作之美巧妙糅合，实现情景交融的意境美，并通过情感充沛的艺术表达达成观众与节目的共鸣，回应当代社会共同的价值诉求与情感诉求。①

二、慢综艺节目发展时要注意的问题

慢综艺因其具有一定的文化属性，因而各大电视媒体和网络平台一直都在不断探索各种类型的慢综艺。在发展时，应保持真实品格，凸显中国文化，构建中国品牌。

1. 保持真实品格

一般主题细微、人物与情节的真实是慢综艺节目的宗旨。不需要像以往的以宏大叙事为主的纪录片如《故宫》《大国工匠》和《辉煌中国》，此类作品主题宏大，拍摄地点跨越千里，常采用全景远景的极致景别。而慢综艺节目的这些故事的叙述并不需要宏大的主题，展现的都是生活中的小事与感悟，只需带给观众些许感动、力量或启发，而这些恰恰符合中华民族的传统价值观和提倡弘扬的道德标准，给观众以正能量。从湖南卫视 2018 年初的《向往的生活》到《中餐厅》，再到《客栈》，主题都细微普通，貌似日常生活的细枝末节，却能吸引观众，并保持高关注度。几档慢综艺节目的共性都是对本真的回归，人物在日常生活中碰撞出火花，引导观众思考，让生活慢下来，细细回味。没有真实为内核，慢综艺节目便失去了价值。从 2017 年到现今，慢综艺节目已成为一种常见的节目形态，保持了真实性和原生态的生活体验和情感展现，还原了生活的本真，极大满足了当下观众诉求。

2. 凸显中国文化

慢综艺节目应凸显中国文化。中国文化博大精深，不只体现在诗词、书信中，还有建筑、图画、音乐、思想和民俗风情等。《向往的生活》类似于传统耕作和聚居的模式，《中餐厅》以集体经营、传播中华美食点明"中"之文化主旨。

---

① 杨宾. 文化类综艺节目的艺术塑造与价值提升[J]. 创作与评论，2017（10）：89-95.

《客栈》从"客栈"这种传统中式的称呼到家庭式手工劳作式的经营方式，无不体现中国文化。与《中餐厅》相比，《客栈》的情节更加纯粹，对情节的设定更少，人物的任务也更加简单，节目中的一山、一水、一屋、一事的单纯更凸显中国传统文化的淡然与意境。此外，慢综艺还应追求画面的精美细腻，保持节目形式与内容的和谐统一。

3. 构建中国品牌

此外，慢综艺节目应承载对外影响力的传播，"讲好中国故事，传播好中国声音"是习近平总书记对媒体人的期望。在节目转型的关键时期，要增强电视节目的原创力和竞争力，应挖掘独特的视角和文化题材，立足当下。[①] 在今后的慢综艺节目中，要讲好中国故事，应注重对中国传统文化的梯级开发，挖掘中国文化的独特细节，坚守主题的正能量，才能在慢综艺节目的生产上持续发力，运用电视传播特点并融合新媒体讲好故事，传播中国声音，塑造中国形象，增强文化软实力。

---

① 刘俊，胡智锋.多元类型的"井喷"：中国电视综艺节目内容生产的新景观[J].中国电视，2015（02）：22-25.

第十章　文化类微纪录片讲好中国故事

《如果国宝会说话》讲好中国文化故事

自 2017 年被定格为文化节目元年以来，全国上下掀起了中华传统文化热，由央视纪录频道首播的微纪录片《如果国宝会说话》第一季于 2018 年 1 月 1 日开始在中央电视台纪录频道首播，豆瓣评分高达 9.4 分。摄制组足迹遍布全国，拍摄了近百家博物馆和考古研究所和 50 余处考古遗址，为观众呈现了跨越千年的国宝故事。没有明星为噱头，没有渲染猎奇和神秘的悬念设置，也没有晦涩高冷的学术性叙事，让人头壶、陶鹰鼎、红山玉龙、良渚玉琮王、鸮尊、三星堆青铜人像等文物用通俗易懂的语言与观众平等对话，"诉说"发生在自己身上的传奇。在媒体融合背景下，这些代表着中国文明智慧的文物被缜密记录，放大其中文化基因，让国人骄傲自豪。每集 5 分钟的时长，短小精悍，语言文字贴合当下，适应互联网时代的碎片化传播特征。在党的十九大报告中，习近平总书记指出，要讲好中国故事，展现真实、立体、全面的中国，提高国家文化软实力。力图构建"见证中华文明进程的视频索引库"的微纪录片《如果国宝会说话》，将十九大精神落到实处，在媒体融合背景下成功讲述了承载着民族文化基因的中国国宝文化故事。

一、中国文化故事的精致化构建

1. 用传统文化内核构建中国故事

《如果国宝会说话》第一季由一个个小而精的故事组成。每集 5 分钟，一集一个国宝的故事，短时间内，每一个镜头都具有独特性，最大限度地展现国宝的特点。摈弃恢宏叙事的长镜头，片中大多采用近距离摄影，综合色调、光影、摄像机调度等元素，使用 3D 技术，真实还原了各种国宝的状态。在大多以黑色为背景的衬托下，既有头微微上扬，仿佛仰望天空的来自仰韶文明的人头壶，也有在光影变化下，红山文化时期的晶莹通透的 C 形玉龙，既有照耀古今光芒的太阳神鸟金箔，也有象征着生命之树的三星堆青铜神树……深沉静谧的色调光影下，伴随着舒缓有致的剪辑节奏，《如果国宝会说话》以人文情怀赋予国宝生命，从远古到现今，赋予各时期的国宝独特气质，用影像增强了国宝的视觉表现力和感染力，让数千年前的国宝与今人对话。

独特的片头凸显国宝文化内涵，吸引观众。不同于之前几部文化类纪录片以水墨画的形式为片头，《如果国宝会说话》采用的是一个更加简洁直白的开头。随着文字《如果国宝会说话》几个宋体字徐徐展现开来，耳边传来的不是片头音乐，而是类似于微信的提示音"您有一条来自国宝的留言，请注意查收"。颇具质感的片头配上拟人化声音，一下拉近了与观众的距离，让观众立刻进入到一种轻松的氛围之中。

微纪录片采用了故事化的手法来逐一展示。在第一集人头壶中，摄像机微仰，以低机位角度拍摄鼓着肚子的人头壶，线条简单立体。以浩瀚星河为背景，恰到好处地传递了时空的悠久和苍茫感。人头壶徐徐转动，仿佛看到了数千年的人们在思索的样子。以动画的形式，演示人头壶如何注水，而眼泪自人头壶眼中流淌，仿佛让观众体会到了人头壶的内心世界，纪念这人类孕育的最初痛楚。大时空的跨越，仿佛让观众瞬间回到了数千年前的新石器时代，带着对过去的追问，带着对未来的思索。

2. 萌系与诗意化语言的故事表达

在 2016 年 6 月的《文艺报》上，中国传媒大学胡智锋和郝娴贞提出，"在文艺创作中越是要传达严肃、主流、正统的内容，越要采取轻松、有趣、丰富的形式来表达"。《如果国宝会说话》对于微纪录片的语言表达形式进行了一次大胆的尝试。该片将当下流行的萌系语言与富含哲理的诗意化语言相结合，表达文化内涵。

(1)萌系语言，贴合当下。

在这部微纪录片中，颇具代表性的是第 3 集的陶鹰鼎。它在众多国宝中，色彩并不艳丽，亦没有特殊的气质，但当解说词逐一解说，特别是说到它的"短腿萌"，立刻让观众感受到了陶鹰鼎的可爱，既体现出上古的王者之气，又展现了小动物的"萌"，从现代审美的视角来看，则是"萌萌哒"。再如"把世界戴在身上"的"玉组佩"一集中，开篇画面呈现的是数片精美绝伦的玉片，解说词开头便是"你现在看到的我，来自三千年前的西周，我在地下已行走了三千年"。仿佛一个娓娓道来的故事开头。一般以人文为主的纪录片很少用第一和第二人称来进行解说，而这里，却直接采用类似于与观众直接对话的形式，没有了人文纪录片的疏离感，使这些文物仿佛就在观众面前，直接与观众交流。"故事化"表述手法介入微纪录片的拍摄，把原本知识普及性质的人类学纪录影像，从人类学知识的平面呈现，引入到故事逻辑中，将叙事因果情节化，让人类学知识参与到故事化的发展中去。① 原本静止的国宝瞬间有了生命，与今人开展对话。

（2）诗意文字，凸显内涵。

《如果国宝会说话》中，解说词、诗句、画面与音乐相互交融，烘托出来自遥远时空的深邃与苍茫。观众仿佛不是在看高冷的人文历史纪录片，而是在欣赏一幅画或是一首诗。纪录片基本每集末尾都会有一段抒情性的文字，引发深思。如"甲骨文"一集的结尾："此刻，我们写出的横竖撇捺，曾经一笔一画地刻在骨头上。因为刻骨，所以铭心。"意象简单，情感强烈，直击人心并引发观众共鸣。此外，第一集"人头壶"的最后："六千年，仿佛刹那间，村落成了国，符号成了诗，呼唤成了歌……"在"嵌绿松石甲骨"一集中，结尾"因为刻骨，所以铭心"成功地俘获了众多观众的心。在解说词中以诗歌形式为载体，将内容深入浅出地表达出来，体现了纪录片的文化张力。

解说词在每集结尾语传递主旨，不仅是对构建影像的衬托，更因为其散文诗一样的优美语言，借用大量的文学修辞，配合精致的画面，大大增强了故事化效果。这些具有哲理又富含人情的解说词，配上这些形态各异的国宝，在光影之下，揭示了珍藏在国宝背后的生命意义。

3. 尖端科技：节目视觉表达盛宴的基础

《如果国宝会说话》没有绚丽的灯光舞美、明亮的舞台，有的只是聚焦在灯光下的精美国宝，静态的国宝拍摄出来难免显得画面单调，但在摄像机的调度和现场调度下，在这里360°无死角地呈现了国宝的形态。尤其是巧妙的光影衬托，让国宝仿佛具有生命，更加灵动。例如，把世界戴在身上的玉组佩，串联的绳子早已随着时间消失，但经过3D技术，让文物真实地还原。在蚕形玉下，用类似手绘的方式绘出一片桑叶，仿佛看到一条蚕在啃食桑叶，同时，还用动画形式出现鸟、鱼、虎、鹿，配着鸟鸣的音乐音响，让观众体会到万物和谐之美。比如，在展现甲骨文这样有些晦涩的内容时，将兽片上的甲骨文形象制作成3D动画，挣脱出传统文化的枷锁，让甲骨文成了主角，讲述起了商人的一

---

① 李文英. 中国人类学纪录片叙事表达机制探微[J]. 现代传播（中国传媒大学学报），2017（11）：102-105.

天。以生动活泼的方式展现文物魅力，满足了受众对视觉盛宴的根本诉求。

国宝的身上承载着工匠的情感、历史的厚重、主人的寄托，通过尖端科技助力，诉说着它们的孤寂、悲伤、残酷与喜悦，展现了国宝之美、中国文化之美。加之一些辅助性的视觉呈现，于细微之处见功夫。比如每一集的小片头，文字的质感都会与文物相匹配。被称作生命之树的三星堆青铜神树，片头文字打造成青铜质感，而殷墟嵌绿松石甲骨，文字的质感正是甲骨的呈现，片头的3D 文字便已承载足够的文化底蕴。

二、观照现实的故事情怀表达

1. 视角低置，贴近生活，超越国宝的文化情怀

《如果国宝会说话》不仅用影像吸引观众，更是用语言凸显情怀。例如"陶鹰鼎"中的一句话就很受网友喜欢："为了成就一件完美的陶器，匠人们需要等，等土干、等火旺、等陶凉。今天的我们，总感叹生活太快，时间不够用。六千年前，古人就已经教给我们，如何与时间融合，如何与时间不较劲。"在"太阳神鸟金箔"一集中，"在这 0.02 厘米厚度记录的宇宙时光里，我们如一粒微尘般存在"，让观众感知时光的厚度。在"鸮尊"一集中，"猫头鹰一直就是那个猫头鹰，但是人心，已经变了好多回了"，让观众不禁感叹，在当下快速变化的社会，是否应该不忘初心。5 分钟的时间无法表述太多内容，但略微一两句文字却点明主旨，引发深思。虽讲述的是国宝的一个个小故事，却超越了国宝的文化情怀，传递的人文精神深刻而有内涵。

2. 敬畏自然，敬畏生命，细微处表达家国情怀

纪录片不仅仅只记录国宝，在故事的讲述中，让观众与网友敬畏自然与生命。在"良渚玉琮王"一集中，关注的重点是一双神人兽面像的眼睛，动画制作使神人"活"了起来。解说词说道："它们沉默不语，它们无须言语，这双曾经见证过中国最早王朝的眼睛，依然看着人来人往，星辰轮转。"这种类似于图腾的符号，在人们的生活中亦常见到。但如此的语言，让观众与网友感受到的不是一双单纯的眼睛，而是一双审视自身的眼睛，让人存敬畏之心。在发现太阳神鸟金箔的成都金沙遗址博物馆，发掘地出土了大量的象牙、玉石、玉器与金器，当大家都以为是某位贵族的陪葬品时，解说词道出"这是三千年前河边一场盛大的祭祀，这些财富并非献给人的，而是献给自然的"。让观众不禁感叹，即使是在数千年前，古人就已敬畏自然与生灵，而当下的现代人，却在耗费资源，

破坏自然，是否应该向古人学习？对自然的热爱亦是对家国的热爱，《如果国宝会说话》于细微处表达家国情怀，发人深省，引人深思。

三、新媒体宣推中国故事

1. 海报形式，宣推创新

在开播之前，《如果国宝会说话》的微博官方宣介账号"CCTV 纪录——特别呈现"就已为该片进行海报推广。除了主海报"浮沉千年，浅言初生"，还推出了陶鹰鼎的"嘴硬三连"，"心宽、体胖、我愿意"，殷墟嵌绿松石甲骨的"因为刻骨，所以铭心"，三星堆青铜人像的"说我像奥特曼的别走"。海报语言诙谐幽默，文案设计风格清新，颇为切合当下年轻人的阅读审美习惯。跳脱、逗趣和文字游戏，都始终围绕国宝的外形特征展开描述。有网友直接留言道："太美了，特别喜欢那几个字。"文物与纪录片的联姻已有数次，但以海报形式进行宣推，乘着互联网的东风从博物馆里走出，进入到当代年轻受众的内心，《如果国宝会说话》无疑是一次成功的尝试。

2. 短视频形式，形态创新

《如果国宝会说话》采用网台联动，获得网友喜爱。在当下年轻人表达欲望日趋浓烈的时代，哔哩哔哩网站（视频弹幕网站）开创的弹幕交互型表达方式，让各位观众都能成为参与者，并且能直接看到别人的想法。在央视纪录频道播出后的网站上播出，牢牢抓住网民的心，并形成了话题流量。《如果国宝会说话》刚登陆哔哩哔哩网站，便收获了满屏的弹幕，引起观众的讨论。短视频的形式，使一些上班族能够在坐地铁的时间里，利用碎片化时间欣赏，更能够增加收视群体。不同于《故宫》《我在故宫修文物》等常态化电视纪录片的大体量，《如果国宝会说话》采用的小体量、短视频的形式，使网友们容易点击观看，容易短时间内形成话题，不需要在电视机或电脑屏幕前占用大量时间。短视频提供了"索引"的功能，引起人们对国宝的好奇，让他们根据微纪录片提供的信息，走进博物馆和图书馆，进一步探索国宝背后的故事。

3. "微传播"延展，渠道创新

在媒体融合时代下，电视节目的传播正从单屏向多屏转型，跨屏互动将情绪、悬念、故事等节目的创作核心与欲望、社交、精神等互联网人性化场景进行联结。《如果国宝会说话》借助微博、微信等自媒体，通过海报图片和大量的视频片段的"微传播"，在各自媒体公众号或个人账号上形成传播合力。多角度、多层面的转发，使节目得到广泛传播。一方面，多屏化的媒体使用需求使受众细分积聚，形成了节目收视的长尾效应，另一方面，媒体融合环境下此类具有深度文化内涵的节目所具有的重复欣赏性的优势进一步凸显，5分钟一集的微形态易于获得重复传播的空间，在自媒体转发过程中形成高效互动。在自媒体用户端的转发中，往往带上个人的情感共鸣，在这种自媒体传播中完成电视与屏幕外连接，并产生"1+1>2"的传播效应。《如果国宝会说话》凭借传统电视媒体、网络平台和移动客户端的融合，吸引了观众、网民和自媒体用户，电视播出、微博转发、微信推送和视频网站的播出，使2018年初全国形成了"国宝节目热"，媒体融合背景下，与后来的现象级文化类节目《国家宝藏》等国宝类节目一起，使热度持续至今。

第十一章　文化类短视频对中国传统文化的传播

李子柒系列短视频对中国传统文化的传播

以中式田园风格为主的中国内地美食文化短视频创作者李子柒出生于四川绵阳农村。她 6 岁时父亲去世，从小与爷爷奶奶相依为命。因为家境贫寒，李子柒 14 岁便辍学外出打工。年少时的李子柒摆过地摊，开过淘宝店，但都以失败告终。2016 年，李子柒开始自导自演古风美食视频，先后在美拍、微博、秒拍等平台发布视频，引起了网民关注。她的系列短视频也长期高居 YouTube 中国区排行首位。

一、李子柒短视频的发展

2015 年，回家照顾奶奶的李子柒开始拍摄美食短视频。2016 年 11 月，凭借短视频《兰州牛肉面》获得广泛关注。2018 年，她的视频登陆 YouTube，迅速获得了一大批粉丝，获得 700 多万订阅者、平均播放量超 500 万。① 国外很多网友都觉得这是一个自带仙气的中国女孩。人民日报、光明日报、共青团中央也对李子柒的短视频点赞并推荐。在李子柒系列短视频中，静谧的山村，远离都市的喧嚣，沉下心来慢慢做一道美食，打动受众竟然如此简单。

根据索绪尔的符号学，在李子柒田园美食系列的短视频中，山村、竹笋、土豆等都是所指，而美丽的田园风光、吸引眼球的美食是能指，这些具有中国传统文化传播张力的短视频，在短短几分钟内或十几分钟内就不仅能够牢牢地抓住观众的眼球，还能够吸引观众的胃。使得即使是具有文化差异的不同民族和国家的受众，也能够被这些短视频吸引。

---

① 潘皓，王悦来.短视频叙事与中华文化国际传播——以 YouTube 平台李子柒短视频为例[J].中国电视，2020(10)：90-93.

李子柒的短视频题材广泛，有青梅酒、佛跳墙等，也有木器、秋千、酱油、衣裙，一些被工厂的流水线代替的，已经快要被现代人所遗忘的一些传统物品和制作方式被李子柒还原到现实生活，走进了观众的视野。短视频的长度大多在5分钟到17分钟左右，能够将一个食物或用品的制作过程完整地展示出来。作品不仅详细地展示了美食的制作过程，更难得的是，作品从怎么获得食材开始记录，时间跨度大。不仅如此，短视频中如世外桃源般的村庄，种满鲜花如仙境般的小院，还有各种蔬菜和山鲜，让人感叹，这是一个什么样的村庄，能够满足生活的需求。观众在数分钟内，不禁被这位穿着中国传统服装的女孩所折服。

二、李子柒短视频的创作风格

李子柒系列短视频既不是单纯地展示美食的制作手法，也不是单纯地展示山村田野的生活，而是巧妙地将两者融合在一起，让观众在短短的数分钟之内，感受到与大自然的亲密接触，感受到食材从播种到生长到制作成美食的过程。画面唯美，叙事简单，文字精练，风格清新，在几乎没有用到太多转场和摄像运动技巧的拍摄制作手段下，单纯用一个个固定镜头构成了中国人和外国网友都向往的"采菊东篱下，悠然见南山"的世外桃源。

1.唯美画面，吸引观众

（1）空镜头的运用营造美学氛围。

在视频中，如中国画一般的空镜头点缀其间。短视频中时长虽短，但空镜头的运用如点睛之笔。在"笋壳粽"短视频中，李子柒带着两只小狗上山摘笋壳，两只小狗在一旁打闹，李子柒静静地摘笋壳。下山归来，绿色调的竹林之中，山路、女孩、小狗，一两声招呼小狗的声音，形成一幅唯美的山水画。

画面深入人心，吸引观众。在短视频的开头，有采用远景和全景开头的，例如一片烟雾氤氲的山林，也有以特写开头的，例如在"笋壳粽"短视频中，两只小狗在地上玩耍撒欢，李子柒蹲在地上，慢慢地剥着笋壳，低机位摄影，以观众难以采用的视角来观看这个场景，独具风格的开头便能够在短时间内打造兴趣点。

（2）近景与特写刻画人物形象。

景别的运用也是可圈可点。在短视频中，多次出现李子柒专心致志做美食的侧面近景。侧面拍摄善于勾勒被摄主体的轮廓，李子柒在切菜时，在采摘鸡枞菌时，在制作茶叶时，近景镜头下，这么一位年轻的女孩，如此沉浸在美食的每一步制作工序之中，仿佛周围的一切与她无关。

（3）影调色调形成山村写意风格。

短视频的影调色调能在短时间内影响到观众。冷色调能让人清醒，暖色调往往让人感觉到温馨。在李子柒的系列短视频中，关于土豆的短视频，大部分采用了暖色调进行调色，土豆从地里挖出来，切成丝，做成想念土豆丝；切成块，做成排骨炖土豆；压成粉，做成烤肉肉薯片和土豆粉；与虾融合在一起，做成土豆虾饺；一个土豆的各种菜式，在暖色调的画面中展开，激起观众的食欲。

在关于茶的作品中，李子柒大胆采用了冷色调。李子柒与同伴一起采摘新茶。特写镜头下，茶叶尖带着雨水，绽放着新绿，李子柒在茶树间辛勤地劳作着。此时，采用的全景，将绿色的茶林展现出来，奠定了整个短视频的基调。茶的各个步骤在她的指尖完成，等待的是和自己的亲人一起来分享各式茶。中式的茶具营造曲水流觞的氛围，在品茶之中又传递了中国传统文化。

在整体的色调选择上，不同于《舌尖上的中国》《美味人间》大量运用暖色调的画面刺激观众的味蕾，李子柒系列短视频采用冷色调来凸显田园风光的清新，在拍摄食物的特写时才采用暖色调形成对比。在色彩的运用中，反而能够起到独到效果。

镜头的拍摄以自然光为主，山林中冒出的袅袅炊烟，屋外透过来的光线，自然光的运用使画面更具有真实的质感。在当下，有些电视剧和综艺节目依靠舞美和灯光效果，将各个明星线条勾勒得完美但却不真实，李子柒的短视频如一股清风，扑面而来。在简陋的厨房，光线虽暗，但李子柒借着屋外的自然光，在不紧不慢地制作着美食，像极了古人古诗中走出来的女子。天色渐暗，李子柒形成剪影的效果，更是像极了一幅美丽的中国画。

2. 真实声音，展现闲适

声音也是作品的一大特色之一。当下的传媒媒体也好，自媒体也罢，对于声音的处理与修饰已经达到了完美的水准。一场综艺节目中，各种音乐效果和歌手的演唱都堪称惊艳。然而，在李子柒的短视频系列中，让观众感觉到的不是反复的声音，而是对声音做的减法处理，仿佛寥寥几笔，便把现场的氛围勾勒出来。声音有点明作品主旨、刻画人物性格和增加现场气氛的作用，在李子柒的作品中，除了有淡淡的节奏、缓慢的画外音乐之外，更多的只有李子柒跟奶奶说着四川方言的为数不多的几句对话，此外，还有小动物们的几声叫声，让观众感受到这是一个如此宁静安逸的小村庄。让每天处在喧嚣的都市之中的观众，随着这缓慢节奏的视频也跟着慢下来。不管是鸟鸣、猫叫、狗吠，还是李子柒与奶奶的方言对话，都体现了乡村的自然和淳朴，同时也是对乡村生活真实的再现。

3. 细节捕捉，情感细腻

"笋壳粽"短视频中，摘完笋壳后，还需将笋壳浸泡一夜，第二天再和好米和猪肉，一个个包好。煮粽子需要 3 个小时，而这时候正是享受浓浓亲情的最好时光。李子柒和奶奶依偎在一起在屋前赏月，月光如水，亦如她的田间生活一样平静。

每当李子柒做好美食，总会与家人或邻里分享自己的劳动成果。观众看到她的美食上桌后，总是先把奶奶照顾好，剥好粽子先递给奶奶尝，笋丝炖鸡汤做好，先盛一碗端到奶奶跟前。中华民族的尊老爱幼的优秀传统在系列短视频中体现得淋漓尽致。

不仅仅是跟奶奶分享美食，李子柒在包好煮好笋壳粽后，用竹篮提着一户户送到村里的邻居家。遇到不凑巧，有铁将军把门的，李子柒索性把粽子连着竹篮一起放到邻居家的门口。这正是当下人们向往的生活方式。现在，人们生活在钢筋水泥的城市里，每天早出晚归，有时跟邻居见面也就是匆匆打个招呼，又怎会有如此浓浓的邻里之情。观众在观看之余，也会不由得反思。

三、故事化表达与传统文化符号

清秀的女孩与粗重的农活，粗糙的山野食材与精致的成品，短时间内食物呈现的"一生"，完整的情节加上这些鲜明的对立元素，视频看似平常自然，实则将故事化的表达与传统文化符号完美融合。

1. 快节奏时代的慢节奏

在大多数观众的印象中，短视频是快节奏的，是当下社会的产物。而李子柒的短视频，却是快节奏时代下的慢节奏。在"一生系列"中，李子柒在短短的时间内，记录了黄豆从播种到制成酱油到最后做成美食的全过程。酱油的制作周期长达两年。第一年清明时在土里播种，等到秋分时叶子黄了收割黄豆，晒干，寒露时打豆并放到大缸里存储。第二年清明时节挑选黄豆，一点点去掉黄豆中泥沙等杂质的部分，将洗净的黄豆浸泡一夜后蒸熟，再将磨好的小麦粉均匀撒在黄豆上制曲，接着用盐水把黄豆搅匀，日晒半年左右，期间每日翻晒。等到秋分酱胚成熟时加入山泉回浸一日，过滤之后暴晒提纯再熬煮成成品。最后，飘着酱香的酱油在李子柒的手中，变成了经酱油浸泡过的窑鸡，用酱油熬制的五花肉做成的卤肉饭，用酱油浸制的酱黄瓜，还有鸡蛋饼。从黄豆到酱油，不知道经过了多少道工序。观众不禁感叹，在如此工业化的时代，还有一位具有工匠精神的年轻的 90 后女孩，在慢慢地用中国的传统古法熬制酱油。

在画面中，延时镜头展示了一颗黄豆从土里发芽到成长的过程。在黄豆发酵的过程中，展示在观众面前的是一颗颗黄豆慢慢地缩水到逐渐干瘪，黄豆上的光影变化，让观众感叹时间的流逝。中国传统美食制作方法所蕴含的时间积淀也在这个过程中得到了升华。

2. 唯美画面后的不完美

美食的背后，自然是劳动的付出。夏热冬凉，每天呆在写字楼空调房间的上班族，已经久违了这种与大自然的纯粹的接触。李子柒为数不多的手部特写镜头，让观众看到了那是怎样一双干枯粗糙的手，这双不完美的手与画面中那个恬淡的女孩形成巨大的反差。为了让酱油发酵制作得更加的醇香，李子柒一趟趟到山里去洗黄豆和接山泉水熬制黄豆。山路崎岖不平，她一趟趟为了追求食物的完美去山里挑水。城市中的女孩，在使用酱油的时候，哪里会想到这么一个日常调料的背后，原来还有这样的付出。为了让黄豆从豆荚中出来，李子柒先是打豆荚，然后再用簸箕颠去浮皮，最后再一颗颗地将碎沙和泥土挑出。光是这个环节就已经耗费许多的时间和精力。难以想象那是怎样的一双手和一颗耐得住寂寞的心，能够将生长在田间的原始食材变为一道道美食。

在"土豆的一生"系列中，细心的观众不难发现，李子柒在做土豆的系列美食时左手食指上贴着创口贴。看似美食做得毫不费力，其实，只是让观众沉浸在美食的制作过程中，没有让观众看到背后的付出而已。当李子柒冬天在菜地里摘完菜又在冷水里洗净，当她冬天做完黄豆每一道美食背后，赶紧把双手放到火炉上去暖手，人们感受到，在美食上体现的不仅仅是时间，更是安守匠心的执着坚忍的精神。

3. 暗示性的传统文化符号

从文化符号而言，李子柒本身就是传统文化符号。红色是代表中国的传统色彩，李子柒经常穿的是红色的上衣，在以冷色调为主的山林田间，红色在绿色色调的画面中，构成画面的视觉中心。李子柒在视频中，或是穿着自己做的染色的紫色长裙，或是在雪地里着一袭红披风，颇有从中国画里走出来的感觉。此外，李子柒的善良、勤劳、热爱生活，正是中华民族的传统文化符号。李子柒尊老爱幼，对小动物也毫不吝啬自己的爱，无不体现了人与自然、与动物的和谐相处。

短视频中的视觉符号无处不在。除了中国传统美食，镜头中的木质器皿、山林、田间农具、传统衣着，包括农耕的方式，都是中国传统文化的视觉符号。在李子柒的工作台前，陶罐中不同的花在告诉观众不同的时节。春天插在陶罐里的是桃花，夏天是荷花，秋天是小野花，冬天是腊梅。四季的变化在镜头中体现得如此简单，作为李子柒劳作的背景暗示观众四季的轮回。此外，所有的器皿基本上都是采用的原生态的材料，盛水的盆子，炖汤的瓦罐，烧着柴火的土灶，放粽子的竹簸箕，有多少已经在快节奏的时代被讲究时间效率的现代生活所替代。燃气灶替代了柴火土灶，塑料制品替代了竹簸箕，炖汤的瓦罐早已被不锈钢的器皿所替代。这些已经跟现代都市社会渐行渐远的器物无不构成了短视频中的文化视觉符号，给观众形成强烈的视觉冲击，让人有回到过去的冲动。

四、李子柒短视频的国际化传播构建

李子柒系列短视频不但受到各年龄层的国人的喜爱，同时也深受国外众多网友的喜欢，她的短视频已成为传播中国传统文化的桥梁。

1. 多平台建立视频传播矩阵

多平台互动传播是现今短视频传播的重要路径。李子柒短视频发布在不同的社交平台上扩大传播广度，同时根据自身用户特点与不同的平台的特性进行不同形式的传播。微博与抖音是目前国内李子柒短视频的两大主阵地。

微博平台上，李子柒拥有数千万粉丝。短视频的分类较为明确：一类是衣食住行的视频合辑；一类是我国传统非遗文化的合辑；一类是品牌推广类短视频，常带有购买链接。短视频时长多在 5~15 分钟，每条短视频评论中都会进行互动与抽奖来增加用户黏性，同时将关于制作美食的文案附在评论中。在抖音平台上，李子柒拥有大量的粉丝，根据抖音平台的特点，将微博平台上 10 分钟左右的视频重新编辑为几个更短的视频，文案也更简洁。每个视频不仅呈现一种美食的制作过程，部分还带有"李子柒"品牌产品的购买链接，在传播传统文化的同时，进行商业营销。

2. 多维度传播中国传统文化

李子柒的视频内容在不同维度和不同层面上，向国外网友介绍和传播了源远流长、博大精深的中华文化。在镜头中，绝大多数器皿都具有中国乡村特色，例如舀水的木瓢，用竹节传送的山泉水，浸泡黄豆的大缸，晾晒食材的竹编的簸箕，这些无不凸显了中国式的田园风。此外，食物更是吸引国外网友之处。春耕夏种秋收冬藏，三月的桃花酿，五月的枇杷酥，用葡萄汁染的衣裙，用笋壳包的肉粽，用自己熬制的酱油做的卤肉饭，每一道美食和每一个传统工艺品，都足以让国外网友为之赞叹。画面视听语言也是进一步与内容相结合。轻烟袅袅的山村，田间劳作的女孩，趴在地上嬉戏的小狗，慵懒的小猫，在院里晒太阳的老人，这些写意的画面，正是一幅幅典型的当下中国式的乡村田居。国外网友同样是在现代化工业化的城市里待得太久，镜头中的绿色加上那一抹红，足以激发心灵深处的跨越文化差异的共鸣。透过这些文化符号、景观和习俗层面的呈现与展示，国内外观众能够清楚地感受到中国内在的、整体性的传统文化内涵和美学意蕴。

2019年12月6日，微信公众号"人民日报评论"发表题为《文化走出去，期待更多"李子柒"》的文章，对李子柒系列短视频的海外文化输出予以肯定。文化输出是展示文化精髓、塑造国家形象的过程，文化"走出去"是文化自觉与文化自信的表征。中国文化要走向世界首先要讲好中国故事，美食不分国界，可以跨越一切文化差异而成为各个国家之间的交流话题。同时，在进行对外传播时要注意，在跨文化传播内容层面，要尽可能减少"文化折扣"，选择更具普遍性的共同话题或母题，提升受众对传播内容的熟悉度。

图书在版编目（CIP）数据

传统文化类视听节目的现状与发展／罗琦，黄银菊著.
—长沙：中南大学出版社，2023.9
　ISBN 978-7-5487-5514-2

　Ⅰ．①传… Ⅱ．①罗… ②黄… Ⅲ．①中华文化—电视
节目—研究—中国②中华文化—广播节目—研究—中国
Ⅳ．①G229.2

中国国家版本馆 CIP 数据核字（2023）第 157981 号

传统文化类视听节目的现状与发展

罗　琦　黄银菊　著

□责任编辑	浦　石	
□责任印制	李月腾	
□出版发行	中南大学出版社	
	社址：长沙市麓山南路	邮编：410083
	发行科电话：0731-88876770	传真：0731-88710482
□印　　装	广东虎彩云印刷有限公司	

□开　　本	710 mm×1000 mm 1/16	□印张 17	□字数 310 千字
□版　　次	2023 年 9 月第 1 版	□印次 2023 年 9 月第 1 次印刷	
□书　　号	ISBN 978-7-5487-5514-2		
□定　　价	68.00 元		

图书出现印装问题，请与经销商调换